상처
딛고 서다

내 삶을 뒤흔든 열두 감정을 다스리는 성경적 치유법

상처 딛고 서다

조동천 지음

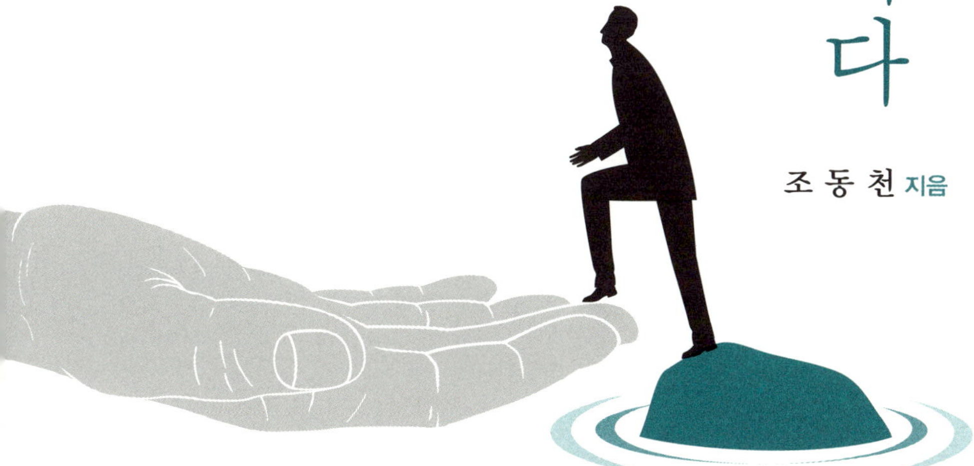

마음지기
Maumjigi

Contents

추천사 • 9
프롤로그 • 15

part 1. 마음의 변화가 필요한 순간

chapter 1. 상실
내가 받은 상실
사랑하는 이가 내 곁을 떠난 순간 • 22

나로 인한 타인의 상실
나 때문에 아파하는 당신에게 • 34

chapter 2. 절망
나에게 다가온 절망
현실의 벽 앞에 주저앉은 나의 모습 • 46

나로 인한 타인의 절망
나 때문에 넘어진 사람이 있다면 • 58

chapter 3. 무능
스스로 알게 된 나의 무능
내가 이토록 무능한 사람이었다니 • 71

내가 알게 된 타인의 무능
믿고 의지했던 사람이 무능하게 여겨질 때 • 84

part 2. 변화를 가로막는 감정들과 마주하기

chapter 4. 외면

내가 당하는 외면
이 땅에서 외면당하는 자로 살고 있다면 • 98

타인에 대한 나의 외면
내가 외면했던 그 사람도 하나님의 자녀였음을 • 111

chapter 5. 차별

나에게 닥친 차별
차별당하는 억울한 인생 속에서 • 123

타인을 향한 나의 차별
나도 모르게 누군가를 차별하고 있을 때 • 135

chapter 6. 정죄

나를 향한 정죄
나에게 돌을 던지는 사람들 앞에서 • 148

타인을 향한 나의 정죄
누군가의 잘못을 그냥 보아 넘길 수 없다면 • 160

part 3. 그들을 용서하듯 나 자신을 용서하기

chapter 7. 멸시

나를 향한 멸시
멸시받은 만큼 되갚아 주고 싶어진다면 • 174

타인을 향한 나의 멸시
내 손에 들려 있는 멸시의 채찍을 바라본 순간 • 186

chapter 8. 증오

나를 향한 증오
내가 증오의 대상이 될 줄이야 • 199

타인을 향한 나의 증오
증오할 수밖에 없는 사람인 줄 알았는데 • 212

chapter 9. 복수

나를 향한 복수
내게 복수하려는 자가 문 앞에 서있을 때 • 224

타인을 향한 나의 복수
복수하고 나면 이 상처가 조금은 나아질까 싶어서 • 236

part 4. 나를 보고 계셨던 하나님을 돌아본 순간

chapter 10. 상심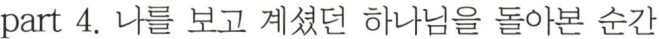

나에게 다가온 상심
부족하고 부족해서 상심한 나에게 • 250

내가 타인에게 끼친 상심
왜 나의 문제로 인해 남까지 아파야 하나 • 262

chapter 11. 징계

나에게 닥친 징계
징계받는 것이 사랑받는 것임을 • 274

나로 인한 타인의 징계
나 때문에 징계받는 당신을 보고 있자니 • 286

chapter 12. 욕망

내가 품은 헛된 욕망
헛된 욕망인 줄 알면서도 내가 여기까지 오다니 • 298

타인을 아프게 한 나의 욕망
나의 욕망 때문에 상처받은 당신에게 • 311

에필로그 • 323

추천사

요즘 우리 사회의 주요 화두를 꼽으라 하면 단연 '힐링'일 것입니다. 힐링에 대한 여러 프로그램이나 책이 인기를 끄는 것은 물론이고 힐링과 관련된 각종 사업도 각광을 받고 있습니다. 이것은 마음의 상처로 인해 고통받고 있는 사람들이 그만큼 많다는 뜻으로 해석할 수 있을 것입니다.

이런 속에서 우리의 감정과 상처의 문제를 다룬 조동천 목사님의 『상처 / 딛고 서다』는 마치 홍수 속에서 마실 물을 구한 것과 같은 느낌을 주는 책입니다. 상처를 낫게 해주겠다는 온갖 방법과 비법들은 세상에 난무하지만, 정작 우리가 왜 서로 상처를 주고받는지에 대한 근본적인 원인과 해결책은 찾을 수가 없기 때문입니다.

우리를 사로잡은 부정적인 감정과 그로 인한 상처에 대한 면밀한 분석과 함께 구체적인 치유의 방법들을 성경적인 시각에서 제시해 주는 『상처 / 딛고 서다』는 그래서 반갑고 고마운 책입니다. 이 책은 관계의 어려움 속에 처해 있는 사람들에게는 물론이요, 목회자들과 지도자들에게도 실제적인 도움이 될 것입니다.

김장환 | 극동방송 이사장, 수원중앙침례교회 원로목사

조동천 목사님은 매우 섬세한 성품을 지녔으면서도 가슴에 열정을 품은 사람입니다. 그는 사람의 복잡 미묘한 감성을 이해할 줄 아는 동시에 그것이 어떻게 살아 있는 동력으로 펼쳐질 것인가에 깊은 관심을 가지고 있습니다.

사람이 성장하고 성숙한다는 것은 무엇을 의미하는 것일까요? 여기에는 자신의 모습을 돌아볼 줄 아는 지성적인 탐구를 객관적으로 지속하는 즐거움이 있을 것입니다. 거기에다 자신의 상처 난 감정을 추스를 줄 알고 자신의 감정을 변화시킬 수 있는 능력까지 갖춘다면 금상첨화일 것입니다.

조동천 목사님의 『상처 / 딛고 서다』는 사람이 지닌 부정적인 감정과 태도를 열두 가지로 분류해서 제시하고 있습니다. 이런 감정들이 어떻게 신앙으로 치유받을 수 있고 새로운 은혜의 세계로 나아갈 수 있는지를 진솔하게 보여 주고 있는 것입니다. 비록 상처 나고 일그러진 자기 내면의 모습을 보며 탄식하는 우리이지만, 이를 넘어 생명의 회복과 치유를 경험할 수 있는 하나님의 방법을 알기를 바라는

마음으로 이 책을 권합니다.

김지철 | 소망교회 담임목사

  조동천 목사님은 영적인 통찰력과 학문적 예리함으로 성경을 깊이 묵상하는 목회자이자 성경학자입니다. 그에게는 영적 상상력으로 성경의 행간 속에서 실제적인 해답을 찾아내는 은사가 있습니다. 평범해 보이는 말씀 속에서도 우리가 쉽게 인식하지 못했던 복음의 진수를 확연하게 포착해 내는 지혜가 있습니다. 조 목사님은 이런 은사를 통해 성경에 묘사된 뼈아픈 사건과 실패한 삶 속에 기이하게 담겨 있는 하나님의 은혜의 세계를 입체적으로 펼쳐 보여 줍니다.
  그렇기에 조동천 목사님의 『상처 / 딛고 서다』를 읽으면 부정적인 감정들로 인해 받았던 마음의 상처를 딛고 일어서는 자신을 발견하게 됩니다. 이것은 그의 글 속에 하나님의 마음을 감동적으로 느끼게 해주는 따스함과 깊이가 있기 때문에 가능한 일일 것입니다. 하나님 마음의 전달자인 조 목사님은 하나님이 지상을 향해 밟고 내려오시면서 아름다운 소리를 내는 계단과 같습니다.
  『상처 / 딛고 서다』는 누구나 겪을 수 있는 열두 가지 감정의 상처들을 말씀으로 감싸 주며 치유해 주고 그것을 인생의 디딤돌과 은총으로 바꾸는 하늘의 길을 보여 주고 있습니다. 이 책은 다양한 감정의 상처에 대해 피해자의 입장과 가해자의 입장을 동시에 다룬다는 점에서 기존의 책들과 다른 면모를 보여 줍니다. 이 책을 읽는 독

자들은 서로 주고받는 그 상처를 통해서 일하시는 하나님의 신비한 능력과, 절망이 희망으로 교체되는 기적을 체험하게 될 것입니다.

서중석 | 연세대학교 재단이사, 전 연세대학교 부총장

『상처 / 딛고 서다』는 고난과 역경, 시련과 상처투성이인 이 시대의 모든 이에게 그 자리에서 일어설 수 있게 하는 소망의 길잡이가 되어 주고 있습니다. 이 책은 모든 문제에 있어 그 해결의 초점을 오직 예수님께 맞추었습니다. "내가 곧 길이요 진리요 생명이니"라고 말씀하신 예수님께서 우리에게 주신 평안은 세상이 주는 것과는 다르기 때문입니다.

백문불여일견百聞不如一見이라는 말이 있습니다. 그 어떤 미사여구의 추천의 말보다 백문불여일독百聞不如一讀이 더욱 와 닿을 것입니다. 예수님이 알려 주시고자 하는 평안의 모습을 이 책을 통해 알게 되리라 확신하면서 기꺼이 추천합니다.

오창학 | 신촌교회 원로목사

조동천 목사님은 제가 다니는 교회의 담임목사님입니다. 주일마다 조 목사님의 설교를 듣다 보면 '하나님의 말씀을 전하는 목회자이면서 동시에 우리 삶에 지침이 될 만한 명품 강의를 해주시는 교수님 같다'는 생각이 듭니다.

조 목사님의 그런 명품 강의를 책으로 만나게 되어 얼마나 반갑고

기쁜지 모릅니다. 조동천 목사님의 『상처 / 딛고 서다』를 읽으니 문득 고은 시인의 〈그 꽃〉이라는 짧은 시가 떠올랐습니다.

"내려갈 때 보았네

올라갈 때 못 본

그 꽃"

높은 곳으로 올라갈 때는 그저 올라가는 일에만 집중하느라 오히려 소중한 것들을 놓치게 되는 우리의 모습을, 높으면 높을수록 또 성공하면 성공할수록 자신의 진짜 모습을 보지 못하게 되는 우리의 마음을 조동천 목사님의 『상처 / 딛고 서다』에서 다시 한 번 깨닫게 됩니다. 몸에 병이 나면 병을 다스리며 함께 살아가야 하듯, 마음의 상처 또한 결국 우리 자신 안에서 다스려야 한다는 생각도 함께 해봅니다.

조 목사님의 말씀에는 믿음의 힘과 함께 언제나 철학적인 힘이 숨어 있습니다. 살아 있는 비유와 특유의 화법도 감동을 더합니다. 조 목사님의 설교말씀이 매주일 기다려지는 이유이기도 합니다.

『상처 / 딛고 서다』를 통해 우리가 세상을 살아 내느라 미처 보지 못한 소중한 진리를 알게 되고 얻게 되는 귀한 시간이 될 것이라 믿습니다.

이문세 | 음악인

※ 추천사는 가나다 순서입니다.

프롤로그

믿고 보는 하나님,
딛고 서는 상처

감정이라는 것은 참으로 신비롭습니다. 분명 같은 상황인데도 어떤 감정이 생기느냐에 따라 내 인생에 천국이 임할 수도 있고 지옥이 찾아올 수도 있습니다. 또한 이 감정이라는 것이 고마운 손님일 때도 있지만 때로는 불청객의 모습으로 내 의지와 상관없이 아무 때나 불쑥 찾아오기도 합니다. 오늘 하루 힘차게 살아 보려고 다짐했는데 갑자기 부정적인 감정이 마음의 문을 박차고 들어와 버리면 그날 하루는 망가져 버리고 맙니다. 반대로 삶의 여러 가지 문제로 기운이 빠져 아무것도 할 수 없을 것만 같은데 누군가의 한마디로, 잠깐의 즐거운 생각으로 행복의 감정이 다가와 내 마음에 사뿐히 앉으면 날아갈 것만 같은 하루를 보내게 되기도 합니다.

이렇듯 감정이라는 것이 얼마나 중요한 것인지 성경에서도 말씀하고 있습니다. "모든 지킬 만한 것 중에 더욱 네 마음을 지키라 생명의 근원이 이에서 남이니라" 잠 4:23 눈에 보이는 재물과 명예, 사람을 지키는 것보다 눈에 보이지 않고 잡히지도 않는 마음을 지키는 것이 가장 중요하다고 말씀하고 있는 것입니다.

그렇다면 여러분은 우리의 마음을 사로잡고 우리의 삶을 뒤흔드는 이 감정들을 어떻게 대하고 있나요? 특히 부정적인 감정 앞에서는 어떠한가요? 갑작스럽게 찾아와 우리를 흔들어 놓는 이 부정적인 감정들을 어떤 표정으로, 어떤 말로, 어떤 기분으로 마주하고 있나요? 혹시 하나님을 안다고 말하면서도 아직 하나님을 모르는 사람들과 똑같은 방식으로 이 감정들을 마주하고 있지는 않나요?

안타깝게도 우리는 교회 안에서는 부정적인 감정들을 잘 다스리는 것처럼 보이지만 세상에 나가 일하고 사람들을 만날 때면 다시 감정의 노예가 되어 버릴 때가 많습니다. 심지어 스스로 자신의 손에 감정의 수갑을 채우기도 합니다. 부정적인 감정들이 찾아올 때면 그것들과 싸워 보려는 의지도 없이 순순히 자신을 내주고 마는 것입니다. 그 힘과 파급력은 너무도 강해서 우리의 마음을 지켜 내지 못하게 할 뿐만 아니라 예수님이 우리를 위해 죽으셨다는 사실도, 하나님이 우리를 택하시고 세우셨다는 사실도 잊게 만들어 버립니다.

하나님께서는 이런 우리의 모습을 보시며 오늘도 마음 아파하십니다. 자녀가 세상 한복판에서 부딪히고 상처 입는 모습을, 부딪혔던 자리를 또 부딪히며 주저앉는 모습을 보시며 눈물지으십니다. 그리고 우리에게 들려주고 싶은 말씀을 가득 안고 우리를 찾아오십니다. 바로 그런 하나님의 마음을 전하기 위해 이 책을 마련하게 되었습니다. 성경 안에 하나님이 새겨 놓으신 '감정을 다스리는 방법'들을 이 책을 통해서 전달하도록 말입니다.

이 책의 배경이 되고 있는 성경 인물들의 이야기는 역사 이야기가 아닙니다. 위인전도 아닙니다. 상실감에 아파하며 눈물 흘리고, 욕망에 눈이 멀어 남에게 상처 주는 우리의 이야기입니다. 바로 지금의 우리 모습입니다. 그들이 흘렸던 눈물이 지금 우리 눈에서 흐르고 있고, 그들이 땅이 꺼져라 내쉬었던 한숨이 지금 우리 입에서 나오고 있습니다. 그들이 후회와 절망으로 멍하니 바라보던 하늘을 우리가 지금 바라보고 있습니다. 하나님께서 그들의 눈물과 한숨을 거두어 가시고 인도하셔서 감정의 문제를 해결해 주셨듯, 이제 우리도 하나님께서 내미신 손을 붙잡아야 합니다. 우리에게 들려주려고 하시는 그 말씀에 집중해야 합니다.

　무엇보다 이 책은 단순히 내가 상처받았을 때의 감정만을 다루고 있지 않습니다. 우리는 상처받고 시험 받으며 살고 있지만, 때로는 우리가 다른 사람에게 상처를 주고 아픔을 줄 때도 있기 때문입니다. 의도적이든 그렇지 않든 우리는 다양한 상황에서 다양한 방법으로 서로에게 상처를 입히며 살아가는 존재들입니다. 내가 상처받을 때도 속상하지만, 본의 아니게 남에게 상처를 주게 되었을 때는 더욱 답답합니다. 내가 피해자라면 어디에 가서 하소연이라도 하고 원망이라도 할 텐데, 내가 상처를 입힌 가해자가 될 때는 어디에다 속 시원히 말도 못 합니다. 하지만 하나님께서는 그런 우리를 결코 외면하지 않으십니다. 그럴 수밖에 없었던 우리의 마음을 헤아려 주시고, 우리가 무엇을 잘못했는지 알게 해주시면서 과거가 아닌 앞으로의 삶을 위해 우리가 기억해야 할 부분을 세심하게 일러 주십니다.

　하나님께서 우리에게 그토록 전해 주고 싶어 하신 메시지를, 감정을 다스리는 하나님의 방법을 이 책을 통해 하나씩 알아갈 수 있기를 간절히 바랍니다. 특히 챕터chapter가 끝날 때마다 하나님의 뜻을 삶 속에서 적용할 수 있는 방법을 다시금 정리했습니다. 하나라도 더 기억하고, 한 번이라도 더 적용할 수 있게 하기 위함입니다. 여러분의 상처 입은 마음, 그리고 본의 아니게 다른 사람에게 상처를 준 일들로 인해 부정적인 감정에 사로잡힌 그 마음이 하나님의 처방전으로 치유되길 원합니다. 여러분은 이제 이 책의 책장을 넘기기만 하면 됩니다.

  이 책을 통해 하나님과 감정적인 만남을 온전히 이룰 수 있기를 기대해 봅니다. 그래서 이 책을 덮는 순간, 이전에는 가질 수 없었던 평안과 기쁨이 마음에 가득하기를 소원해 봅니다.

신촌교회 담임목사 조동천

chapter 1. 상실
A. 사랑하는 이가 내 곁을 떠난 순간
B. 나 때문에 아파하는 당신에게

chapter 2. 절망
A. 현실의 벽 앞에 주저앉은 나의 모습
B. 나 때문에 넘어진 사람이 있다면

chapter 3. 무능
A. 내가 이토록 무능한 사람이었다니
B. 믿고 의지했던 사람이 무능하게 여겨질 때

part 1
마음의 변화가 필요한 순간

––––––– 상실 –––––––

A. 사랑하는 이가 내 곁을 떠난 순간
내가 받은 상실

●●●

  종교 전쟁과 흑사병으로 온 세상이 암흑과도 같았던 1600~1700년대. 대를 이어 목회를 하던 벤자민 슈몰크Benjamin Schmolck 목사는 아내와 함께 당시 무덤과도 같던 독일 전역을 돌며 많은 사람을 위로하고 희망을 주었다. 독일 실레지아 지역에 교회를 세우고 오로지 선교에 열중하다 병을 얻어 쓰러지기도 여러 차례. 하지만 선교에 대한 열정이 두 부부를 일으켜 세웠고 교회는 나날이 부흥되어 갔다. 그러던 어느 날 슈몰크 목사 부부가 심방을 간 사이에 목사를 싫어하던 로마 가톨릭의 수하가 목사의 교회에 불을 질렀고, 심방을 다녀온 슈몰크 목사 부부는 잿더미 속에서 서로 부둥켜안은 채 까맣게 불타 죽어 있는 두 아들을 발견하게 되었다. 슈몰크 목사 부부는 두 아들을 품에 안고 무릎을 꿇은 채 "주신 분도 주님이시고 걷어 가시는 분도 주님이시온데, 모든 것을 주께 맡기겠사오니 주여 뜻대로 행하시옵소서" 하고 기도를 드렸다. 그런 엄청난 상실감 속에서도 기도와 믿음을 잃지 않으며 시를 써 내려갔고 훗날 작곡자가 그 시에 곡을 붙여 〈내 주여 뜻대로새 549장, 통 431장〉라는 찬송이 탄생하게 되었다.

내 감정과의 대면

의지하고 사랑했던 사람이 한순간에 훌쩍 떠나 버린 적이 있는가? 우리는 살면서 다양한 상실감 속에서 인생의 쓴맛을 경험하지만, 특히 사랑하는 사람을 잃었을 때는 서러움을 넘어선 괴로움을 느끼게 된다. 물질이나 명예는 어쩌면 나의 노력에 따라 다시 얻을 수 있을지도 모르지만 사람은 다르다. 내가 아무리 발버둥 친다 한들 떠난 사람을, 혹은 떠난 사람의 마음을 붙잡을 수는 없기 때문이다.

그런데 가만히 생각해 보면 사실 누군가가 내 곁을 떠났을 때, 그 사람의 부재 외에는 내 삶에 직접적으로 크게 달라진 것이 없다. 그럼에도 그 사람의 부재가 불러오는 파급 효과는 실로 엄청나다. 숨도 쉴 수 없는 고통과 두려움 속으로 나를 몰아간다. 특히 그 사람이 매몰차게 나를 떠났거나 배신했을 때, 그것은 나에게 크나큰 상처로 다가올 뿐만 아니라 그 상처는 쉽사리 아물어들지 않는다.

이처럼 사람이 떠남으로 인해 갖게 되는 상실감과 두려움은 어마어마하게 거대해서 우리 인생의 방향을 다 무너뜨려 버린다. 잘 정돈되어 있던 우리의 인생을 산산조각 나게 흩뜨리고 갈피를 잡지 못하게 만든다.

하나님 말씀과의 대면

"아브람이 롯에게 이르되 우리는 한 친족이라 나나 너나 내 목자나 네 목자나 서로 다투게 하지 말자 네 앞에 온 땅이 있지 아니하냐 나를 떠나가라 네가 좌하면 나는 우하고 네가 우하면 나는 좌하리라 이에 롯이 눈을 들어 요단 지역을 바라본즉 소알까지 온 땅에 물이 넉넉하니 여호와께서 소돔과 고모라를 멸하시기 전이었으므로 여호와의 동산 같고 애굽 땅과 같았더라 그러므로 롯이 요단 온 지역을 택하고 동으로 옮기니 그들이 서로 떠난지라 아브람은 가나안 땅에 거주하였고 롯은 그 지역의 도시들에 머무르며 그 장막을 옮겨 소돔까지 이르렀더라 소돔 사람은 여호와 앞에 악하며 큰 죄인이었더라 롯이 아브람을 떠난 후에 여호와께서 아브람에게 이르시되 너는 눈을 들어 너 있는 곳에서 북쪽과 남쪽 그리고 동쪽과 서쪽을 바라보라"창 13:8-14

아브라함, 상실의 고통 속에서
고개를 숙이다

롯을 떠나보내야 하는 아브라함의 상황은 어쩌면 우리 인생 가운데서 종종 나타나는 일들이기도 하다. 롯이 아브라함을 떠났듯, 누군가가 우리 곁을 떠나는 허무한 상황이 종종 찾아오곤 하기 때문이다. 그런데 떠나는 것 자체도 힘들지만 떠나는 원인이 여러 가지이다 보니 그만큼 우리는 다양한 상처를 경험하게 된다.

이렇게 다양한 상실의 아픔 속에서 우리는 의문을 던진다. '도대체 왜 나를 떠났을까?' 롯처럼 자신의 욕심이나 더 좋은 것을 위해 단호하게 떠나는 경우도 있다. 또는 환경적인 문제 때문에 어쩔 수 없이 헤어지기도 한다. 아니면 진정으로 나를 사랑했던 사람이지만, 나만 바라보겠다고 했던 사람이 갑자기 더 좋은 사람이 생겨 떠날 수도 있다. 이뿐만이 아니다. 어떤 사고나 사건으로 인해서 영별永別하게 되는 안타까운 떠남도 우리 삶에는 얼마든지 있을 수 있다.

그런데 하나님은 이러한 고통스러운 '떠남'을 우리가 어떻게 예비하기를 원하실까? 하나님께서는 롯이 떠남으로 인해 이런 상실감을 겪고 있는 아브라함을 향해 "눈을 들라"고 말씀하셨다. 지금 아브라함은 상실감 속에서 고개를 떨군 채로 그 자리에 멈춰 서있다. 생을 포기한 듯 눈을 내리깔고 희망이 없는 모습, 삶의 의욕을 잃어버린 모습으로 있는 것이다. 하나님은 바로 그 모습으로 서있는 아브라함을 향해서, 또한 아브라함과 같은 모습으로 서있는 우리를 향해서 "눈을 들라"고 말씀하신다.

차라리 미워서 떠나보낸 거라면
이렇게 아프지는 않았을 텐데

사실 롯이 떠남으로 인해 아브라함이 이토록 공허한 마음을 갖게 된 데에는 중요한 몇 가지 이유가 있다. 아브라함은 75세에 하나님의 부르심을 받고 길을 떠나게 되었다. 그런데 그때까지 자식이 없던 그는 자신의 형제 하란의 아들인 조카 롯만을 바라보며 살았다. 자식이 없으니 조카를 자신의 자식처럼 생각하고 생명과도 같이 귀히 여기며 살았던 것이다. 나이가 들수록 혼자 사는 사람들을 보면 조카에 대한 사랑이 극진하다. 특히 자식이 없는 경우에는 조카를 더없이 귀하게 여길 수밖에 없다. 그런데 아브라함은 75세가 되도록 자식이 없었으니 그 조카가 얼마나 사랑스러웠을까? 형제 하란이 죽음을 맞자 롯을 친자식처럼 온 정성을 다해 키워 온 것이다. 그랬던 만큼 그는 평생토록 조카에게 마음을 의지하면서 살아야겠다고 생각했을 것이다.

그런데 그렇게 사랑해 마지않던 롯이, 먼 여행길까지 목숨을 걸고 함께했던 그 조카가 재산이 점점 불어나자 힘이 생겨서인지 자신의 종들이 아브라함의 종들과 다투는 것을 묵인한다. 어쩌면 롯 자신이 종들을 종용해 갈등을 부추겨서 독립의 기회를 만들어 가고 있었을 수도 있다. 이에 수많은 사람을 이끌던 아브라함으로써는 그런 롯을 떠나보낼 뜻을 비칠 수밖에 없었고, 그러자 롯이 한 치의 망설임도 없이 냉정하게 아브라함의 곁을 떠나 버리고 말았다. 정말 자식처럼, 생의 모든 열매처럼 여겼던 롯이 아브라함의 말 한마디에 기다렸다는 듯이 떠나갔으니 아브라함은 그 상실감과 좌절감에 고개를 떨굴 수밖에 없었을 것이다. '내가 인생을 헛살았구나! 이제 무엇을 의지하고 살아야 하나?' 하며 희망이 사라지는 것을 느꼈을 것이다.

특히 더욱더 안타까운 것은 롯이 떠난 것은 두 사람의 갈등 때문이 아닌 아브라함 자신의 무능함에 그 원인이 있었기 때문이었다. 하나님께서 부요함을 허락하셨는데도 땅이 좁아 거할 곳이 없게 되었고 이로 인해 양쪽이 갈등하게 되자 할 수 없이 롯을 떠나보내게 된 것이다. 차라리 미워서 떠나보낸 거라면 상처가 덜했을지 모른다. '어차피 꼴 보기 싫었는데 잘됐다'라고 생각하면서 기꺼이 보내 주었을 것이다. 그러나 지금은 정말로 사랑하지만 할 수 없이 떠나보내야 하는, 고개가 절로 떨구어질 수밖에 없는 상황이다.

이렇게 절망하는 순간에 하나님께서는 아브라함에게 그리고 우리에게 "눈을 들라", "절망하지 말라"고 말씀하신다. 그리고 이 상황 가운데 하나님의 뜻이 있음을 알려 주신다. 그런데 여기서 하나님께서 "눈을 들라"고 하시는 말씀은 그냥 고개를 들고 눈을 위로 뜨라는 것이 아니다. 깊이 있게 바라보라는 것이다. 곧 본질을 더 꿰뚫어 보라는 것이다. 여기에는 '안목을 더 높이고 강화시켜라. 사람이 그렇게 약해서야 되겠느냐?'라는 의미가 숨어 있다. 더불어 이 안에는 아주 중요한 하나님의 세 가지 뜻이 함께 담겨 있다.

: 떠난 사람은 하나님이 약속하신 사람이 아니다

상실의 상황에서 알 수 있는 첫 번째 숨겨진 뜻은 떠난 사람은 하나님이 약속하신 사람이 아니라는 사실이다. 곧 근본적으로 그 사람은 나와 영원히 함께할 사람이 아니기 때문에 떠난 것이다. 하나님이 약속하신 대상이 아니라면, 하나님이 내게 허락하신 사람이 아니라면 언젠가는 결국 떠나게 되어 있다. 롯의 경우도 마찬가지였다. 하나님은 롯을 통해서 아브라함에게 복을 주려고 하신 것이 아니다. 하나님이 약속하신 사람은 롯이 아니라 이삭이었다. 이와 같이 지금 당장은 없지만 하나님은 25년 후에 주실 '내게 기쁨이 되는 사람'을 예비해 놓으셨기 때문에 룻이 떠날 수 있었던 것이다.

그러므로 누군가가 떠났다면 그 사람은 '필연적으로 떠나게 되어 있는 사람'임을 우리는 알아야 한다. 특히 이런 사람은 붙잡는다 해도 붙잡히지 않는다. 또 그 사람이 우리 곁에 계속 머문다고 해서 상황이 해결되는 것도 아니다. 그러니 그 사람에게 목숨을 걸 이유도 없다. 오히려 그 사람이 떠나야 하나님께서 우리에게 훨씬 더 맞는 사람을 허락해 주심을 알아야 한다.

예를 들어 정말 훌륭했던 직원이 떠나가면 회사의 모든 것이 무너지는 것일까? 정말 아끼던 제자가 떠나가면 내 교육 방침에 문제가 있는 것일까? 그렇지 않다. 누군가가 떠나가면 하나님께서 더 좋은 동역자를 보내 주실 것이라는 사실을 믿어야 한다. 하나님은 아주 풍요로우신 분이시기에 매우 많은 일꾼을 거느리고 계신다. 그러므로 신앙생활을 하면서 결코 '이 사람이 아니면 안 돼'라고 생각할 필요가 없다. 떠날 수밖에 없는 사람으로 인해 인생의 모든 것이 무너진 것처럼 낙심할 필요도 없다.

: 그 사람이 없어도 하나님으로 인해 행복할 수만 있다면

하나님께서 누군가의 떠남을 허락하신 두 번째 숨은 뜻은 그 사람이 떠나야 우리가 하나님을 볼 수 있기 때문이다. 이상하게도 우리는 사람이 떠나가면 그제야 하나님이 보이기 시작한다. 의지했던 사람이 다

떠난 후에야 하나님을 의지하는 것이 인간의 현실이다. 사실 살면서 은근히 기대할 사람이 있으면 우리는 하나님을 망각하기 쉽다. 아브라함 역시 하나님께 부름을 받았으면서도 여전히 롯을 기대하면서 살았다. 그래서 하나님은 롯이 떠나고 난 후 사랑의 대상이 될 자녀가 부재하는 기간을 25년이나 허락하셨다. 바로 그 긴 시간 동안 하나님만 바라보게 하고 하나님만 찾게 하기 위함이었다.

  어쩌면 우리의 신앙이 깊어지지 못하는 이유는 사람을 의지하기 때문일지도 모른다. 그러므로 누군가가 우리를 배신해서 떠나갈 때 우리는 방황하지 말고 우리가 만나고 사랑해야 하는 대상이 하나님이심을 상기해야 한다. 하지만 가만히 생각해 보면 모든 사람은 다 떠나가게 되어 있다. 오로지 하나님만이 끝까지 우리를 이해해 주시고 우리 곁에 남아 계신다. 우리는 이러한 은혜 역시 떠올릴 수 있어야 한다.

  사무엘상 1장에는 아기를 갖지 못한 여인, 한나가 등장한다. 그녀는 절망 가운데에 있을 때 하나님을 만나게 되었다. 그런데 신기하게도 그녀는 아들이 생기자 그 귀한 아들을 하나님께 맡겼다. 그러고는 하나님 안에서 만족하며 살았다. 결코 사무엘을 떠나보낸 상실감으로 괴로워하거나 하나님을 원망하지 않았다. 이처럼 하나님께서 그 누군가를 우리에게 허락해 주셨을 때 우리는 그 사람을 떠나보낼 준비가 되어 있어야 한다. '그 사람이 없어도 나는 하나님으로 인해 행복할 수가 있습니다'와 같은 고백이 가능해야 한다. 하나님께서는 우리가 그 수준까지 올라오도록 우리를 연단하시고 복을 주신다.

: 사람의 '떠남'과 '상실' 속에는 하나님의 놀라운 섭리가 있다

하나님께서 상실의 상황을 허락하시는 세 번째 숨은 뜻은 우리로 하여금 하나님의 섭리를 경험하게 하기 위해서이다. 롯은 비록 떠났지만 그 떠남이 아브라함에게 아픔만 준 것은 아니었다. 롯이 떠난 이후에 아브라함은 소돔과 고모라가 멸망당할 것이라는 하나님의 계시를 얻게 되었다. 다시 말해서 롯이 그곳에 정착했기 때문에 하나님의 천사가 진멸하러 갈 때 아브라함에게 그 소식을 전해 줄 수 있었던 것이다. 이처럼 떠남 속에는 계시가 있고, 잃음 속에는 반드시 얻음이 있다. 하나님은 결코 우리에게 무조건적인 손해를 허락하시지 않는 분이시다.

또한 롯이 떠난 후 그토록 번영했던 소돔과 고모라 성이 다른 연합군의 다섯 왕에 의해 완전히 초토화되었는데, 이때 롯이 포로로 잡혀가자 아브라함은 분연히 일어나 롯을 구하러 떠났다. 노인이 갑자기 용맹스러운 용사가 되어 다섯 연합군의 왕들을 모두 물리치고 롯과 함께 포로로 잡혀갔던 여러 도시 사람들을 모두 구출해서 고향으로 돌려보낸 것이다. 결국 아브라함은 이 시대 구원자로서의 놀라운 업적을 단 한 명의 사람, 롯을 잃은 사건을 통해 이루게 된 셈이다.

이처럼 한 사람의 잃음 속에는 하나님의 놀라운 계획이 있다. 한 사람을 떠나보내는 것에는 우리를 사용하시고자 하는 하나님의 분명한 이유가 있다. 그러므로 어떤 특별한 사건, 관계 속에서의 복잡한 갈등이 상실의 이유라고 생각할 필요가 없다. 하나님께서 우리를 위대한 구원의 사건을 위해 쓰시려고 이런 아픔을 주셨음을 알아야 한다.

예수님도 우리처럼
상실감을 느끼셨을까

예수님도 상실감을 경험할 만한 상황에 놓이신 적이 있었다. 유다는 예수님을 팔아넘겼고, 그토록 사랑했던 베드로는 예수님을 저주하고 부인하며 떠나갔다. 거기서 끝이 아니었다. 나머지 제자들도 다 도망을 쳤다. 그렇게 모두가 다 떠나갔을 때 예수님께서는 뭐라고 말씀하셨을까? "보라 너희가 다 각각 제 곳으로 흩어지고 나를 혼자 둘 때가 오나니 벌써 왔도다 그러나 내가 혼자 있는 것이 아니라 아버지께서 나와 함께 계시느니라" 요 16:32 "아버지께서 나와 함께 하신다"는 말씀은 옆에 머무는 차원을 떠나 모든 사건이 하나님의 주관하에 있음을 의미한다. 그런 까닭에 예수님은 이런 사건을 겪으시고도 하나님의 부재를 경험하지 않으셨다. 당당히 하나님의 섭리를 보고 계셨다. 특히 십자가에 못 박혀 죽으실 수 있는 모든 조건이 이루어짐을 보셨으며 이 모든 것이 인류 전체를 구원하기 위한 하나님의 원대한 뜻의 성취임을 아셨다.

이제 사람이 떠나가는 아픔을 경험할 때 절대로 '나 자신의 문제', '너와 나의 문제'로만 국한시켜 생각하지 말자. 거기에는 하나님이 주신 복이 있고 우리를 사용하시고자 하는 섭리가 진행되고 있다. 그러므로 그런 상황이 찾아오면 하나님의 영광의 도구로 쓰임을 받고 많은 사람을 구원하기 위한 위대한 섭리 안에 들어가기 위해 하나님의 도우심을 구하자. 하나님의 그 도우심으로 상실된 사랑의 아픔을 극복해 나가자.

치료자 하나님과의 감정적 만남

아끼고 사랑하고 의지했던 사람이 우리 곁을 떠나갈 때, 그 상실감과 고통은 실로 커서 다시 마음을 가다듬기란 결코 쉽지 않다. 이때 앞서 다룬 내용에 근거해 이 상실감을 이겨 나가기 위해 구체적으로 가져야 할 마음가짐들을 배워 보자. 그렇게 조금씩 노력하다 보면 그 상실감의 고통에서 벗어날 수 있을 것이다.

STEP 1_ 원망의 마음을 금하라

떠난 사람을 원망하고만 있지 마라. 동시에 자신의 잘못이라며 스스로를 원망하지도 마라.

STEP 2_ 눈을 들어 이 상황을 바라보라

고개를 떨구고 있지 말고 "눈을 들라"는 하나님의 말씀대로 더 높이, 더 깊이 바라보라.

STEP 3_ 상실 뒤에 오는 섭리를 기대하라

상실의 사건 속에 숨은 하나님의 뜻을 살펴라. 그 안에 또 다른 예비하심, 하나님과의 진정한 교제, 놀라운 섭리의 계획이 있다.

치료자 하나님의 처방전

내가 받은 상실	① 사랑하는 사람이 내 곁을 떠났을 때 ② 사랑하는 사람이 사고나 사건으로 이 세상을 영원히 떠났을 때

⬇

성경 속에서 찾은 나의 감정 : 창세기 13장 8-14절

자식과도 같았던 롯이 기다렸다는 듯이 떠나가 상실감에 빠진 아브라함

⬇

아브라함의 모습	우리의 모습
자식과도 같은 롯이 떠나자 허전해하며 모든 것을 자신의 탓으로 돌린다.	상실감에 빠져 공허해하며 슬퍼한다.

⬇

상실감에 고개 숙인 우리에게 하나님이 주시는 말씀

"너는 눈을 들어"

⬇

내가 할 수 있는 하나님의 방법	하나님의 위로하심
떠난 사람은 하나님이 약속하신 사람이 아님을 알라.	더 좋은 사람이 예비되어 있다.
그 사람이 떠나야 비로소 하나님이 보인다.	하나님으로 인해 변치 않는 행복을 경험할 수 있다.
하나님의 계획과 뜻이 있음을 믿어라.	이 일이 하나님의 놀라운 역사를 이루기 위한 도구가 될 수 있다.

⬇

	삶 가운데 찾아올 상실감에 대비하기
STEP 1	남도 나도 원망하지 마라. 누구의 잘못도 아니다.
STEP 2	슬퍼하지 말고 눈을 들어 하나님을 바라보라.
STEP 3	나의 잃음 속에는 하나님의 놀라운 섭리가 있음을 기대하라.

— 상실 —

B. 나 때문에 아파하는 당신에게
나로 인한 타인의 상실

　다리가 불편한 소녀 조제와 젊은 청년 츠네오의 사랑 이야기를 담은 영화 〈조제, 호랑이 그리고 물고기들〉은 첫사랑의 아련함과 함께 우리에게 많은 것을 생각하게 해주는 작품이다. 벽장 속에서만 지내던 조제는 자신의 다리가 되어 주는 츠네오가 한없이 좋았고 그로 인해 비로소 세상으로 나가 웃을 수 있게 됐다. 츠네오는 장애인과 함께 다닌다는 비난 어린 세상의 시선도 아랑곳없이 조제와 행복했지만 영원할 것만 같던 츠네오의 사랑도 어느 순간 지쳐 가기 시작했다. 그래서 츠네오는 어느 날 아침, 아무런 변명도 없이 조제를 떠났고 조제도 츠네오의 부재를 담백하게 받아들인다. 조제는 상실감으로 인해 괴로워하기보다 이제부터 츠네오 없이 혼자 휠체어를 타고 세상 밖으로 나가게 된다.
　이처럼 우리는 츠네오와 같이 누군가에게 이별을 통보하게 될 때도 있고 그로 인해 상실감을 끼칠 수도 있는 존재지만, 그것이 꼭 나쁜 것만은 아니다.

상실을 당한 사람이 그 경험을 통해 감당하고 얻을 수 있는 것들을 하나님께서는 예비해 두셨기 때문이다.

내 감정과의 대면

우리는 삶 속에서 '떠나고 싶은 마음'이 종종 들곤 한다. 몸과 마음을 짓누르는 과도한 스트레스와 압박감, 부담스러운 기대와 책임감, 복잡하게 얽힌 감정의 실타래, 지금보다 더 좋은 곳으로 가고 싶은 열망, 사랑이 식어 더는 즐거움도 행복도 나눌 수 없는 무의미해진 관계 등이 우리를 새로운 곳으로 떠날 것을 종용하는 것이다. 이때마다 우리는 갈등하기도 하고, 본격적으로 떠날 기회를 마련하기 위해 노력하기도 한다.

그런데 마침 기회가 주어져 내 뜻대로 떠날 수 있게 되었다면 그때는 속이 시원해질까? 원하는 대로 되어서 마냥 기쁘기만 할까? 결코 그렇지는 않을 것이다. 문제가 있어서 떠났든, 더 좋은 길을 위해 떠났든, 나를 원하고 있는 사람들을 뒤로하고 떠나온 것은 '무책임' 혹은 '배신'으로 이어질 수 있기 때문이다. 누군가는 분명 떠난 나를 향해 서운함과 원망의 시선을 보내고 있을 것이고, 누군가는 나를 향해 '이기적인 사람'이라며 강력하게 비판하고 있을 것이다. 그렇기에 누구나 자신의 뜻대로 떠났다고 해도 마음 한편에는 여전히 무거운 추가 매달려 있을 수밖에 없다.

하나님 말씀과의 대면

"아브람이 롯에게 이르되 우리는 한 친족이라 나나 너나 내 목자나 네 목자나 서로 다투게 하지 말자 네 앞에 온 땅이 있지 아니하냐 나를 떠나가라 네가 좌하면 나는 우하고 네가 우하면 나는 좌하리라 이에 롯이 눈을 들어 요단 지역을 바라본즉 소알까지 온 땅에 물이 넉넉하니 여호와께서 소돔과 고모라를 멸하시기 전이었으므로 여호와의 동산 같고 애굽 땅과 같았더라 그러므로 롯이 요단 온 지역을 택하고 동으로 옮기니 그들이 서로 떠난지라 아브람은 가나안 땅에 거주하였고 롯은 그 지역의 도시들에 머무르며 그 장막을 옮겨 소돔까지 이르렀더라 소돔 사람은 여호와 앞에 악하며 큰 죄인이었더라 롯이 아브람을 떠난 후에 여호와께서 아브람에게 이르시되 너는 눈을 들어 너 있는 곳에서 북쪽과 남쪽 그리고 동쪽과 서쪽을 바라보라"창 13:8–14

롯도 분명 아브라함에 대한 미안함에
괴로웠을 것이다

롯은 땅을 선택하라는 아브라함 앞에서 냉큼 자기 길을 택해 떠나 버렸다. 아마 롯도 아브라함을 떠나 긴 여행길을 거치면서 말 못 할 고민들이 있었을지 모른다. 아브라함이야 하나님의 뜻을 직접적으로 들었고 신앙에 기초하여 본향을 두고 떠났다지만, 롯이 아브라함과 같았을 리는 없다. 게다가 그 와중에 아브라함의 종과 롯의 종 사이에 재산으로 인한 다툼까지 벌어졌다. 종들 사이의 다툼이라지만 엄밀히 말하면 롯이 개입된 상황이었다. 아브라함은 실질적으로 가문의 주인이었기에 재산에 대한 미련이 적을 수 있었겠지만, 그렇지 않은 롯의 입장에서는 하나라도 더 챙기고 싶은 마음이 분명 있었을 것이다.

물론 롯이 실제로 이러한 생각을 했는지는 성경에 나와 있지 않다. 하지만 아브라함의 제안에 기다렸다는 듯이 자신이 원하는 땅을 택해 떠나간 것을 보면, 롯이 적어도 자기 소유에 대한 분명한 뜻이 있었다는 것을 충분히 짐작하게 한다. 하지만 자신을 자식처럼 보살펴 주고 아껴 주었던 아브라함을 떠나온 롯의 마음은 과연 편하기만 했을까? 원하는 땅을 얻고 독립된 가장이 되었으니 그저 홀가분하기만 했을까? 그렇지 않았을 것이다. 분명 롯은 미안하고 허전한 마음이 내면 깊숙이 자리해 있었을 것이다. 이렇게 자신의 뜻대로 누군가를 떠났다 해도, 혹은 본의 아니게 떠났다 해도 자신도 모르게 밀려오는 허전함과 미안함은 스스로를 괴롭게 만들 수밖에 없다. 이렇게 떠나온 자의 마음에 계속 매달려 있는 그 무거운 추는 어떻게 해야만 하는 것일까?

롯처럼 누군가에게 상실감을 안겨 준 사람이 더 답답할 수밖에 없는 이유는 '할 말이 없다'는 사실 때문일 것이다. 일방적으로 상실감을 경험하게 된 아브라함의 입장에서야 '내가 저 아이를 어떻게 키웠는데 이렇게 떠나갈 수 있을까?' 하며 원망의 말이라도 할 수 있지만, 자기 뜻대로 떠나온 롯의 입장에서는 그 미안함에 대해 어디에다 하소연도 할 수가 없다. 그래서 상실감을 끼친 사람은 아무 말도 못한 채 그저 모든 감정을 꾹 눌러야만 하는 것이 현실이다. 물론 상실감을 경험하게 된 사람의 고통이야 이루 말할 수 없겠지만, 상실감을 끼친 사람 역시 그 사람 나름대로 힘들고 괴로운 것은 분명하다. 우리는 그런 감정을 억누르고 소멸하려 하지 말고 우선 그 감정을 솔직하게 끄집어내야만 한다. '나도 괴롭고 힘들다'는 것을 인정해야만 한다.

특히 지금 '떠난 당사자'로서, 상대방에게 상실감을 끼친 입장으로서 복잡한 심정이 뒤엉켜 있을 것이다. 떠남에 대한 허전함도 있을 것이고, 남겨진 이들에 대한 미안함도 있을 것이며, 동시에 새로운 미래에 대한 막막함도 있을 것이다. 이러한 복잡한 감정들을 하나님 앞에 내려놓고 해소해 나가야 한다.

떠난 내가 남겨진 이를 위해 해줄 수 있는 유일한 것은
'진심 어린 사과'이다

먼저 내 안에 가득 찬 미안한 마음을 어떻게 해결해야 할까? 냉정하게 생각해 보면, 이미 나는 떠났고 남겨진 사람은 나로 인해 크고 작은 상처를 받았다. 다시 돌아갈 수 있는 것이 아니라면 상황은 이미 종료된 것이다. 이것은 무엇을 의미할까? 그들의 상처는 계속 상처로 남을 수밖에 없고, 나는 상처를 입힌 사람으로서 오명을 지울 수 없는 것이다. 여기서 내가 할 수 있는 일이 무엇일까? 내 안에 자리 잡은 허전함이나 막막함은 어떻게 해결해야 할까? 이별로 인한 허전함을 내가 당장 그 무엇으로 메울 수 있는 것은 아니다. 특히 지금 떠난 사람으로서 죄책감이 가득한 나로서는 '나는 누군가에게 상처를 준 사람인데, 좋은 미래를 기대할 자격이 있을까?' 하는 생각마저 들게 된다. 차라리 쫓겨

난 거라면, 이별을 당한 것이라면 '불쌍한 나를 하나님이 긍휼히 여기셔서 더 좋은 미래를 주시겠지' 하며 기대라도 해볼 텐데 말이다.

그래서 떠나온 자는 좋은 미래는커녕 벌을 받을까 봐 두려워하고 걱정부터 앞설 수밖에 없다. 분명 내 선택에 따라 더 좋은 것을 찾아 떠났는데, 막상 떠나고 나니 겁부터 나는 것이다. 이런 생각에 사로잡혀 버리면 계속 부정적인 생각만 맴돌 수밖에 없다.

그러므로 이미 떠난 상황이라면 감정적인 면에 있어서는 내 생각을 접고 하나님께 도움을 구해야 한다. 지금 내가 할 수 있는 일도 없고, 할 수 있는 생각조차 모조리 부정적인 생각들뿐이기에, 하나님을 통해 나의 지금 그 감정을 해결해야 한다. 내가 할 수 있는 것과 하나님이 하실 일을 명확히 구분해야 한다. 우선 내가 해야 할 것, 즉 반드시 내가 상대방에게 확실히 하고 넘어가야 하는 것을 행해야 한다. 다른 누구도 아닌 이 상황의 당사자로서 내가 해야 할 것은 바로 진심을 담은 '정식 사과'이다. "예물을 제단 앞에 두고 먼저 가서 형제와 화목하고 그 후에 와서 예물을 드리라"마 5:24 이 말씀을 기억하며 반드시 정식으로 사과의 마음을 전해야 한다.

물론 떠난 것 자체는 내 잘못이 아닐 수도 있다. 이기적인 마음이 아닌, 나도 어쩔 수 없는 상황에서 떠난 것이라면 말이다. 그럼에도 상처를 준 것은 사실이기에 그리스도인으로서 '상처를 준 것에 대한 사과'를 할 필요가 있다. 또한 만일 나의 이기심으로 인해 떠난 것이라면 당연히 더 철저한 사과를 해야 한다. 행여 떠나는 과정에서 '떠나는 행위' 외에 더 상처를 준 것이 있다면 그 부분 역시 그냥 넘어가려 해서는 안 되며 그 과정에서 잘못한 것은 더 철저히 사과해야 한다. 그렇다고 어떠한 보상을 해야 하는 것이 아니다. 진심을 담은 사과면 충분하다.

만약 이렇게 진심을 다해 사과를 했다면, 그다음에 내가 직접적으로 할 수 있는 것은 없다. 나머지는 이제 하나님의 손에 맡겨야 한다. 이제 그들의 마음을 만져 주실 분은 내가 아닌 하나님이시기 때문이다.

죄책감을 갖는다고 해서
달라질 것은 아무것도 없다

또한 이 상황에서 놓치지 말아야 할 것은 죄책감으로부터 해방되어야 한다는 사실이다. "그러므로 이제 그리스도 예수 안에 있는 자에게는 결코 정죄함이 없나니 이는 그리스도 예수 안에 있는 생명의 성령의 법이 죄와 사망의 법에서 너를 해방하였음이라" 롬 8:1-2 이기적으로 떠난 것이든, 어쩔 수 없이 떠난 것이든 이 상황에서 죄책감을 갖게 되는 것은 당연한 모습일 것이다. 이때 이기적으로 떠난 것이라면 반드시 하나님께 회개하고 또한 사람에게도 사과해야만 한다. 하지만 이기적으로 떠난 것이 아니라 어쩔 수 없이 떠나게 된 것이라면 죄책감에 시달리느라 시간을 낭비할 것이 아니라 오히려 주어진 새로운 길에 다시금 매진해야 한다. 더는 괜한 죄책감에 사로잡혀서 에너지를 낭비해서는 안 된다.

간혹 우리는 그 죄책감을 책임감으로 오인할 때가 있다. 하지만 우리가 죄책감을 계속 갖고 있다고 해서 그것이 우리가 상실감을 끼친 상대방에게 책임감 있는 역할을 해주는 것은 결코 아니다. 그것은 우리가 책임져 줄 수 있는 부분이 아니기 때문이다. 그러므로 우리는 이 부분에서 냉철하게 죄책감을 끊어 낼 수 있어야 한다. 그리할 때만이 더는 과거에 매여 있지 않게 되고, 이 일을 경험 삼아 하나님의 방법과 뜻을 알 수 있게 된다.

하나님은 남겨진 사람만이 아니라
떠난 사람의 미래도 책임져 주신다

떠나온 사람에게는 미안함과 허전함과 더불어 미래에 대한 막막함이 찾아오게 된다. 이것은 곧 불안한 마음이기도 하다. 특히 앞서 말한 대로 이것이 죄책감과 결부되어 미래를 더욱 걱정스럽게 만들 수도 있다. 이때 중요한 것은 우리 자신의 생각만으로 미래를 그려서는 안 된다는 사실이다. 이 시기에는 불안함이 더욱 극대화될 수 있기에 미래에 대한 부분은 온전히 하나님께 맡겨야만 한다. "네 길을 여호와께 맡기라 그를 의지하면 그가 이루시고 네 의를 빛 같이 나타내시며 네 공의를 정오의 빛 같이 하시리로다"시 37:5-6

또한 '하나님은 남겨진 사람만이 아니라 떠난 사람의 미래도 책임져 주신다'는 사실을 인정해야 한다. 하나님은 '너는 네 마음대로 결정했으니 이제 네가 알아서 해라' 하지 않으신다. 우리가 그 과정에서 잘못한 부분이 있다 하더라도 하나님께 회개하고 상실감을 끼친 상대방에게 진심으로 사과했다면, 하나님은 떠나온 우리의 미래 역시 이끌어 주신다. 게다가 잘못해서 떠나온 것이 아니라 불가피하게 떠나온 것이라면 더더욱 불안해할 필요가 없다. 만약 잘못을 한 것이 아님에도 '내가 이기적인 것은 아닐까?' 하며 괜히 불안해하고 근심한다고 해서 하나님이 그 모습을 겸손함으로 여겨 주실까? 오히려 그런 마음을 버리고 하나님께 당당히 우리의 미래를 맡기는 것이 더 겸손한 모습이다.

또한 누군가에게 상실감을 안겨 준 일은 우리에게 일종의 큰 교훈이 될 수도 있다. 롯은 아브라함을 떠난 이후 우여곡절을 많이 겪었다. 특히 대적들에게 잡혀가기까지 했다. 아마 롯은 그런 과정을 통해 자신이 아브라함을 떠나온 것에 대해 후회했을지도 모른다. 하지만 그는 그것 때문에 주저앉지 않았다. 오히려 이를 교훈 삼아 사람을 귀하게 여기고 사소한 인간관계도 소중히 여기게 된다. 소돔 성이 멸망하게 됐을 때 자신을 찾아온 나그네들천사을 극진히 대접했고, 자기 딸들을 희생하게 하면서까지 그 성의 무뢰한들로부터 천사들을 보호하려고 했다창 19:1-10.

우리 역시 누군가를 떠나 상대방에게 상실감을 안겨 주었다면 그 과정에서의 실수를 되풀이하지 않도록 교훈을 얻어야 한다. 교훈 없이 감정에만 사로잡혀 있다 보면 결국 후회만 더 크게 남기 때문이다.

이렇게 우리는 다른 이에게 상실감을 안겨 주게 되었을 때, 하나님의 방법대로 그 상황을 풀어 나갈 수 있다. 하나님의 뜻으로 그 과정들을 극복해 나갈 수 있다.

예수님도 누군가에게 상실감을
안겨 준 적이 있으셨을까

예수님은 공생애를 제자들과 함께하셨다. 제자들은 그 기간 동안 예수님께서 인도하시는 대로 살았고 그만큼 예수님만을 의지했다. 그런 제자들에게 예수님은 자신이 하늘로 올라가실 거라고 말씀하셨고 요 14:2-3, 이 이야기를 들은 제자들은 큰 상실감에 빠질 수밖에 없었다. 일터까지 버린 채 예수님만을 의지해 온 그들에게 이러한 이별 예고는 청천벽력과도 같았을 것이다 마 4:20; 9:9. 어쩌면 예수님을 야속하게 생각했을지도 모른다.

예수님도 제자들이 겪을 상실감을 아셨다. 사랑하는 제자들을 두고 떠나야 하는 예수님의 마음이 편하지는 않으셨을 것이다. 하지만 예수님은 자신이 떠나는 것이 결국은 그들에게 유익이 될 것 또한 아셨다. 예수님이 가셔야 성령이 오시기 때문이다. "그러나 내가 너희에게 실상을 말하노니 내가 떠나가는 것이 너희에게 유익이라 내가 떠나가지 아니하면 보혜사가 너희에게로 오시지 아니할 것이요 가면 내가 그를 너희에게로 보내리니" 요 16:7 결국 예수님이 약속하신 대로 성령이 오셨고, 제자들은 하나님의 영이신 성령을 모시고 살 수 있게 되었다. 성령님과 함께 땅끝까지 복음을 전하는 사명을 감당하게 된 것이다. 우리도 누군가에게 상실감을 안겨 주었을 때 그 일을 통한 하나님의 다른 계획이 있을 것이라 기대한다면 미안함과 죄책감에서 자유로워질 수 있을 것이다.

치료자 하나님과의 감정적 만남

자신의 선택에 따라 누군가를 떠나게 되는 순간은 우리 삶에서 반드시 찾아온다. 그럴 때는 복잡한 감정으로 인해 마음이 무거워지고 새로운 상황에 적응하기 힘들어지기도 한다. 이때 앞서 다룬 내용에 근거하여 복잡 미묘한 감정을 풀어 나가기 위한 하나님의 방법을 배워 보자.

STEP 1_ 상황은 이미 종료되었음을 알라
지금 내가 죄책감과 부담을 갖는다고 해서 상황을 되돌릴 수 있는 것은 아니다. 복잡한 감정에 얽매여 있지 말고 새롭게 다가올 일들에 집중해야 한다.

STEP 2_ 더는 미안해하지 마라
떠난 것이 잘못이 아니라고 해도 상처를 준 것에 대해서는 사과해야 한다. 그리고 진심 어린 사과를 했다면 괜한 죄책감으로 더는 미안해하지 말자. 죄책감을 책임감으로 오인하지 말자.

STEP 3_ 떠난 자에게도 하나님의 계획이 있음을 믿으라
떠난 자에게도 분명 하나님의 계획이 있으니 불안해할 필요는 없다. 그 안에서 하나님이 이끌어 나가실 것을 기대하고 겸손히 기다리라.

치료자 하나님의 처방전

나로 인한 타인의 상실	① 무책임과 배신을 저질렀다는 생각에 미안해질 때 ② 새로운 앞날에 대한 막막함이 생길 때

성경 속에서 찾은 나의 감정 : 창세기 13장 8-14절

자신을 아꼈던 아브라함의 곁을 떠나 새 길을 찾아가는 롯

롯의 모습	우리의 모습
비록 자신의 뜻대로 새 길을 찾았지만 그리움과 미안함으로 심경이 복잡하다.	새로운 곳으로 떠나야 할 때 죄책감과 부담감으로 적응하지 못한다.

상실감을 끼치고 죄책감을 갖는 우리에게 하나님이 주시는 말씀

"네 길을 여호와께 맡기라"

내가 할 수 있는 하나님의 방법	하나님의 위로하심
내가 할 수 있는 일은 없음을 알라.	부담감을 하나님께 맡겨라.
상대방에게 진심으로 사과한 후, 죄책감에서는 벗어나라.	하나님은 나를 정죄하지 않으신다.
하나님은 떠나온 자의 미래도 책임져 주심을 알라.	하나님은 떠나온 자도 끝까지 사랑하신다.

삶 가운데 찾아올 떠나옴에 대비하기

STEP 1	죄책감과 부담감에 사로잡히지 마라.
STEP 2	진심으로 사과하고 앞으로 나아가라.
STEP 3	하나님이 이끌어 가실 앞날을 믿고 기대하라.

―― 절망 ――

A. 현실의 벽 앞에 주저앉은 나의 모습

나에게 다가온 절망

패기와 열정이 넘쳐 유난히 축구를 좋아하던 한 소년은 열네 살이 된 어느 날 친구들과 축구를 하던 도중 축구공에 눈을 맞아 그만 시력을 잃고 말았다. 아버지 없이 홀로 아이들을 키우던 어머니는 소년의 실명 소식에 충격을 받아 세상을 떠났고, 얼마 후 누나마저 목숨을 잃게 되면서 소년은 어린 동생들과 뿔뿔이 흩어져 고아원으로 가야 하는 처지가 되고 말았다. 하지만 그는 자신의 현실에 절망하지 않고 끊임없이 공부에 매진했고, 자원봉사자로 온 여학생의 도움을 받아 엄청난 경쟁률을 뚫고 연세대학교에 합격하였다. 그 후 자원봉사자 여학생과 결혼해 한국 장애인 최초로 미국 유학길에 오른 그는 피츠버그대학에서 교육학 박사 학위를 받아 우리나라 최초의 맹인 박사가 되었다. 이는 바로 우리나라 최초의 맹인 박사이자 장애인 인권 운동의 선구자였던 강영우 박사의 이야기로, 그의 이야기는 수많은 책『빛은 내 가슴에』, 『꿈이 있으면 미래가 있다』 등과 드라마MBC 〈눈먼 새의 노래〉

로 세상에 널리 알려져 있다. 이처럼 그 어떤 장애라 할지라도, 그 무슨 절망이라 할지라도 하나님의 뜻 안에서 희망을 놓지 않는다면 반드시 감사와 은혜로 바뀔 수 있다.

내 감정과의 대면

목표를 향해 달려가다가 넘어졌을 때, 귀하게 품었던 소원이 하루아침에 휴지 조각이 되었을 때 '절망'의 늪에 빠지지 않을 사람은 아무도 없다. 열심을 기울였던 만큼, 설렘으로 밤을 지새웠던 만큼 좌절감은 더욱 커서 자신을 괴롭게 한다. '왜'냐고 묻고 싶어지는 절망이라면 그나마 다행이다. 내가 무얼 잘못했는지, 아니면 누구의 잘못 때문인지, 아예 무엇이 잘못인지도 모른 채 당하는 절망 앞에서는 어찌해야 할 바를 모른다. 그야말로 속수무책이다. 이럴 때는 하나님께 무슨 기도를 드려야 할지도 알 수가 없다. 하나님을 원망하고 싶은 마음과 싸우느라, 또 자기 자신과 싸우느라 영혼이 녹초가 되어 버리고 만다.

'열심히 달려가며 흘린 내 땀방울을 하나님이 못 보신 걸까?', '멋진 비전을 품고 시작한 이 일이 뭐가 문제라는 거지?', '현실의 벽에 부딪히지 않기 위해 그토록 철저히 대비했는데, 내 준비 작업에 도대체 뭐가 빠졌다는 거야?' 스스로 아무리 질문해 보아도 절망으로 인한 고통은 사라지지도, 줄지도 않고 계속 제자리만 맴돈다. 내 사고방식으로 인해 벌어진 일의 원인을 내 사고방식에게 묻고, 내 사고방식에 맞는 답과 위안까지 얻으려는 나의 어리석은 모습을 이때는 결코 알아차리지 못한다. 너무 절망하면 아무것도 보이지 않고 들리지도 않기 때문이다.

하나님 말씀과의 대면

"롯이 아브람을 떠난 후에 여호와께서 아브람에게 이르시되 너는 눈을 들어 너 있는 곳에서 북쪽과 남쪽 그리고 동쪽과 서쪽을 바라보라 보이는 땅을 내가 너와 네 자손에게 주리니 영원히 이르리라 내가 네 자손이 땅의 티끌 같게 하리니 사람이 땅의 티끌을 능히 셀 수 있을진대 네 자손도 세리라 너는 일어나 그 땅을 종과 횡으로 두루 다녀 보라 내가 그것을 네게 주리라 이에 아브람이 장막을 옮겨 헤브론에 있는 마므레 상수리 수풀에 이르러 거주하며 거기서 여호와를 위하여 제단을 쌓았더라" 창 13:14-18

현실의 이 자리가
축복의 중심부다

하나님은 롯을 떠나보낸 아브라함에게 앞으로 어떻게 해야 할지를 말씀하셨다. 여기서 우리는 "너 있는 곳에서"라는 말을 기억할 필요가 있다. 하나님은 아브라함에게 눈을 들어 단순히 동서남북을 바라보라고 하지 않으시고 "너 있는 곳에서" 바라볼 것을 강조하신다. 이 말씀을 통해 우리는 하나님의 놀라운 도우심의 손길을 받는 자리가 어디인지를 알 수 있게 된다. 그 자리는 바로 '지금 내가 서있는 바로 그 자리', 즉 현실의 자리이다. 절망에 빠져 있는 지금 여기, 이 현실의 자리가 바로 은혜의 자리이다.

사실 아브라함이 지금 서있는 그 자리는 참으로 마음 아픈 자리일 수밖에 없다. 정말로 사랑했던 조카가 떠나간 자리이기 때문이다. 많은 재물로 부유하게 된 것 같지만 자식처럼 사랑했던 조카 롯이 떠나간 그 자리는 모든 것을 잃어버린 것과 다름없는 절망감이 엄습한 자리였다. 하나님의 말씀대로 순종하고 중요한 결단을 내리긴 했지만 정작 그 주위는 허전해져 버린 빈자리가 된 것이다. '하나님의 은혜대로 살기 위해 그토록 애를 썼는데 내가 왜 이렇게 덩그러니 혼자 서있어야 하는가? 왜 이러한 절망감을 맛보아야 하는가?'라는 탄식이 나오기에 충분한 자리였다. 그런데 이러지도 못하고 저러지도 못한 채 사랑하는 사람을 떠나보낼 수밖에 없는 그 자리, 바로 거기에서부터 하나님의 도우심의 손길이 진행된다.

하나님과 함께하는 현실의 이 자리가 도우심의 중심부인 것을 우리는 잊지 말아야 한다. '문제가 영광이 된다'는 것, 이것이 바로 기독교 신앙의 핵심임을 알아야 한다. 예수님이 십자가를 지신 그 자리는 가장 치욕스럽고 낮은 자리임은 물론이고 모든 것이 끝난 절망의 자리처럼 보였다. 하지만 놀랍게도 그 자리가 바로 인류 구원의 자리이고 최고의 영광스러운 자리였음을 생각하자. 마찬가지로 지금 우리가 서있는 자리가 어떤 자리이든지 반드시 영광스러운 자리로 바뀌게 될 것임을 믿어야 한다. 그런 까닭에 하나님께서는 눈을 들어 바라보되 "너 있는 그 자리에서" 바라볼 것을 강조하시는 것이다.

: 다른 곳을 찾지 말고 그 자리에서 위대한 역사를 기대하라

그렇다면 지금 우리가 서있는 자리는 어디인가? 지금 우리의 가정은 어떠한가? 갈등이 있고 오해가 있고 상처가 있고 지워지지 않고 반복되는 아픔이 우리의 가정 가운데 있을 수 있다. 고쳐지지 않고 변화될 가능성이 없어 보이는 가족들로 인해 골머리를 앓고 있을 수도 있다. 그러나 하나님은 그 가족들이 있는 가정의 그 자리가 '너 있는 그곳'이고 바로 '은혜의 자리'라고 말씀하신다.

직장은 또 어떠한가? 도저히 함께 있고 싶지 않은 상사, 정말 집요하게 우리를 괴롭히고 피곤하게 하는 동료, 그리고 열심히 일하지 않는 부하 직원이 있는 바로 그 자리에서 하나님께서는 위대한 일을 행하시겠다고 말씀하신다. 이 밖에도 우리가 처한 '너 있는 그곳'은 우리의 현실 속에 다양하게 등장한다. 우리는 바로 이 현실에서 하나님의 은혜가 부어짐을 알아야 한다.

안타깝게도 우리는 하나님의 섭리와 위대한 능력의 역사를 기도원 같은 곳에서만 찾곤 한다. 혹은 교회에서만 하나님의 은혜를 간구한다. 그러나 하나님께서는 '네가 서있는 바로 그 자리, 네가 서있는 그곳에서' 시작하라고 말씀하신다. 이제 우리는 하나님의 약속의 말씀을 따라서 살아온 그 자리, 바로 그 현실에서 하나님의 섭리가 나타나는 방향을 찾아야 한다. 병든 자리, 실패한 자리, 오해받은 자리, 아픈 상처가 있는 자리, 바로 그 자리 가운데서 하나님은 위대한 일을 이루시겠다고 말씀하시기 때문이다.

: 사방을 바라보되 그 자리를 지키며 바라보라

그런데 하나님은 바로 그 자리에서 발끝만 보고 서있으라고 하신 것이 아니다. 눈을 들어 동서남북, 곧 사방을 바라보라고 말씀하신다. 유진 피터슨Eugene H. Peterson의 저서 『다윗: 현실에 뿌리박은 영성』에서도 영성이 현실에 있음을 강조하고 있다. 간절히 하나님을 찾으면서 매달리고 하나님의 뜻과 섭리가 어디에 있는지를 찾고자 할 때, 현실과 분리된 다른 곳에서 그 뜻을 추구할 필요가 없다고 말하고 있다. 지금 우리가 최고로 힘든 이 자리에서, 오해가 오고 가는 그 자리에서 영성을 추구하면 되는 것이다. 다른 곳으로 갈 필요 없이 바로 거기에서 금식하고, 바로 거기에서 철야하면서 위대한 일들을 발견하면 되는 것이다.

만약 권투 선수라면 링 위에서 기도하라는 것이다. 경기를 벌이는 링 위가 바로 기도의 자리가 될 수 있다. 또한 사업을 하는 사람은 거래처 사람이나 경쟁사를 만나 거래를 하고 일을 추진해 나가는 그 자리가 바로 기도의 자리가 될 수 있다. 거기가 바로 하나님께서 역사하시는 자리, 은혜의 자리가 될 수 있는 것이다. 이뿐만이 아니다. 폭언이 오가는 절망적인 가정이라 해도, 가난에 찌들어 마음마저 강퍅해져 버린 가정이라 해도 그 자리에서 그 순간에 우리는 영성을 추구해야 한다. 그러면서 그 자리에서 모든 것을 이겨 나가야 한다. 절망의 그 자리에서 눈을 들어 사방을 바라보아야 한다.

: 회피하지 말고 그 자리에서 이겨 내라

안타깝게도 우리는 어떤 문제를 만났을 때 그 문제를 회피하고만 싶어 한다. 실제로 우리가 자주 방황할 때 일어나는 현상이 바로 '도피'이다. 그러나 하나님은 우리가 문제 앞에서 도피하거나 회피할 것이 아니라 그 문제를 이겨 나가기를 바라신다. 문제를 회피하지 않고 문제 자체를 끌어안으며 용납하는 가운데 기쁨으로 이겨 나가길 원하신다.

만약 우리가 문제를 회피하기만 한다면 상황은 계속 반복될 수밖에 없다. 이런 경우에는 아무것도 해결되지 않고 현실 역시 절대로 변화되지 않는다. 그러므로 현재 있는 그 자리가 은혜의 자리인 것을 우리는 알아야 한다. 하나님께서는 현실 속에서 우리가 새로운 일들을 행하기를 원하신다.

내가 여는 것이 아니라
하나님께서 사방으로 길을 내신다

그렇다면 어떻게 절망의 그 자리에서 은혜가 나타날까? 어떻게 동서남북 사방이 막힌 것과 같은 현실 속에서 하나님의 역사가 진행될까? 하나님의 역사는 인간의 생각을 초월한다. 우리가 생각지도 못한 방법으로 사방의 모든 것이 하나님의 은혜로운 사건들로 변화되기 시작한다. 그러므로 우리가 절망의 자리에 서있게 되면 하나님의 길이 열리는 것을 볼 수 있다. "우리가 알거니와 하나님을 사랑하는 자 곧 그의 뜻대로 부르심을 입은 자들에게는 모든 것이 합력하여 선을 이루느니라" 롬 8:28 이 말씀에서 '모든 것'은 동서남북 사방의 것들을 의미한다. 그 모든 것이 다 합력하여 선을 이룬다는 것이다. 그러므로 하나님의 역사는 우리가 지금 서있는 그 자리에서 가장 효과적으로 진행되고 있다는 것을 믿어야 한다. 이것이 하나님의 섭리이다.

: 우리의 절망은 하나님의 지름길이다

전능하신 하나님은 우리의 모든 것을 주관하신다. 지금 이 자리가 절망의 자리인 것 같아도 하나님의 입장에서 보면 우리를 최고의 지름길로 인도하시는 것이며, 최고의 복된 길로 이끄시는 중이다. 그러므로 아주 잘못된 어떤 계략들이 우리 삶에 진행되고 있는 것만 같다 해도 그것이 바로 하나님의 섭리임을 알아야 한다. 하나님의 방법을 인간이 알아채지 못하고 있을 뿐이라는 것을 깨달아야 한다. 특히 인간이 실수한 자리는 하나님이 역사하실 공간임을 알아야 한다. 또한 우리가 실패하고 절망한 자리가 하나님의 영광의 자리임을 잊지 말아야 한다.

: 다른 곳을 찾지 말고 그 자리에서 위대한 역사를 기다리라

우리의 절망의 자리가 하나님의 영광의 자리라는 사실은 성경 전반에 드러나고 있다. 가장 대표적인 예가 바로 요셉이다. 요셉은 하나님의 뜻대로 정직하게 살려는 평범한 소년이었다. 그러나 삶의 현장에서 계속되는 시련은 요셉에게 너무나 가혹한 것이었다. 하지만 요셉이 형들에 의해 노예로 팔려 간 그 자리, 너무나 억울해서 하나님이 안 계신 것만 같은 그 자리에서 바로 고대 근동의 모든 사람이 구원받을 수 있는 길이 진행되고 있었다. 요셉은 억울하게 감옥에 갇혔지만 감옥이라

는 그 자리가 바로 왕궁으로 가는 레드 카펫이었다. 또한 형들이 요셉을 팔아넘겼지만 그렇기 때문에 요셉은 애굽으로 파송될 수가 있었다. 요셉의 억울한 자리 역시 하나님의 역사하심이었다.

혹시 지금 억울한 일을 당하고 있는가? 배신당해 절망에 빠져 있는가? 그 자리가 하나님이 우리를 파송하신 자리이다. 우리가 억울한 자리에 있다면 하나님의 섭리가 이루어지는 중심부에 있는 것이다. 이제 우리는 그런 상황을 하나님의 섭리라고 선포할 수 있을 정도의 수준이 되어야 한다. 현실 속에서 분통을 터뜨리게 하는 그 일이 하나님의 놀라운 역사와 계획하심이 이루어지는 반환점이 될 수 있음을 알아야 한다.

절망의 순간에
예수님은 어떤 기도를 드리셨을까

예수님께서는 십자가를 지기 전 놀라운 믿음의 기도를 하셨다. "예수께서 이 말씀을 하시고 눈을 들어 하늘을 우러러 이르시되 아버지여 때가 이르렀사오니 아들을 영화롭게 하사 아들로 아버지를 영화롭게 하게 하옵소서"요 17:1 누가 보아도 절망의 순간인데 오히려 영화롭게 해 달라고 간구하신 것이다. 이처럼 예수님께서는 그 절망의 자리가 무엇보다 의미 있는 자리임을 아셨고 놀라운 가치를 부여받는 기회임을 아셨다. 또한 현실의 그 자리가 감히 감당할 수 없는 거룩한 영광의 자리로 새롭게 거듭나기를 기대하셨다. 이처럼 예수님은 그 상황을 피하지도 않으셨고 묵묵히 감당하시며 그 가운데에서 하나님의 섭리를 바라보며 이겨 내셨다.

　우리 역시 예수님처럼 이해할 수 없는 시련의 현실 앞에서 하나님의 영광을 바라보아야 한다. 지금은 비록 절망의 자리에 있지만 이 현실의 자리에서 하나님의 섭리를 기대할 수 있어야 한다. 이러한 시각 교정이 우리에게 절실히 필요하다.

치료자 하나님과의 감정적 만남

　나에게 닥친 절망의 순간 앞에서는 그 어떤 것도 위로가 되질 않는다. 그 누구도 나의 이 고통을 헤아려 줄 수 없을 것만 같다. 그러나 아무런 방법이 없는 그 순간에도 하나님은 놀라운 해결책을 가지고 계신다. 무엇보다 그 해결책을 따르는 것은 참으로 쉽다. 내가 할 일은 거의 없기 때문이다. 그렇다면 절망 앞에서 기억하고 되새겨야 할 해결책은 무엇일까?

STEP 1_ 현실에서 버티고 또 버티라

　절망 앞에서 우리가 가장 먼저 하는 행동은 현실을 벗어나려고 하는 것이다. 그러나 절망이 깃든 그 현실에서 벗어나서는 안 된다. 왜냐하면 하나님은 그 장소에서 위대한 역사를 준비하고 계시기 때문이다.

STEP 2_ 피하려고 하지 말고 그 자리에서 하나님과 대면하라

　현실 회피는 또다시 문제를 불러올 뿐이다. 그러므로 도피하려 하지 말고 그 자리에서 하나님께 부르짖고 하나님과 대면해야 한다. 그 자

리에서 하나님을 찾고 또 찾는 것이 하나님이 예비하신 승리를 경험하는 길이다.

STEP 3_ 내가 하려고 하지 말고 하나님이 하시는 것을 기대하라

절망을 놀라운 역사로 바꾸는 것은 우리의 몫이 아니다. 우리는 하나님이 역사하시는 것을 감사함으로 바라보면 된다. 묵묵히 기다리며 그 자리에 서있자. 하나님께서 예상치도 못한 방법으로 절망의 상황을 바꾸어 놓으실 것이다.

치료자 하나님의 처방전

나에게 다가온 절망	① 열심히 달려왔는데도 실패할 때 ② 억울한 일을 당하게 될 때

성경 속에서 찾은 나의 감정 : 창세기 13장 14-18절

롯이 떠남으로 인해 절망에 빠져 아무것도 할 수 없는 아브라함

아브라함의 모습	우리의 모습
하나님의 명령에 순종하여 달려왔는데 더 나아가기 힘든 허무한 상황에 봉착했다.	하나님의 뜻에 따라 열심히 준비하고 노력했는데 허무와 좌절에 놓이게 되었다.

절망에 빠진 우리에게 하나님이 주시는 말씀

"너 있는 곳에서 북쪽과 남쪽 그리고 동쪽과 서쪽을 바라보라"

내가 할 수 있는 하나님의 방법	하나님의 위로하심
현실에서 도피하거나 회피하지 마라.	하나님의 도우심은 내가 있는 바로 그 자리에서 시작된다.
다른 곳에 대한 환상을 버리라.	하나님은 내가 처한 자리를 천국으로 만들어 주실 것이다.
하나님이 하시는 일을 가만히 지켜보라.	나의 절망은 하나님이 나를 위해 준비한 지름길이다.

삶 가운데 찾아올 절망감에 대비하기

STEP 1	버티는 것이 능력이다.
STEP 2	회피하지 말고 하나님을 찾고 하나님과 대면하라.
STEP 3	하나님이 사방에서 하시는 일을 바라보라.

절망

B. 나 때문에 넘어진 사람이 있다면
나로 인한 타인의 절망

〈베토벤 바이러스〉라는 드라마에는 두 명의 거장 지휘자가 등장한다. 한 명은 노력파인 강건우, 또 한 사람은 천재 정명환이다. 마치 모차르트와 살리에르의 관계처럼 정명환은 놀면서도 놀랍게 성장하는 반면, 강건우는 노력에 노력을 거듭해야만 했다. 그런데 정작 정명환은 자신이 뛰어난 재능을 타고났다는 사실을 자랑스러워하지도 않았고, 그렇다고 강건우에게 특별히 미안해하지도 않았다. 정명환은 자신에게 없는 강건우의 강점과 매력을 알았기에 그가 자신보다 못하다고 생각하지 않았을 뿐만 아니라, 강건우가 자신만의 길을 잘 걸어갈 것이라 믿었다. 강건우 역시 정명환으로 인해 절망감을 느끼기는 했지만 그것으로 인해 정명환과 멀어지고 싶지는 않았다. 그런 까닭에 강건우는 정명환을 시기하면서도 끝까지 라이벌이자 친구로서 관계를 이어 갈 수 있었다.

이와 같이 드라마 속의 정명환처럼 본의 아니게 자신으로 인해 상대방이 절망한다 할지라도 그것이 반드시 서로를 아프게 하는 것만은 아니다. 오히려 삶의 활력으로 삼아 건강한 방법으로 대응할 때, 보다 발전적인 관계로 이어질 수 있다.

내 감정과의 대면

목표를 이룬다는 것, 원하는 것을 얻어 낸다는 것은 우리에게 행복을 선사한다. 하지만 아이러니하게도 목표를 이루는 그 순간, 뭔지 모를 불편함도 함께 찾아오는 것이 사실이다. 특히 경쟁 구도에서 이겼을 때, 혹은 누군가 가지고 있던 것이 나에게로 왔을 때 느껴지는 그 불편한 감정은 나를 나쁜 사람으로 만들어 버리고 만다. 내가 악행을 저질러서 얻은 승리도 아닌데, 이 미안한 감정은 쉽사리 떨쳐지질 않는다. 나로 인해 얻게 된 절망감으로 괴로워하는 사람 앞에서는 나의 이 정당한 승리가 이토록 죄스럽게 느껴질 수가 없다. 기쁨을 앞에 두고도 기뻐할 수 없는 상황에서 결국 나는 '하나님, 제가 뭔가 잘못한 것 같아요' 하는 생각마저 들게 된다.

게다가 내가 그토록 사랑했던 사람이 나로 인해 절망에 빠진다면 그것만큼 곤란한 상황도 없을 것이다. 이런 난감하고 불편한 상황에 처했을 때에는 나로 인해 절망감을 느낀 사람에게 위로의 말을 건네기도 쉽지 않다. 아니, 그와 눈을 맞추기도, 그의 앞에 서기도 힘이 든다.

하나님 말씀과의 대면

"에브라임 산지 라마다임소빔에 에브라임 사람 엘가나라 하는 사람이 있었으니 그는 여로함의 아들이요 엘리후의 손자요 도후의 증손이요 숩의 현손이더라 그에게 두 아내가 있었으니 한 사람의 이름은 한나요 한 사람의 이름은 브닌나라 브닌나에게는 자식이 있고 한나에게는 자식이 없었더라 이 사람이 매년 자기 성읍에서 나와서 실로에 올라가서 만군의 여호와께 예배하며 제사를 드렸는데 엘리의 두 아들 홉니와 비느하스가 여호와의 제사장으로 거기에 있었더라 엘가나가 제사를 드리는 날에는 제물의 분깃을 그의 아내 브닌나와 그의 모든 자녀에게 주고 한나에게는 갑절을 주니 이는 그를 사랑함이라 그러나 여호와께서 그에게 임신하지 못하게 하시니 여호와께서 그에게 임신하지 못하게 하시므로 그의 적수인 브닌나가 그를 심히 격분하게 하여 괴롭게 하더라"삼상 1:1-6

상대방의 절망 앞에서 가장 주의할 것은
교만이다

엘가나의 두 아내, 한나와 브닌나의 이야기를 보면 브닌나는 자식으로 인해 기쁨을 누리는 반면에 한나는 아기를 낳지 못해 슬픔의 나날을 보내게 된다. 브닌나가 자식으로 인해 기쁨을 얻는 것은 한나의 처지에서만 보면 절망 그 자체라고 해도 과언이 아닐 것이다. 이처럼 본의 아니게 우리가 누군가로 하여금 절망에 빠지게 할 때 하나님은 우리가 어떻게 행동하기를 원하실까?

여기에서 우리는 브닌나가 이 문제 앞에 어떤 태도를 가져야 하는지를 분명히 배워야 한다. 사실 브닌나가 자식으로 인해 기쁨을 얻는 것 자체는 잘못이 아니다. 하지만 문제는 브닌나가 자식이 없는 한나를 괴롭히고 업신여겨 격분하게 만들고 있다는 데 있다. 물론 한나를 편애하는 남편 엘가나의 차별적인 태도가 그 원인 제공을 했다고 볼 수도 있다. 그러나 당시 시대적 상황으로 보면 대를 이을 자식을 여럿 낳은 것 자체만으로도 브닌나는 이미 집안에서의 위치와 남편의 사랑을 어느 정도 확보했다고 볼 수 있다. 그만큼 마음의 여유를 가질 수 있었음에도 불구하고 브닌나는 한나의 아픔을 이해해 주지 못했다. 자식이 없는 한나를 걱정하고 배려해 주는 남편 엘가나의 마음을 받아들여 주지 못하고, 상대방의 절망 앞에서 교만한 태도를 보이며 그 아픔을 더욱 가중시켰다.

나의 성공과 상대방의 절망 사이의 간극은 결코 작지 않다. 하지만 그 앞에서 교만함을 갖지 않는 것만으로도 이 간극은 갈등으로 번지지 않을 수 있다. 다시 말해 상대방의 절망 앞에서 교만하지 않은 태도만 보여도 문제는 생기지 않을 수 있다. 이것이 바로 나의 기쁨이 기쁨으로만 끝나게 하고 절대 교만으로 이어지지 않도록 해야 하는 이유이다. 물론 내가 교만하지 않는다고 해도 상대방이 나를 시기하고 미워하는 경우가 있다. 그러나 앞에서 말한 대로 이 부분은 하나님이 해결해 주실 것임을 믿어야 한다. 즉 이 상황은 '믿음'으로써 해결할 수 있는 것이다.

: 나의 성공은 내 것이 아니다

교만이란 직접적으로 자신을 자랑하는 것이나 상대방을 멸시하는 것만을 의미하지는 않는다. 레이먼드 크래이머Raymond L. Cramer의 저서 『예수 심리학』을 보면 신약성서에 등장하는 교만에 대해 잘 정리되어 있는데, 여기서는 하나님의 능력이 아닌 자신의 능력을 믿는 것 역시 교만에 포함된다고 말하고 있다. 즉 상대방을 무시하거나 스스로 우쭐해하는 태도를 보이지 않는다 하더라도 자신의 성공을 하나님의 능력으로 인정하지 않는다면 그것이 바로 교만이다. 그러므로 교만을 막기 위해서는 자신의 성공에 '내가 한 것이 없음'을 분명히 인정할 수 있어야 한다.

: 교만을 버리기만 해도 큰 위로가 될 수 있다

놀라운 것은 교만을 버리게 되면, 즉 나의 성공과 기쁨을 하나님의 역사로 인정하게 되면 나로 인해 절망에 빠진 상대방 역시 위로를 얻게 된다는 사실이다. 사실 어찌 보면 이것은 아주 당연한 이치이다. 내가 나만의 능력으로 성공을 이루었다고 인정하고 과시한다면, 상대방은 그만큼 자신의 부족함을 느끼게 되고 그로 인해 괴로움을 더 크게 느낄 수밖에 없기 때문이다. 그러나 나의 성공이 내가 잘나서 이루어진 것이 아니라면 상대방도 더는 자기 자신을 탓하지 않게 된다. 이 기쁨이 하나님의 뜻 안에서 이루어졌음을 고백한다면 상대방도 더는 자신의 환경을 원망하지 않을 것이고, 하나님의 숨겨진 뜻에 눈을 돌릴 수 있게 된다.

이렇게 했는데도 상대방이 여전히 나에게 반감을 가질 경우도 물론 있다. '하나님은 왜 저 사람만 도우시고 나는 돕지 않으셨을까?' 하고 말이다. 그러나 상대방이 진정으로 하나님의 뜻에 눈을 돌리게 된다면 이런 의구심과 오해도 서서히 풀리게 된다. 하나님은 하나님의 뜻을 구하려는 자에게 반드시 지혜와 깨달음을 주시기 때문이다.

한나의 경우만 봐도 그렇다. 한나는 자신의 상황을 하나님의 뜻으로 돌리면서 서서히 절망에서 벗어날 수 있었다. 남편 엘가나로부터도 온전히 위로받지 못했던 한나는 하나님께 애통함으로 기도하는 과정 속에서 하나님의 뜻을 발견하게 된 것이다. "엘리가 대답하여 이르되 평안히 가라 이스라엘의 하나님이 네가 기도하여 구한 것을 허락하시기를 원하노라 하니 이르되 당신의 여종이 당신께 은혜 입기를 원하나이다 하고 가서 먹고 얼굴에 다시는 근심 빛이 없더라" 삼상 1:17-18

정당하게 얻은 것이라면
더는 미안해하지 마라

교만함의 문제를 근절했다면, 다음으로 우리가 할 수 있는 것은 바로 헛된 감정에 더는 에너지를 소비하지 않도록 마음을 다잡는 일이다. 우리가 소비해서는 안 될 감정은 바로 '괜한 미안함'이다. 교만하지 않고 겸손함을 유지하는 것은 물론 중요한 일이지만 그렇다고 해서 무작정 미안해할 필요는 없다. 만약 다른 사람의 소유를 의도적으로 훔

쳐 오거나 강제로 빼앗은 것이라면 얘기가 다르겠지만, 정당한 방법으로 얻은 것이라면 자신의 행동과 결과에 더는 상대방에게 미안해할 필요가 없다.

: 이조차도 하나님이 주신 선물이다

하나님의 입장에서 이 상황을 한번 바라보자. 지금 우리에게 주어진 기회는 하나님께서 주신 선물이다. 그런데 우리가 선물을 받고는 다른 사람에게 미안한 마음, 더 나아가 죄책감을 갖는다면 하나님은 마음이 어떠실까? 하나님이 우리에게 선물을 주신 이유는 그것을 가지고 기쁨으로 세상에 나아가 선을 끼치고 하나님을 널리 알리라는 뜻에서인데, 우리가 죄책감으로 웅크리고만 있다면 이건 뭔가 잘못되고 있는 것이다. 우리로 인해 절망을 경험하고 있는 사람에 대해 안타까움을 가질 수는 있어도 그것 때문에 하나님이 주신 선물을 내팽개쳐서는 안 된다. 미안함이 감사함을 덮어서는 안 되는 것이다.

: 이 감정이 가식일 거라는 생각에 괴로워할 필요가 없다

이런 상황에서 우리가 미안함과 더불어 느끼는 또 하나의 헛된 감정은 바로 기쁨과 안타까움의 교차로 인한 갈등이다. 자신의 목표를 이룸으로 인해 얻은 기쁨과 상대방에 대한 미안함이 교차할 때면 '나는 가식적인 사람인 걸까' 하고 괴로워하는 사람이 종종 있다. 분명 상대방을 보면서는 안타까운 마음이 들어 위로해 주고 싶은데, 정작 뒤돌아

서면 자신이 얻은 행복으로 인해 기뻐하는 자기 자신의 모습을 보자니 이런 마음이 드는 것이다.

그러나 이런 모습을 가식으로 비하해서는 안 된다. 안타까움과 기쁨이 동시에 드는 것은 가식적이거나 나쁜 마음을 가져서가 아니다. 인간으로서 당연한 감정이다. 아니, 기쁨이 조금 더 크게 느껴지는 것이 당연하다. 혹자는 '상대방은 나 때문에 절망 속에 있는데, 내가 어떻게 기뻐할 수가 있겠어' 하며 애써 그 마음을 억누르는 경우가 있다. 물론 안타까운 마음으로 진심을 담아 상대방을 위로한다면 모두에게 아름답고 하나님도 기뻐하시는 관계를 이룰 수 있다. 하지만 그럴 수 있는 상황이 아니거나 이미 상대방을 위로했는데도 계속 미안한 마음이 든다면, 이 상황에서 진짜 중요한 것이 무엇인지 다시 생각해 봐야 한다. 하나님의 선물로 받은 그 기쁨을 솔직하게 드러내고, 그 기쁨으로 하나님의 일을 하는 것이 지혜로운 모습이다. 또한 기쁨을 온전히 누리면서 자신의 기쁨에만 도취되지 않고 상대방을 위로하고자 하는 마음이 든다면 오히려 하나님께서 칭찬하실 것이다.

상대방의 절망은
절망이 아닐 수 있다

교만함을 갖지 않고 마음속에 복잡한 감정들을 잘 정리했다면, 이제 우리에게 남은 일은 오직 기다림뿐이다. 우리는 하나님께서 절망에 빠진 그 사람을 이끌어 나가실 것을 믿고 기다리면 된다. 물론 상대방이 아직 하나님을 모를 수도 있겠지만 그렇다 해도 그 사람을 이끄실 하나님을 신뢰하면 된다. 이 일이 그 사람을 하나님께로 인도할 계기가 될 수도 있기 때문이다.

간혹 우리는 절망에 빠진 상대방을 위로해 주어야 한다는 것에 집착하는 경우가 있다. 물론 상대방이 위로를 통해 위안을 받을 수 있다면 위로를 해주는 것도 좋다. 그러나 하나님이 이끄시는 관점에서 본다면 필요 이상의 위로는 의미가 없다. 왜냐하면 우리가 상대방을 그토록 위로한다는 것은 그 일을 '절망' 그 자체로 인정하는 것밖에 되지 않기 때문이다. 비록 우리로 인한 절망이지만, 상대방의 실패가 궁극적인 의미에서는 희망으로 가는 한 통로임을 생각하며 묵묵히 응원해 주고 기다리는 것이 필요하다. 이것이 절망감에 빠진 상대방을 위해 해줄 수 있는 가장 근본적이고 지혜로운 마음가짐과 방법이다.

무엇보다 이런 상황에서 하나님이 그 사람의 마음을 위로하고 만져 주실 유일한 분이심을 믿고 기다리는 것이 중요하다. 기다림과 더불어 우리가 할 수 있는 일은 '그 사람이 하나님과 만날 수 있도록 기도해 주는 것'이다. 만약 이 상황에서 중보기도를 이어가게 된다면 우리는 이 문제를 완벽하게 해결하실 하나님과 인격적인 만남을 가질 기회도 얻게 된다.

한나는 브닌나로 인해 원통하여 하나님께 부르짖다가 이스라엘 역사상 위대한 사사이자 선지자이며 사울 왕과 다윗 왕조를 세운 사무엘을 낳게 된다. 이처럼 한나의 절망에는 하나님의 엄청난 위로와 섭리와 계획이 있었다. 브닌나는 감히 상상조차 할 수 없는 축복이 한나의 절망 속에 잉태되어 있었던 것이다. 그러니 한나에게 브닌나의 위로가 무슨 필요가 있었겠는가.

이처럼 한나는 가장 극적인 방법으로 하나님의 은혜와 영광을 알게 되었다. 이것이 바로 상대방의 절망이 하나님의 영광의 씨앗일 수 있음을 우리가 믿어야 하는 이유이다. 이 이야기를 통해 하나님은 우리에게 가까운 사람의 절망 가운데서 우리가 어떤 마음을 가져야 할지, 어떻게 행동해야 할지에 대한 지혜를 주신 것이다.

예수님은 누군가의 것을 가져오게 됐을 때
어떻게 하셨을까

예수님이 공생애 사역을 본격적으로 시작하시기 전, 사람들에게 많은 영향력을 끼치던 사람이 있었다. 바로 세례 요한이다. 당시 세례 요한을 따르던 사람은 셀 수 없이 많았고 특히 세례를 받으러 오는 사람들도 줄을 이었다. 그런데 예수님이 사역을 시작하시자 상황이 달라졌다. 세례 요한을 찾던 사람들이 다 예수님께로 몰려들기 시작한 것이다. "그들이 요한에게 가서 이르되 랍비여 선생님과 함께 요단 강 저편에 있던 이 곧 선생님이 증언하시던 이가 세례를 베풀매 사람이 다 그에게로 가더이다" 요 3:26

어떻게 보면 예수님은 세례 요한이 누리던 명성을 가져오신 것처럼 보일 수 있다. 그러나 예수님은 이때 어떻게 하셨는가? 물론 세례 요한도 이로 인해 절망하거나 상심한 것은 아니었지만 예수님 입장에서는 미안해할 수도 있고 위로해 주시려 할 수도 있었다. 그러나 예수님은 전혀 미안해하지 않으셨고 세례 요한을 위로하지도 않으셨다. 그러실 필요가 없었기 때문이었다. 예수님께서는 세례 요한에게 주어진 사명을 아셨다. 자신이 오기 전까지 길을 예비하는 사명을 감당해야 했다는 것과 이제부터는 또 다른 사명이 세례 요한을 기다리고 있음을 아셨던 것이다.

그리고 예수님께서는 세례 요한이 여자가 낳은 자 중에 가장 큰 자라 인정해 주셨다. "내가 진실로 너희에게 말하노니 여자가 낳은 자 중에 세례 요한보다 큰 이가 일어남이 없도다 그러나 천국에서는 극히 작은 자라도 그보다 크니라" 마 11:11 이처럼 세례 요한으로 인한 하나님의 계획을 아셨기에 예수님께서는 세례 요한에게 미안해하지 않으셨고 주어진 사명에 집중하셨다. 우리도 하나님께서 다른 사람의 일을 우리에게 맡겨 주셨다고 해서 미안해하며 머뭇거릴 것이 아니라, 그저 우리에게 주어진 새로운 사명에 전념하면 되는 것이다.

치료자 하나님과의 감정적 만남

본의 아니게 우리에게 다가온 행복과 성공이 누군가에게는 아픔과 절망이 될 수 있다. 특히 남의 행복이 우리에게 오게 되었을 때는 더욱 그러하다. 그런 상황에서 보다 건강하게 상황에 대처하고 우리 마음을 다스릴 수 있는 방법을 배워 보자.

STEP 1_ 우리에게 다가온 복을 하나님의 것으로 돌리라

우리의 성공을 우리 자신의 것으로 돌리지 말고 하나님의 것으로 돌려야 한다. 이런 마음이 교만을 막을 수 있고, 상대방의 상처를 줄어들게 할 수 있다.

STEP 2_ 안타까워할 수 있으나 미안함까지 이르지 마라

상대방의 절망에 우리가 미안해하는 것은 오히려 상대방의 절망을 인정하는 것과 같다. 안타까워할 수는 있어도 미안함까지 이르지 말자. 그리고 우리에게 온 기쁨을 감사히 누리자.

STEP 3_ 하나님이 상대방에게 계획하신 것을 기대하라

하나님이 상대방에게 절망을 주신 것은 그를 버리셨기 때문이 아니라 더 복된 일을 예비하셨기 때문이다. 그러므로 마음속으로 응원하고 기도하며 기대하자.

치료자 하나님의 처방전

| 나로 인한 타인의 절망 | ① 경쟁에서 내가 이겼을 때
② 남의 것을 내가 차지하게 되었을 때 |

성경 속에서 찾은 나의 감정 : 사무엘상 1장 1-6절

엘가나의 두 아내 중 브닌나는 자식이 있지만 한나는 없기에,
그로 인해 한나에게 절망감을 주게 된 브닌나

브닌나의 모습	우리의 모습
자신이 누리고 있는 것은 생각지 못한 채 엘가나의 사랑을 얻지 못했다는 이유로 한나를 괴롭혔다.	상대방의 절망 앞에서 어떻게 대응할지 몰라 당황한다.

절망감을 끼친 우리에게 하나님이 주시는 말씀

"네가 기도하여 구한 것을 허락하시기를 원하노라"

내가 할 수 있는 하나님의 방법	하나님의 위로하심
나의 성공을 하나님께 돌리라.	하나님의 뜻 안에서 이루어졌음을 고백할 때 상대방의 상처가 줄어들 수 있다.
괜한 미안함을 갖지 마라.	미안해하지만 말고 나에게 주신 축복에 감사하라.
하나님이 상대방에게 계획하신 일이 있음을 믿으며 기대하라.	하나님은 상대방을 분명히 일으키신다.

절망을 안겨 주게 될 상황에 대비하기

STEP 1	어떤 상황에서든 교만하지는 마라.
STEP 2	감사함으로 기뻐하라.
STEP 3	하나님이 상대방의 절망을 위대함으로 바꿔 주실 것을 믿으라.

무능

A. 내가 이토록 무능한 사람이었다니

스스로 알게 된 나의 무능

거제도 작은 마을에 머슴살이하던 한 고아 소년이 있었다. 고된 머슴살이에 마땅히 공부할 시간도 없었던 소년은 당연히 또래에 비해 모든 것이 뒤처졌고 아무 능력도 없이 무능한 존재로 커갈 수밖에 없었다. 하지만 소년은 자신의 현실과 무능함에 비관하지 않았고 오히려 요셉처럼 자신이 품은 꿈을 하나님이 반드시 이뤄 주실 것이라는 믿음을 가졌다. 그 믿음으로 그는 야간학교에 입학해 열심히 공부했고 국방부 전산요원까지 될 수 있었다. 그의 열정은 거기에서 멈추지 않고 유학길에도 올라 미국 해군대학원에서 석사 학위까지 받게 되었다. 1998년 청와대에 전산실이 창설되면서 그는 프로그램 개발 담당관으로 근무하게 되었는데, 이때 청와대 기독신우회를 공식적으로 창립하여 청와대 내에서 예배를 드리는 길을 마련하기도 했다. 그 후에도 능력을 키우는 일에 더욱 매진해 2010년 카이스트 전산학과 정교수에 임용되었으며 이 분야에 혁혁한 공을 세웠다. 그는 이 모든 일을 '내 능력으로는 할 수 없었다'고 고백하며 무능했던 자신에게 폭포수 같은 지혜와 능력을 부어 주신 하나님께 모든 영광을 돌리고 있다. 이렇게 훌륭하게 성장한 고아 소년이 바로 주대준 선린대학교 총장이다.

내 감정과의 대면

사람들은 자신이 가진 능력을 '마지막 자존심', '최후의 보루'로 여기며 살아간다. 돈이 다 사라졌어도, 사람들이 모두 떠나갔어도 '나는 능력이 있으니 다시 일어설 수 있을 거야' 하며 스스로 위안을 삼는 것이다. 이렇게 자신에게 능력이 있다고 생각하면 외부 환경적인 요인에 의해 좌절을 맛보게 되더라도 쉽게 무너지지 않는다. 가령 능력과 패기는 좋은데 인맥이 없어서 사업이 잘 안 된다거나 업무 능력은 훌륭한데 외모 때문에 입사 시험을 통과하지 못했을 경우, 우리는 화가 나기도 하고 낙심되기는 해도 스스로 완전히 무너지지는 않는다. 우리 자신의 능력이 거부당한 것은 아니기 때문이다.

그러나 능력 자체를 거부당하게 되면 이야기는 달라진다. 믿었던 자신의 능력이 인정받지 못하거나 스스로 능력이 없음을 자각하게 되는 순간, 이제 우리에게는 무너질 일밖에 남지 않게 된다. 능력 하나 믿고 지금껏 감내해 왔던 모든 고생의 세월마저 한순간에 물거품이 된다.

하나님 말씀과의 대면

"롯이 아브람을 떠난 후에 여호와께서 아브람에게 이르시되 너는 눈을 들어 너 있는 곳에서 북쪽과 남쪽 그리고 동쪽과 서쪽을 바라보라 보이는 땅을 내가 너와 네 자손에게 주리니 영원히 이르리라 내가 네 자손이 땅의 티끌 같게 하리니 사람이 땅의 티끌을 능히 셀 수 있을진대 네 자손도 세리라 너는 일어나 그 땅을 종과 횡으로 두루 다녀 보라 내가 그것을 네게 주리라 이에 아브람이 장막을 옮겨 헤브론에 있는 마므레 상수리 수풀에 이르러 거주하며 거기서 여호와를 위하여 제단을 쌓았더라"창 13:14-18

창조주 하나님의 은혜가
나의 무능함을 극복하게 한다

하나님은 상실과 절망 속에 있는 아브라함에게 "너는 일어나 그 땅을 종과 횡으로 두루 다녀 보라 내가 그것을 네게 주리라"고 말씀하신다. 물론 하나님께서 하신 말씀이기는 하지만 아브라함의 입장에서는 이 말씀이 실감이 나지 않을 수밖에 없다. 말씀대로 눈을 들어 여기저기를 바라보면 모든 곳에 가나안 사람들이 살고 있었기 때문이다. 이들은 아브라함으로서는 도무지 감당할 수 없는 사람들이었다. 더구나 아브라함 자신은 그들을 물리칠 군사도 없고 자식도 없었으며 당시 75세로 나이도 적지 않았다. 그런데 하나님께서는 "내가 그것을 네게 주리라"고 말씀하신다.

여기에는 중요한 의미가 담겨 있다. 하나님께서 '네게 주겠다'고 하신 것은 '내가 세상의 주인이니, 내가 너에게 주겠노라'라는 뜻을 내포하고 있기 때문이다. 그 당시는 가나안 사람들이 분명 그 땅을 소유하고 점령하고 있었지만, 하나님께서는 그 땅이 하나님의 것임을 아브라함에게 가르쳐 주고 계신 것이다.

　과연 바라보는 것을 다 주겠다는 선포를 누가 할 수 있을까? 이 말씀은 창조주 하나님만이 하실 수 있다. 창조주는 모든 것의 주인이기 때문이다. 여기서 우리는 우리 자신의 한계를 극복하고 우리 자신의 방황을 종식시킬 수 있는 비결을 알 수 있다. 그것은 바로 하나님의 창조적인 능력이다. 다시 말해 창조주 하나님의 은혜가 우리 자신의 한계를 극복할 수 있는 유일한 길인 것이다.

고개를 들고
두루 다녀 보아라

　하나님은 먼저 우리에게 '바라봄'의 은혜를 허락하신다. 바로 믿음의 눈을 통해서 우리의 한계를 극복하게 하신다. '믿음의 눈으로 바라봄'에는 아주 중요한 원칙이 있다. 하나님은 아브라함에게 "너는 일어나"라고 말씀하셨다. 곧 좌절하고 있는 그 자리, 쓰러져 있는 그 자리에서 일어나라는 것이다. 그렇다면 하나님께서는 무엇을 위해 일어나라고 하시는 것일까? 바로 '바라보기 위해서'이다. 고개를 떨군 채 자신의 무능함만 생각하지 말고 일어나서 믿음의 눈으로 바라보라고 하신다. 특히 하나님께서 우리에게 바라보라고 말씀하시는 것은 '우리가 믿음의 분량대로 다시 변화될 것이며, 우리가 바라볼 수 있는 만큼 우리가 커질 것'이라는 의미를 담고 있다.

　안타깝게도 우리는 바라보기는 하는데 얼마 지나지 않아 또다시 고개를 떨구어 버린다. 그러나 하나님은 우리의 이러한 한계조차도 잘 알고 계신다. 그래서 자신의 한계를 계속 경험하는 우리에게 "바라보라. 일어나라. 종과 횡으로 두루 다녀 보라"고 말씀하신다. 우리가 바라보다가도 고개를 떨구고, 일어나다가도 주저앉으니 이제는 약속하신 그곳을 두루 다녀 보라고 하시는 것이다. 이것은 약속의 말씀을 우리 삶에 적용해 보고 발로 디뎌 보라는 것을 의미한다. 또한 약속의 말씀을 믿고 그 가운데 한 번 살아가 보라는 것이다.

: 믿음의 눈으로 일을 행하는 여호와를 바라보라

예레미야가 시위대 뜰에 갇혔을 때 하나님은 이렇게 말씀하셨다. "일을 행하시는 여호와, 그것을 만들며 성취하시는 여호와, 그의 이름을 여호와라 하는 이가 이와 같이 이르시도다 너는 내게 부르짖으라 내가 네게 응답하겠고 네가 알지 못하는 크고 은밀한 일을 네게 보이리라"렘 33:2-3 그는 지금 지하의 웅덩이에 처박혀 아무것도 보지 못하고 있었다. 무능한 자신이 아무 일도 해낼 수 없을 것이라 여기고 있었다. 그런 예레미야에게 하나님께서는 크고 비밀한 것을 보여 주겠다고 하신다. 특히 하나님은 자신을 "일을 행하는 여호와", "그것을 지어 성취하는 여호와"라고 하시며 일을 행하시고 직접 역사하실 것을 강조하고 계신다.

여기서 우리는 먼저 하나님이 어떻게 역사하시는지를 살펴야 한다. 우선 하나님께서는 우리가 생각지도 못한 방향으로 일을 이루어 가신다. 우리 개개인의 삶에 있어서도 아주 정교하게 일을 진행하시며 한 사람, 한 사람에게 놀라운 일들을 이루어 가신다. 가고자 하는 길에서 한계에 부딪혀 주저앉은 우리를 일으켜 세우셔서 우리가 원하는 방향으로가 아닌 하나님께서 원하시는 방향으로, 우리의 문제를 궁극적으로 해결해 주시는 방향으로 일을 진행해 가신다.

: 나는 새 일을 행할 테니 너는 일어나 두루 다니라

이렇게 해주시는 하나님이지만, 우리는 여전히 고개를 높게 들지 못한 채 좁은 시야로 세상을 바라보곤 한다. 좁은 시야로 인해 하나님의 도우심을 바라보지 못하는 것이다. 이때 하나님께서는 어떻게 해서라도 우리의 고개를 들게 하시려고 "바라보라", "일어나라", "두루 다녀 보라", "우울하게 집 안에 갇혀 포기하고 있지 말고 약속의 땅을 두루 다녀 보라"고 말씀하신다. 그러므로 우리는 작은 한두 가지의 상처 때문에, 당장의 무능함 때문에 고개를 숙여서는 안 된다. '이것이 나의 한계구나' 하며 낙심해서는 안 된다. 아브라함은 자신의 무능함으로 인해 아무것도 할 수 없을 것이라 여겼지만 하나님의 입장에서는 그렇지 않다. 하나님은 오히려 새 일을 행할 테니 너는 "눈을 들어 바라보고 일어나서 두루 다니라"고 하셨다.

지금 나의 무능함이 무엇으로 바뀔지
하나님만이 아신다

하나님께서 우리의 무능함과 한계를 극복하게 해주시겠다는 것은 현실의 상황을 극복할 수 있게 해주신다는 의미도 포함된다. 앞에서도 나온 대로, 사실 하나님께서 아브라함에게 주시겠다고 한 것은 현실의 상황과는 맞지 않았다. 가나안 일곱 족속이 이미 모든 땅을 차지하고 있는데 어떻게 그것이 아브라함의 것이 될 수 있겠는가!

하지만 여기서 우리가 분명히 상기해야 할 것이 있다. 바로 하나님이 온 세상의 창조주라는 사실이다. 사람들은 자기들의 것을 모두 등기부에 등록해 둔다. 그러나 그렇게 하기만 하면 완벽하게 자신의 것이 되는 것일까? 사람은 그저 이 세상의 관리인에 불과하다. 실제 주인은 하나님이시며, 하나님께서 잠시 사람에게 맡겨 두신 것일 뿐이다. 그러므로 등기부 등본에 등록됐다 할지라도 주인이 관리자를 바꾸면 더는 우리의 것이 되지 못한다. 하나님이 주관하시면 '네 것도 내 것'이 될 수 있고 '내 것도 네 것'이 될 수 있다.

이처럼 주인 되시는 하나님은 언제든지 우리가 처한 현실의 상황을 극복할 수 있게 해주신다. 그러므로 우리가 준비하고 수고한 것이 이루어지지 않았다 해도, 우리의 무능함으로 지금 당장은 실패했다 해도 하나님께서 주겠다고 하시면 그것이 우리 것이 됨을 알아야 한다.

하지만 우리는 열매의 씨앗을 하나 심을 때, 그저 씨앗 하나라는 생각만 할 뿐 그것이 나중에 몇 개의 열매를 맺게 할지는 알지 못한다. 그것은 오직 하나님만이 아신다. 마찬가지로 우리 앞에 처한 현실이 전부라고 생각해도, 우리 능력이 이게 전부라고 생각해도 그 믿음의 씨앗 속에 어떤 위대한 일이 일어날지는 하나님만이 아신다. 그러므로 우리는 눈앞의 씨앗만을, 당장의 우리 자신의 무능함만을 바라볼 것이 아니라 하나님께서 이루실 원대한 비전을 바라보아야 한다. 믿음이라는 것은 바로 이런 것이다.

한계에 갇힌 내 생각으로
하나님을 단정하지 마라

무능함이라는 자신의 한계를 극복하는 것은 하나님이 사람의 생각을 초월해서 역사하심을 의미하기도 한다. 사람은 늘 자기 생각의 한계를 벗어나지 못하기 마련이다. 자신의 한계를 체감하고 더는 자녀를 갖지 못할 것이라 생각한 아브라함은 하나님 앞에서 자신의 종인 엘리에셀을 상속자로 삼기도 했다. "아브람이 이르되 주 여호와여 무엇을 내게 주시려 하나이까 나는 자식이 없사오니 나의 상속자는 이 다메섹 사람 엘리에셀이니이다"창 15:2

그러나 하나님은 우리의 생각이 미치는 범위를 초월하여 복을 주신다. 안타깝게도 우리는 이런 생각을 하지 못하고 우리 자신의 생각의 한계에 갇혀 방황하게 된다. 생각의 한계에 자신을 가둔 채 더 위대한 일들이 진행되고 있는 것을 보지 못하는 것이다. 아브라함의 경우를 다시 보자. 롯의 부재로 인해 아브라함이 낙심한 상황에서 하나님께서는 롯의 빈자리를 메워 주시겠다고 약속하셨다. 한 명의 조카가 아니라 하늘의 별처럼 셀 수 없을 정도로 많은 자손을 주실 것임을 선포하신 것이다. 사실 아브라함이 믿음의 조상이 되고 인류의 아버지가 될 것이라고 그 자신은 상상이나 할 수 있었겠는가! 그러나 하나님은 분명히 그런 복을 주셨다. 이제 우리는 하나님의 도우심이 늘 우리의 생각을 초월한다는 믿음을 가져야 한다. 더불어 우리의 생각이 미치지 못하는 또 다른 하나님의 계획을 기대해야 한다.

그 무엇도 아닌
나 자체를 극복하게 하신다

마지막으로 하나님께서 우리의 무능함과 한계를 극복하게 하신다는 것은 우리 자신 자체를 극복하길 원하심을 뜻하기도 한다. 사실 우리는 문제의 원인을 우리 자신에게 두지 않고 물질이나 인간관계 등 외부 환경에 두는 경우가 많다. 그러나 한계는 결국 우리 자신일 뿐이다. 그러므로 하나님은 그 사람 자체를 강하게 만드시고자 이런 연단의 기회를 주시기도 한다. 우리의 인격의 한계와 영성의 한계를 넓히는 것이 바로 하나님이 우리를 도우시는 목적이기 때문이다.

하나님께서 아브라함의 방황을 종식시키고 위대하게 만들기 위해 행하신 것은 무엇인가. 돌아보면 아브라함이 방황할 때나 방황이 끝난 후에도 상황이 달라진 것은 없다. 그러나 하나님께서 변화시키신 것이 있었는데, 그것은 바로 아브라함의 믿음과 인격의 폭이다. 이 일을 계기로 하나님은 그의 믿음의 폭을 넓혀 영혼을 거룩하게 하시고 그의 인생을 하나님께 예배하는 인생으로 바꾸셨다. 하나님께서 약속하신 내용들은 실제로 한참의 세월이 지나 이루어졌고 아브라함의 자식인 이삭도 25년 후에나 태어났지만 이러한 사람 자체의 변화로 인해 아브라함은 새로운 인생을 경험할 수 있었다.

지금 우리가 자신의 무능함으로 인해 방황을 끝내지 못하는 것은 우리 자신이 성장하지는 않고 다른 것만 가지려 하기 때문이다. 더디게 가더라도 하나님께 초점을 맞추면서 연약한 우리 자신의 변화를 기대해야 한다. 아브라함은 처음에는 죽음이 두려워 자신의 아내를 누이라고 속이는 사람이었지만 나중에는 하나뿐인 아들마저 하나님께 바칠 정도로 큰 믿음의 사람이 되었던 것을 우리는 기억해야 한다. 이처럼 우리가 복된 사람이 되면 모든 것에 복이 따라오게 되어 있다. 하나님이 아브라함에게 복의 근원이 되게 하셨던 것처럼 하나님은 우리가 무능함을 극복하는 정도가 아니라 다른 사람의 한계도 극복시키는 축복의 근원이 되기를 원하신다.

예수님도 무능하다는
오해를 받으신 적이 있다

예수님은 나사로, 마르다, 마리아 남매를 특별히 사랑하셨다. 그러나 정작 나사로가 위독할 때 그 곁에 있지 못하셨고 결국 나사로가 죽은 지 나흘이 지난 후에야 그곳에 도착하셨다. 그런 예수님을 보고 마르다와 마리아는 어떤 마음이었을까? 그토록 자신들이 잘 따르던 예수님이었지만 이런 상황을 해결해 주지 못한 예수님이 그저 원망스러웠을 것이다. 특히 나사로가 병들었을 때 이미 와 주실 것을 요청했건만 나사로가 죽은 뒤에 오셨기에 더 야속했을 것이다. "마르다가 예수께 여짜오

되 주께서 여기 계셨더라면 내 오라버니가 죽지 아니하였겠나이다"요 11:21

그러나 예수님은 그 상황이 가져다주는 한계를 벗어나셨다. 그 상황에서 사람들에게 어떤 변명도 하지 않으셨고 당황하지도 않으셨다. 예수님은 하나님이 하실 일을 믿고 계셨기 때문이다. 그렇기에 예수님은 나사로의 소식을 듣고도 바로 오지 않고 때에 맞춰 오셨다. 늦게 오면 분명히 무능하다는 공격과 원망을 받게 될 것을 아셨음에도 하나님을 향한 믿음으로 그렇게 하신 것이다. 그래서 예수님은 썩어서 냄새가 난다고 다들 완전히 포기한 나사로를 살리심으로 가장 위대한 능력을 나타내시고 자신이 부활이요 생명이심을 입증하실 수 있었다. 이처럼 우리도 하나님이 하실 일을 신뢰하고 나아가야 한다. 사람들이 우리를 향해 무능하다고 비난하고 손가락질해도 그 일을 통해 하나님의 역사가 드러날 것을 기대해야 한다.

치료자 하나님과의 감정적 만남

그 어떤 환경적 조건도 아닌 우리 자신의 무능함 앞에서 우리가 할 수 있는 일은 무엇일까? 우리는 사람으로서 할 수 있는 일에 머물 것이 아니라 하나님이 이 기회를 통해 더 큰 복과 은혜를 우리에게 부어 주심을 믿어야 한다.

STEP 1_ 바라보고 일어나 두루 다니라

하나님은 위기의 순간에 남들이 보지 못하는 것을 보게 하시고, 그것을 향해 일어나게 하시고, 약속하신 곳 위를 다니게 하신다. 곧 우리가 말씀에 순종하고 그 말씀을 적용하면 하나님은 우리의 삶 속에서 무능함을 극복하게 하신다.

STEP 2_ 창조주 하나님이 우리의 후원자임을 기억하라

우리의 무능함으로 인해 걱정하거나 불안해하지 말자. 이 모든 것의 주인인 창조주 하나님께서 우리의 필요를 채워 주시고 옳은 방향으로 이끄시기 때문이다.

STEP 3_ 우리의 지경을 넓히시고 높이시는 능력을 바라보라

환경의 변화를 통해 무능함을 해소하려 하지 말자. 하나님께서 우리를 바꿔 주시는 역사로 인해 우리의 수준이 놀랍도록 향상될 것이다.

치료자 하나님의 처방전

스스로 알게 된 나의 무능	① 믿었던 능력을 인정받지 못했을 때 ② 능력으로 여겼던 것이 능력이 아니었음을 알게 되었을 때

↓

성경 속에서 찾은 나의 감정 : 창세기 13장 14-18절

가진 것 하나 없이 한 발자국도 움직이기 힘들어진 아브라함

↓

아브라함의 모습	우리의 모습
하나님은 앞날을 약속하셨는데 자신의 무능함으로 인해 그 약속을 믿지 못한다.	하나님의 인도하심을 믿으면서도 내 능력으로 따라갈 수 있을지 의심한다.

↓

무능함에 자책하는 우리에게 하나님이 주시는 말씀

"내가 그것을 네게 주리라"

↓

내가 할 수 있는 하나님의 방법	하나님의 위로하심
일어나 두루 다니라.	하나님이 주실 것을 약속하셨으니 마음껏 바라보고 뛰어다니라.
이 세상의 주인은 창조주 하나님이심을 믿으라.	하나님이 만물의 주인이시기에 세상을 두려워할 필요가 없다.
하나님께서 우리 자체를 변화시키실 것을 믿으라.	무능함 앞에서 환경이 아닌 나 자신의 놀라운 발전을 이루어 주실 것이다.

↓

삶 가운데 찾아올 무능함에 대비하기

STEP 1	하나님의 약속을 믿고 삶 속에 적용하여 그 위를 누비라.
STEP 2	이 세상의 주인이신 하나님이 후원자 되심을 기억하라.
STEP 3	나 스스로 넘지 못했던 벽을 이 기회에 넘게 하심을 믿으라.

무능

B. 믿고 의지했던 사람이 무능하게 여겨질 때
내가 알게 된 타인의 무능

〈아이 엠 샘〉이라는 영화는 지적 장애로 7세의 지능밖에 갖지 못한 샘과 그의 사랑스러운 딸 루시의 이야기이다. 아버지 샘의 사랑을 듬뿍 받고 자란 루시는 초등학교에 들어가자 자신의 아버지가 다른 아버지들과 다르다는 것을 알게 된다. 그러자 루시는 자신이 아버지보다 더 똑똑해질 것을 두려워해 교육받기를 거부하는 등 왜곡된 행동을 하게 된다. 하지만 이러한 우여곡절 속에서도 아버지와 딸은 서로를 사랑하고 의지한다. 비록 샘은 딸 루시에 대한 양육권을 빼앗길 위기에 처하지만 그러면서도 딸에 대한 사랑을 저버리지 않는다.

지적 장애를 겪는 샘은 아버지로서는 무능하기 짝이 없는 존재였을지 모르지만, 그런 아버지를 끝까지 아버지로 인정하고 바라보는 루시로 인해 두 사람은 행복을 이어 나갈 수 있었다. 무능해 보이는 아버지가 루시 자신에게는 가장 큰 행복의 조건이었기 때문이다.

내 감정과의 대면

주변을 둘러보면 '특별히 믿을 만한 사람'이라고 여겨지는 이가 있다. 그가 가진 훌륭한 실력과 존경할 만한 면모는 그 사람을 따른다는 것 자체로 우리의 마음을 든든하게 한다. 이런 사람은 그 출중한 실력으로 문제를 문제가 되지 않게 풀어 나가기도 하고, 뛰어난 리더십으로 우리가 속한 공동체를 잘 이끌어 나간다. 그만큼 누구보다 신뢰를 받게 된다.

그런데 그토록 믿고 의지하던 그 사람이 갑자기 실망스러운 모습을 보이게 되면 어떠한가? 우리가 위대하게 여겼던 모습을 더는 보여 주지 못할 때, 기대했던 실력을 발휘하지 못하고 결정적인 순간에 실수할 때 우리는 어떤 마음이 드는가? 사실 상대방 앞에 봉착한 무능함의 문제는 엄밀히 말해 우리의 문제는 아니다. 그럼에도 믿었던 사람의 무능함을 대면하게 될 때면 우리는 당혹스럽고 실망스러운 감정이 든다. 특히 그의 무능함이 우리에게 실질적인 피해가 될 때는 원망스러운 마음까지도 갖게 된다.

하나님 말씀과의 대면

"전령이 다윗에게 와서 말하되 이스라엘의 인심이 다 압살롬에게로 돌아갔나이다 한지라 다윗이 예루살렘에 함께 있는 그의 모든 신하들에게 이르되 일어나 도망하자 그렇지 아니하면 우리 중 한 사람도 압살롬에게서 피하지 못하리라 빨리 가자 두렵건대 그가 우리를 급히 따라와 우리를 해하고 칼날로 성읍을 칠까 하노라 왕의 신하들이 왕께 이르되 우리 주 왕께서 하고자 하시는 대로 우리가 행하리이다 보소서 당신의 종들이니이다 하더라 왕이 나갈 때에 그의 가족을 다 따르게 하고 후궁 열 명을 왕이 남겨 두어 왕궁을 지키게 하니라 왕이 나가매 모든 백성이 다 따라서 벧메르학에 이르러 멈추어 서니 그의 모든 신하들이 그의 곁으로 지나가고 모든 그렛 사람과 모든 블렛 사람과 및 왕을 따라 가드에서 온 모든 가드 사람 육백 명이 왕 앞으로 행진하니라"삼하 15:13-18

무능해 보이는 상대는
오히려 위로받아야 할 피해자이다

다윗은 얼마 전까지만 해도 천하를 호령하던 왕이었고 백성으로부터 존경을 한 몸에 받던 성군이었다. 하나님 앞에서나 백성 앞에서 인정받고 칭찬받던 위대한 왕이었다. 그런 그가 다른 사람도 아닌 아들로부터 왕위를 위협받을 위기에 처하게 된 것이다. 그것도 특별히 아꼈던 압살롬에게 말이다. 다윗은 한순간에 종이호랑이마냥 '왕이지만 왕이라고 할 수 없는 위치'로 전락해 버렸고 아무 힘도 없이 그저 도망갈 채비만 했다. 그렇게 다윗은 아들에게 공격을 받는 무능한 아버지의 표본이 되고 말았다.

당연히 다윗을 추종하고 따르던 세력 역시 다윗에게서 떠나갔다. 압살롬의 꾐에 빠져서 떠난 사람들도 있겠지만, 다윗의 무능함에 실망해 등을 돌린 사람도 있었을 것이다. 이때 다윗을 떠난 사람들은 다윗을 향해 어떤 마음을 가졌을까? 개중에는 여전히 다윗을 좋아했지만 대세를 따라, 혹은 대가를 바라며 압살롬을 택한 이들도 있었을 것이다. "이스라엘의 인심이 다 압살롬에게로 돌아갔나이다"라는 전령의 고백을 미루어 본다면 대부분이 다윗에게서 마음이 떠났다고 짐작할 수 있다.

: 힘이 약해진 것은 그 사람만의 잘못이 아니다

중요한 것은 다윗의 힘이 약해졌다고 해서 그를 '왕으로서의 자격이 없는 사람'으로 평가할 수는 없다는 사실이다. 지금 다윗이 위기에 봉착한 것은 정치를 잘 못해서이거나 성실하게 살지 않아서가 아니다. 압살롬의 욕심에 의해 다윗은 무능해졌고, 따라서 다윗은 무능해진 왕으로 손가락질당하기 이전에 오히려 위로를 받아야 할 존재이다.

물론 누군가는 그런 반란 앞에서 강력하게 대처하지 못한 것 자체가 왕으로서의 자격이 없는 것이라 할지도 모른다. 하지만 지금 반란을 일으키는 상대는 다름 아닌 사랑하는 아들이 아닌가! 다윗은 아들이 자신에게 칼을 겨눈다고 해서 자신도 똑같이 아들과 대적하고 싶지는 않았을 것이다. 실제로 후에 압살롬이 반란에 실패해 죽게 되자 그 누구보다 슬퍼했던 이는 바로 아버지 다윗이었다. 그러니 병력이 아무리 잘 갖춰져 있다 해도, 훌륭한 리더십을 가지고 있다고 해도 아들에게 강력하게 대응하기란 어려웠을 것이다.

마찬가지로 우리 주변에 믿었던 누군가가 무능한 존재로 비치게 되었을 때 우리는 그 사람의 무능함을 비난하기 이전에 그에게 닥친 상황을 살펴야 한다. 우리도 모르는 상대방의 '사정'이라는 것이 분명히 있기 때문이다. 가령 건강에 문제가 생겨 이전처럼 실력을 발휘하지 못할 수도 있고, 집안에 일이 생겨 이 문제에 집중하지 못했을 수도 있다. 또한 누군가의 공격으로 인해 상대방이 무능한 존재로 비치게 될 수도 있는 일이다.

만약 우리가 그 상황을 속속들이 안다면 과연 무능해진 상대방을 비난하거나 외면하거나 무시할 수 있을까? 오히려 우리는 그때부터 위로자의 입장에서 그에게 다가가야 할 것이다. 그것이 바로 하나님의 마음이며, 동시에 하나님께서 우리에게 바라시는 마음이다.

: 사실 놀랄 사람은 내가 아니라 상대방이다

다른 사람도 아닌 누구보다 믿고 의지했던 사람이 무능해 보이는 상황이 되었을 때, 상대방을 옆에서 지켜봐 온 사람으로서 우리는 당황스러울 수밖에 없다. 또한 그의 몰락으로 인해 우리에게까지 어떤 피해가 온다면 더없이 화가 나기도 할 것이다. 아마 다윗의 신하들도 궁궐에서 편히 지내다가 갑작스럽게 다윗을 따라 피난길을 가야 하는 그 상황이 매우 원통했을 것이다. 겉으로는 묵묵히 다윗을 따라가면서도 속으로는 '내가 겨우 저런 사람을 왕으로 모셨다니' 하며 혀를 찼을지도 모른다.

그런데 이런 상황에서 가장 괴로워할 사람은 그 누구도 아닌 바로 무능함에 직면한 당사자이다. 우리야 이리저리 원망도 하고 성토도 해보겠지만 당사자는 아무 말도 할 수가 없다. 누구를 탓할 수도 없다. 그 누구보다 속은 더 썩어 들어갈 것이다. 그러므로 우리는 누구보다 애가 탈 상대방의 입장을 헤아릴 수 있어야 한다. 특히 상대방은 우리가 조금 전까지만 해도 누구보다 믿고 의지해 왔던 사람이 아닌가. 한순간의 실수나 갑자기 찾아온 실패로 인해 우리가 그를 갑자기 외면하거나 무시해서는 안 된다.

그러므로 우리는 상대방의 마음을 헤아리는 습관을 들여야 한다. '나도 이렇게 당황스러운데 당사자는 얼마나 고통스러울까?', '그렇게 훌륭하던 사람인데, 지금의 상황을 못 받아들이고 계속 방황하면 어쩌나?', '이 상처를 극복하지 못하고 혹시 극단적인 선택이라도 하면 어쩌지?' 하는 긍휼의 마음을 가져야 한다. 행여 우리가 그로 인해 어떤 피해를 입어 화가 나더라도 상대방의 마음을 먼저 헤아린다면 우리의 원망과 불평은 사그라질 것이다. 상대방을 무시하거나 손가락질하는 일 역시 할 수 없게 될 것이다.

상대방의 부족한 점은 상대방만 채우는 것이 아니라
나도 채워 줄 수 있다

누구보다 완벽하고 믿음직했던 사람이 지금 무능함으로 좌절을 겪고 있다면 그 사람이 지금 이 상황을 이겨 낼 수 있는 방법에는 어떤 것이 있을까? 물론 여러 가지 방법이 있겠지만, 엄밀히 말해서 지금 당장 그 사람이 할 수 있는 것은 아무것도 없다. 할 수 있는 일이 있다 해도 할 수 없는 게 정상이다. 할 기력도 없고, 할 의지도 생기지가 않기 때문이다. 그토록 열심이었고 의지가 굳었던 자신이 무능함이라는 벽에 직면했는데 예전처럼 힘이 날 리가 없다. 특히 자신을 믿고 따랐던 사람들, 자신에 대해 좋게 평가해 주었던 사람들의 시선이 바뀌고 있는 것을 느끼게 된다면 그 사람은 더없이 괴로울 수밖에 없다.

이때 방황하고 흔들리는 상대방을 위해 하나님의 자녀인 우리가 해 줄 수 있는 것은 무엇일까? 여기서 먼저 알아야 할 것은 사람의 일에는 우연이란 없다는 사실이다. 우리가 우연으로 여기는 일들도 결국은 하나님의 뜻과 섭리 가운데 진행되고 있는 한 과정일 뿐이다. 상대방이 갑자기 무능함이라는 벽에 직면한 것도 마찬가지이다. 어떤 연유로 그렇게 되었든 결국은 하나님의 주관하에 일어난 일이다. 하나님은 이 상황을 다 알고 계시며 그가 누구보다 고통스러워하고 있다는 사실도 잘 아신다. 아니, 그 당사자보다도 더 잘 아신다. 그렇다면 하나님께서 이 상황을 통해 의도하시는 일은 과연 무엇일까?

물론 하나님께서 무능함이 닥친 그 당사자에게 무엇을 기대하시는지 우리의 생각으로는 알 수가 없다. 그러나 그 사람을 지켜보는 우리에게 요구하시는 것이 무엇인지는 충분히 알 수 있다. 하나님은 지금 우리가 그를 그냥 외면하기를 원하실까? 아니면 강력하게 정죄하며 정신 차리라고 책망하기를 원하실까? 상황에 따라 답이 다르겠지만 공통적으로 하나님이 우리에게 요구하시는 것은 바로 '채워 주는 것'이다. 하나님의 답은 결국 사랑이기 때문이다. 방법이야 다를 수 있겠지만 이웃에 대한 사랑은 어떤 상황에서든 우리가 실천해야 할 하나님의 명령이다.

: 어쩌면 하나님께서 이 상황을 기회로 주셨을지 모른다

그렇다면 무능함의 절벽 앞에서 두려움에 떨고 있는 상대방에게 우리가 해줄 수 있는 것은 무엇일까? 상대방의 부족함을 우리가 조금이라도 메워 주는 것이 아닐까? 상대방은 이전까지만 해도 오히려 남의 부족함을 채워 주던 고마운 사람이었다. 그런 그가 지금 부족함과 모자람의 상황을 경험하고 있는 것이다. 갑자기 몰락한 자신을 어떻게 해야 할지도 모른 채 말이다.

바로 이때 우리가 나서야 한다. 우리가 채워 줄 수 있는 것이 분명히 있을 것이다. 하나님은 상대방이 위급한 상황에 처했을 때 우리가 그의 부족함을 메워 주기를 바라신다. 물론 그 방법에는 여러 가지가 있을 수 있다. 가령 응원해 주면서 기운을 북돋아 줄 수도 있고, 지금 당장 그 사람이 할 수 없는 일들을 대신 해줄 수도 있다. 혹은 묵묵히 그를 위해 중보기도를 해주는 것도 좋은 방법일 것이다. 이처럼 어떤 형태로든 우리는 무기력해진 상대방을 위해 할 수 있는 일을 적극적으로 찾아 나서야 한다.

다시 다윗의 상황을 살펴보자. 다윗을 배신한 채 압살롬을 따르는 사람도 많았지만 무기력해진 다윗을 끝까지 따른 심복들도 있었다. 그중 대표적인 사람은 후새로, 그는 다윗이 몰락해 가는 상황에서 다윗을 비난하거나 외면하지 않았다. 오히려 그 상황에서 자신이 할 수 있는 작전을 짜며 실행해 나갔다. 다윗이 지금 나서서 진두지휘를 할 수 없으니 자신이라도 지혜를 모아 가며 그를 도운 것이다 삼하 16:16-20. 후새는

압살롬의 편인 척 가장해 압살롬에게 가까이 갔고 그 과정에서 압살롬의 계략을 알아내어 다윗의 승리에 일조하는 중대한 역할을 했다. 이처럼 누군가의 무능함은 오히려 우리가 그를 도울 수 있는 기회가 될 수 있다. 하나님이 허락하신 소중한 기회인 셈이다.

: 상대방도 언젠가는 나의 무능함을 채워 줄 것이다

이처럼 상대방이 무능함에 직면해 괴로워하며 한 발자국도 움직일 수 없을 때 우리가 곁에서 그를 묵묵히 도와준다면 어떨까? 물론 당장은 우리에게 아무런 이득도 되지 않을 것이다. 예전처럼 그 사람이 잘 나가던 상황도 아니고 어떤 권한이 있는 것도 아니니, 우리가 도와준다고 한들 그 사람이 우리에게 '고마워하는 것' 외에는 받을 게 없다. 하지만 하나님은 그런 대가 없는 사랑과 희생을 지금 우리에게 요구하신다.

또한 우리가 대가 없이 무조건 그를 도왔다고 해도, 그 사람이 자신의 시름에 빠져 우리에게 고마워하지 않을 수도 있다. 그러나 하나님은 다 기억하시고 언젠가는 갚아 주신다. 심지어 그도 잊고 우리도 잊는다 해도 하나님은 절대 잊지 않으신다. 그래서 우리 자신이 언젠가 무능함으로 인해 괴로워할 때 누군가의 손길을 통해 우리를 돕게 하신다. 우리가 과거에 도왔던 그 사람이 우리를 도와줄 수도 있고, 다른 누군가가 우리를 도와줄 수도 있다. 이처럼 은혜는 하나님의 품 안에서 돌고 돈다. 그러므로 혹시라도 누군가의 무능함을 보게 된다면 비난하거나 외면하지 말고 우리가 할 수 있는 최선의 것으로 도와야 한다.

예수님은 무능함에 괴로워하는
제자들을 찾아오셨다

예수님은 게네사렛 호숫가로 오셔서 고기를 잡는 어부들을 만나 주셨다. 베드로를 비롯한 어부들은 밤이 새도록 고기를 잡으려 애썼지만 한 마리도 잡지 못한 상태였다. 그야말로 무능한 어부의 모습을 드러내고 있었다. 그런데 예수님은 그들의 무능함을 보시고 어떻게 대하셨는가? 어부로서 무능함을 보이는 것에 대해 단순히 안타까워하거나 어리석게 생각하지 않으셨다. 그들의 무능함이 부족함이 아닌, 하나님의 역사를 드러내기 위한 기회임을 아셨기 때문이다. 그래서 예수님은 깊은 데로 가서 그물을 내리라고 명하셨고, 그들이 예수님의 말씀에 순종하자 놀랍게도 그물이 찢어질 정도로 많은 고기를 잡게 되었다. "말씀을 마치시고 시몬에게 이르시되 깊은 데로 가서 그물을 내려 고기를 잡으라 시몬이 대답하여 이르되 선생님 우리들이 밤이 새도록 수고하였으되 잡은 것이 없지마는 말씀에 의지하여 내가 그물을 내리리이다 하고 그렇게 하니 고기를 잡은 것이 심히 많아 그물이 찢어지는지라"눅 5:4-6

더불어 그들은 예수님의 부르심에 따라 모든 것을 버리고 예수님의 제자가 되기로 했다. 그들의 무능함은 결국 예수님의 제자로 부름받는 기회가 된 것이다. 이처럼 예수님은 무능한 어부들을 위대한 사역을 감당하게 될 '사람을 낚는 어부'가 되게 하셨다. 그들의 한계를 한계로 보지 않으시고 그 한계 속에서 하나님의 놀라운 뜻을 이루신 것이다.

치료자 하나님과의 감정적 만남

믿고 의지했던 사람의 무능함에 대한 실망은 우리 자신에 대한 실망으로 이어지곤 한다. '내가 왜 저런 사람을 믿었나' 하며 오히려 우리 자신을 한심하게 여기는 것이다. 이럴 때 우리는 그 상황을 상대방은 물론 우리에게 주신 하나님의 기회로 여겨야 한다.

STEP 1_ 성실함에도 불구하고 찾아온 무능을 비판하지 마라

믿었던 사람이 무능해진 데에는 그 사람만의 사정이 있을 것이라 헤아릴 줄 알아야 한다. 지금의 상황이 못마땅하다 해도 그 마음을 돌이켜야 하고, 상대방을 비판하는 태도도 금해야 한다.

STEP 2_ 지금 필요한 것은 무시가 아니라 위로이다

우리 자신도 무능함에 직면했을 때 괴롭듯, 상대방도 자신의 무능함으로 인해 누구보다 괴로울 것이다. 그것을 안다면 지금 우리가 가장 먼저 할 일은 진심이 담긴 위로이다. 무시와 핀잔이 아닌 사랑이다.

STEP 3_ 하나님의 사랑으로 우리가 상대방을 도울 수 있는 소중한 기회를 잡으라

완벽했던 상대방이 무능함을 겪는 것은 어쩌면 우리가 하나님의 사랑을 실천할 수 있는 소중한 기회일 수 있다. 지금 이 순간이 바로 우리가 상대방을 위해 헌신할 수 있도록 하나님께서 만들어 주신 절호의 기회가 될 수 있다.

치료자 하나님의 처방전

내가 알게 된 타인의 무능	① 믿고 의지했던 상대방의 무능함이 한심해 보일 때 ② 상대방의 무능함으로 얻은 피해 때문에 그가 원망스러울 때

성경 속에서 찾은 나의 감정 : 사무엘하 15장 13-18절

아들 압살롬의 반란 앞에서 무능한 왕으로 전락해 버린 다윗을 바라보는 신하

다윗의 신하의 모습	우리의 모습
아들의 반란으로 한순간에 몰락한 다윗이 무능한 왕으로 보인다.	믿었던 사람의 몰락으로 우리 자신도 혼란스럽고 실망하게 된다.

타인의 무능함에 실망하는 우리에게 하나님이 주시는 말씀

"왕께서 하고자 하시는 대로 우리가 행하리이다"

내가 할 수 있는 하나님의 방법	하나님의 위로하심
함부로 그의 무능함을 비판하지 마라.	하나님은 그의 잘못이 아니라고 분명히 말씀하신다.
누구보다 고통스러워할 상대방의 마음을 위로하라.	하나님은 위로와 사랑의 마음을 기뻐하신다.
내가 도울 수 있는 것을 찾고 또 찾으라.	내가 무능함에 직면할 때 반드시 다른 사람도 나를 도울 것이다.

타인의 무능함을 보게 될 상황에 대비하기

STEP 1	무능은 잘못이 아님을 알라.
STEP 2	무능으로 인해 고통스러워할 상대방의 마음을 헤아리라.
STEP 3	지금이 내가 상대방을 도울 수 있는 기회라는 것을 알라.

chapter 4. 외면
 A. 이 땅에서 외면당하는 자로 살고 있다면
 B. 내가 외면했던 그 사람도 하나님의 자녀였음을

chapter 5. 차별
 A. 차별당하는 억울한 인생 속에서
 B. 나도 모르게 누군가를 차별하고 있을 때

chapter 6. 정죄
 A. 나에게 돌을 던지는 사람들 앞에서
 B. 누군가의 잘못을 그냥 보아 넘길 수 없다면

part 2

변화를 가로막는 감정들과 마주하기

―――――― 외면 ――――――

A. 이 땅에서 외면당하는 자로 살고 있다면
내가 당하는 외면

　소록도는 한센병 환자들이 거주하며 치료를 받는 곳으로 유명하다. 이곳은 그 어디보다 소외된 공간일 수 있지만 주민의 95%가 넘는 그리스도인의 신앙으로 모든 역경과 시련을 견뎌 왔다. 새벽 3시 30분부터 새벽 기도를 준비하면서 예배를 드리고, 그 후에는 각자 집으로 돌아와 가정 예배를 드린다. 정오에도 예배당에 모여 기도회를 갖고, 오후에도 교구별로 기도회 시간을 갖는다. 그런데 특이한 점은 그들의 첫 번째 기도 제목이 '나라와 민족을 위한 기도'라는 사실이다. 그들은 불편한 몸을 목발이나 휠체어 등에 의지한 채 예배당으로 나와 기도를 드린다.

　이곳 소록도는 다른 곳에서는 경험할 수 없는 감동의 이야기들이 넘쳐난다. 부서진 교회를 다시 짓기 위해 살점이 떨어져 나가면서까지 헌신하다가 오히려 병이 나은 사람이 있는가 하면 "한센병 생기지 않고 예수님을 모르는 것보다 한센병 생기고 예수님을 만난 게 더 감사해요"라고 고백하는, 전직 대순진리교 포교사였다가 지금은 예수님을 만나 개종한 할머니도 있다. 이렇게 그들은 가장 소외된 곳에 거하면서도 실제로는 누구보다 기쁨이 넘치는 천국을 경험하고 있다. 세상 사람들은 외면할지라도 하나님께서 늘 그들 곁에 거하시기 때문이다.

내 감정과의 대면

우리는 누구나 서로 소통하고 어울리며 사회적 관계를 맺고 살아가는 존재들이다. 그래서 혹여 누군가와 관계적으로 문제가 생기게 되면 그 사람과 한 공간에 있기조차 불편할 만큼 심경이 복잡해진다. 특히 누군가에게 인정받지 못하거나 사랑받지 못할 경우, 그것도 공동체 안에서 그런 일을 겪게 될 경우라면 더욱 그렇다. 우리가 아무리 뛰어난 능력을 보유하고 있다 해도 사람들의 애정과 관심이 없다면 모든 것은 무의미해지고 만다.

그래서 우리는 무의식적으로 다른 이들로부터 외면당하지 않기 위해 끊임없이 노력하며 살아가는지도 모른다. 그러나 이러한 노력과 바람에도 불구하고 우리는 사람들로부터 어쩔 수 없이 외면당하게 될 때가 있다. 명명백백하게 우리 자신의 잘못으로 인한 것이나 이기심으로 벌어진 일에 대해 사람들로부터 외면을 받는다면 마땅히 반성과 회개의 시간을 가지면서 모든 것을 스스로 감당하겠지만, 오해로 인하여 외면당하게 될 때는 숨이 막힐 정도로 괴롭고 억울해 참을 수가 없게 된다. 하나님은 우리로 하여금 이런 상황을 어떻게 극복하게 하실까?

하나님 말씀과의 대면

"유다가 장자 엘을 위하여 아내를 데려오니 그의 이름은 다말이더라 유다의 장자 엘이 여호와가 보시기에 악하므로 여호와께서 그를 죽이신지라 유다가 오난에게 이르되 네 형수에게로 들어가서 남편의 아우 된 본분을 행하여 네 형을 위하여 씨가 있게 하라 오난이 그 씨가 자기 것이 되지 않을 줄 알므로 형수에게 들어갔을 때에 그의 형에게 씨를 주지 아니하려고 땅에 설정하매 그 일이 여호와가 보시기에 악하므로 여호와께서 그도 죽이시니 유다가 그의 며느리 다말에게 이르되 수절하고 네 아버지 집에 있어 내 아들 셀라가 장성하기를 기다리라 하니 셀라도 그 형들 같이 죽을까 염려함이라 다말이 가서 그의 아버지 집에 있으니라" 창 38:6-11

의지하며 살아도 힘든 세상에
외면을 당한다는 것은

다말은 첫 번째 남편 엘이 죽자 관습에 따라 시동생인 오난과 결혼하게 되었다. 그러나 형의 아내인 다말에게서 자식을 얻는다 해도 자신의 아이가 되지는 않을 것이라 여겼던 오난은 계획적으로 다말이 자신의 아이를 갖지 못하도록 했고 이를 괘씸히 여긴 하나님께서 벌하여 오난 역시 사망에 이르고 말았다. 그러자 시아버지인 유다는 '저 며느리 때문에 내 자식들이 다 죽는구나' 하고 생각했고 막내아들 셀라와의 결혼만은 결코 허락하지 않았다. 이로 인해 결국 유다의 집안에서 내쫓기게 된 다말은 과부로서 살아가야 하는 불쌍한 처지에 놓이게 되고 말았다.

당시에 과부의 인생이란 보장받지 못하는 인생이었고, 자식이 없을 경우에는 끝난 인생이나 다름없었다. 그래서 하나님께서는 과부가 살아갈 길이 없음을 아셨기에 사람들에게 과부를 챙겨 주도록 명하시기도 했다. "네가 네 포도원의 포도를 딴 후에 그 남은 것을 다시 따지 말고 객과 고아와 과부를 위하여 남겨두라"신 24:21 마찬가지로 형이 죽으면 동생과 결혼하는 제도 역시 자손을 잇게 하면서도 과부의 생존권을 보장해 주는 데에 그 목적이 있었다. 그런데 다말이 바로 그런 시대적 상황 속에서 유다로 인해 친정에 보내져 홀로 살게 되었다. 서로 의지하며 살아도 힘든 이 세상에 기댈 곳 하나 없이 외면당하고 만 것이다. 그러나 다말에게 이것은 끝이 아니었다. 이렇게 외면당하고 소외당하는 그녀에게도 희망은 있었다. 하나님이 예비해 두신 길이 다말을 이끌고 있었기 때문이다.

외면당한 사람은
하나님의 특별 관심 대상이다

외면당하고 소외당하는 자들에게 희망이 있는 이유는 하나님께서 그들을 특별히 주목하고 계시기 때문이다. 하나님의 시선은 외면당하고 소외당하고 있는 사람들에게 쏠려 있다.

창세기에는 여러 가지 이야기가 등장한다. 창세기 37장은 보디발의 아내에게 억울한 일을 당하는 요셉의 이야기로 이루어져 있고, 38장은 앞에서 언급한 다말의 이야기이며, 39장은 노예로 누명을 쓰고 살아가는 요셉의 이야기가 다시 나온다. 이처럼 하나님께서는 창세기 37장, 38장, 39장을 통해 버려진 인생, 외면당한 인생, 소외당한 인생에 대한 이야기를 연속해서 말씀하신다. 이것은 곧 하나님께서 사람들로부터 외면당하는 이들을 절대 잊지 않으신다는 사실을 우리에게 각인시키고 있는 성경 배열 방식이다. 비록 사람들은 우리를 외면하며 내쳤지만 "나 여호와는 외면당한 이들의 하나님이다"라고 말씀하시는 것이다. 또한 "나는 버려진 노예, 과부, 나그네, 객이 된 사람의 하나님이다"라고 이야기하시는 것이다.

하나님을 믿는 자라면 누구나 요셉이라는 큰 인물에 대해서는 잘 알고 있겠지만, 그에 비해 다말의 이야기는 생소해하는 사람이 적지 않다. 이처럼 하나님께서는 우리가 잘 아는 큰 인물 요셉뿐만 아니라 가나안 땅에서 버림받은 젊은 과부, 아무도 주목하지 않고 창기로 오해받은 여인의 삶 가운데서도 하나님의 역사가 진행됨을 보여 주시고 계신다.

간혹 우리는 '하나님은 나같이 무능력한 사람, 집안이 별 볼 일 없는 사람, 가난한 사람에게는 관심이 없으시겠지' 하고 생각할 때가 있다. 그러나 성경의 어디를 보아도 우리 하나님은 그런 하나님이 아니시다. 하나님은 형제로부터 버려진 요셉뿐만 아니라 다말의 기구한 운명에도 관심을 기울이고 계심을 기억해야 한다. 다말뿐만이 아니다. 하나님께서는 남편이 갑자기 죽고 두 명의 자식마저 죽어 모압에 버려진 나오미에게도 관심을 기울이셨고, 며느리인 룻도 기억하셨으며 그녀를 통해 위대한 일들을 이루셨다. 또한 일곱 귀신이 들려 사람들에게 외면당한 막달라 마리아에게도 관심을 기울이셨고 위대한 부활의 증인으로 사용하셨다. 이것이 바로 성경에 나타난 하나님의 역사들이다. 우리가 오늘날 위대하다고 생각하는 사람들, 이름만 들어도 쟁쟁한 성경의 주인공들이 사실은 그 당시 가장 외면당하고 소외당했던 사람들이었다. 그런 그들을 하나님께서 주목하셨기에 위대한 역사와 놀라운 이야기가 이루어질 수 있었다.

그러므로 외면당할 때 우리는 하나님의 시선을 느껴야 한다. 사람들이 우리를 외면하면 하나님께서는 우리와 더 가까이 계신다는 것을 잊지 말아야 한다. '나는 하나님이 주목하고 계신 인생이다', '하나님께서는 나를 귀하게 여기신다'는 믿음을 가져야 한다. 얼마나 귀하게 여기시면 다말이라는 여인의 이야기를 성경에 기록하시고 그녀의 억울한 인생을 변호하고 설명하시겠는가? 역사상 그 누가, 희망이 없는 한 과부의 이야기를 성경책에 기록할 정도로 소중하게 여기겠는가? 우리를 지으신 하나님만이, 우리의 모든 것을 사랑하고 계신 하나님만이 그렇게 해주신다.

지금 외면당하는 자가
하나님 나라에서도 외면당할까?

더불어 우리가 기억해야 할 것은 하나님 나라의 관점을 통해서도 소외감을 극복할 수 있다는 사실이다. 사람들의 나라인 이 세상에서 사람이 외면당하고 소외당하는 것은 누구에게나 닥칠 수 있는 현실이다. 그 사람이 필요할 때 친한 척하며 이용하다가 나중에는 외면한 채 아는 척도 하지 않는 경우도 다반사이다. 그러나 하나님 나라에서는 외면 당하는 사람, 소외당하는 사람이 가장 중요한 역할을 하고 있음을 알 아야 한다.

창세기를 보면 하나님은 요셉의 이야기를 많이 다루고 계신다. 그만큼 중요하게 여기신 것이다. 실제로 하나님은 요셉을 통해 엄청난 일들을 이루고 계신다. 그런데 놀랍게도 하나님 나라의 구원의 대역사는 오히려 다말의 삶을 통해 이어져 나가고 있는 것을 볼 수 있다. 예수 그리스도께서 요셉의 후손으로 태어나셨는가? 아니다. 예수님은 다말의 후손으로 이 땅에 오셨다. 다윗 왕조 역시 다말의 몸에서 나왔다. 다말이 유다를 통해서 낳은 베레스와 세라가 다윗 왕조를 형성하게 된 것이다. 요셉의 극적인 이야기들 역시 하나님의 섭리에 있어 매우 중요하지만, 결국은 다말과 그녀의 후손들을 보호해 주고 양육시키는 역할로 끝이 난다. 요셉이 자기 형제의 가족들을 다 돌보았는데 그 혜택을 입은 사람 중 한 명이 바로 유다이기 때문이다.

: 너의 억울함과 외면당하는 것을 결코 잊을 수가 없다

그렇게 다말은 예수 그리스도의 족보에 그 이름이 올랐다. 사실 시아버지를 통해 대를 이었다는 것은 부끄러운 이야기일 수 있고 유대인들이 기분 나빠할 수도 있는 내용이다. 그런데 놀랍게도 그런 다말의 이름이 예수님의 계보에 분명히 기록되어 있다. "유다는 다말에게서 베레스와 세라를 낳고 베레스는 헤스론을 낳고 헤스론은 람을 낳고"마 1:3 이

처럼 하나님께서는 다말을 잊지 않고 역사에 소중히 남기셨다. 2000년이 지나고 3000년이 지나도 다말이라는 여인이 당한 서러움과 외면당하는 것을 잊지 않게 해주시는 것이다.

　마찬가지로 우리는 이 세상에서 우리가 어떤 평가를 받는지에 큰 의미를 둘 필요가 없다. 나중에 우리의 이름이 예수 그리스도의 생명책에 기록되어 있는가 하는 것이 궁극적으로 중요하다. 또한 우리가 하나님 나라에서 어떻게 쓰임받는지가 중요한 것이다. 지금 우리가 이 세상에서 어떤 평가를 받고 있는지 200년 후의 사람들이 알기나 할까? 그러나 예수 그리스도의 생명책에 기록된 사람은 천 년이 지나도 만 년이 지나도 영원히 기록에 남는다. 곧 외면당하지 않는 것이다.

: 하나님의 평가는 달라도 뭔가 다르다

　성경에는 외면당한 또 다른 여인이 등장한다. 여리고 성의 기생인 라합으로, 그녀는 그 당시 몸이 망가진 여자로 사람들에게 큰 비난을 받고 외면을 당했다. 그런데 놀랍게도 하나님께서는 그 여인을 주목하셨다. 사람들에게는 외면당했지만 하나님을 경외하고 두려워하는 여인이었기에 하나님께서는 귀히 여기셔서 그녀의 이름이 성경 곳곳에 나오게 하셨다. 삶이 망가진 기생, 그것도 저주받은 성읍의 기생 이름이 어떻게 이처럼 성경 곳곳에 기록되어 있을 수 있는 것일까? 특히 라합의 이름은 여호수아의 이야기에서, 예수님의 족보에서, 히브리서의 믿음의 주인공에 대한 이야기에서 기록되고 있다.

이처럼 세상에서 어떤 평가를 받느냐 하는 것은 중요한 것이 아니다. 하나님의 나라를 위해 우리가 어떠한 모습으로 쓰임을 받느냐 하는 것이 중요하다. 또한 이것이 바로 모든 외면과 소외당하는 것을 극복할 수 있는 근원적인 힘이 된다. 하나님의 나라, 예수 그리스도의 구속의 역사 속에서 우리가 쓰임 받는다는 사실처럼 귀한 일이 없다. 반대로 하나님의 구원의 역사 가운데 쓰임 받지 않는다면 이 세상에서 그 어떤 성공과 사랑을 얻는다 해도 아무런 희망이 없다.

하나님도 사람으로부터
오해로 인한 외면을 받으신다

마지막으로 우리가 외면과 소외를 이해하기 위해서 알아야 하는 것은 하나님께서도 오해를 받고 계신다는 사실이다. 특히 하나님께서는 우리로 인해 오해받고 계시다는 것을 알아야 한다. 하나님께서는 창세기 38장이 기록되는 과정에서 강권적으로 역사하셨을 것이다. 왜냐하면 이 이야기가 갑자기 이곳에 들어가는 것 자체가 신학자들의 입장에서는 이해가 되지 않기 때문이다. 그래서 혹자는 편집의 오류라고 말하기도 한다. 곧 성경이라는 것이 '사람에 의해 기록된 것을 여기저기 꿰맞추어서 편집한 것'이라고 주장하는 것이다.

그러나 하나님께서는 그러한 위험을 무릅쓰고서라도, 성경의 권위가 오해를 받게 된다 할지라도, 요셉의 이야기 사이에 갑자기 다말의 이야기를 기록하게 하셨다. 하나님은 다말 한 사람의 오해와 외면을 극복시키기 위해서 신학자들로부터 외면당할 것을 감수하신 것이다. 곧 사람이 그렇게 오해하고 외면할 것을 알고 계셨으면서도 다말의 소중함을 부각시키기 위해서 스스로 외면당하는 길을 택하신 것이다.

지금 창세기는 이 다말의 이야기 때문에 요셉 사건의 흐름이 단절되고 성경의 순서가 뒤섞여 있는 것처럼 오해받을 수 있다. 하나님께서는 오해로 인해 당신의 말씀이 외면당할 수 있음에도 외면당한 다말을 회복시키고자 하신 것이다. 그런 하나님이 우리가 외면당하고 소외당할 때 과연 가만히 계실까? 절대로 그냥 내버려두지 않으실 것이다. 오해 때문에, 외면 때문에 우리가 절망해서는 안 되는 이유가 여기에 있다. 우리가 하나님 나라의 주인공이기에, 오직 하나님의 눈에만 잘 보이면 결국 우리의 삶에는 승리만 남게 된다는 것을 믿어 의심치 말자.

예수님의 십자가 사건은
오해와 외면의 정점에 있다

예수님께서 하시는 일들을 보면 인간의 입장에서는 도무지 이해되지 않는 것이 많다. 거리의 창기들과 세리들, 가난하고 병든 사람들을 극진히 대해 주시는 것부터가 충분히 오해받을 수 있는 부분들이다. 특히 당시 사람들은 예수님께서 그 벽을 허물어 버리셨기 때문에 끊임없이 불평을 했다. 거룩한 제사장들을 세리나 창기와 차별을 두지 않으신 것에 대해서도 불만이었다. 유대인들은 자신들의 의와 그들의 죄악을 동일시하는 예수님을 가만히 둘 수가 없었고 결국 예수님을 십자가에 못 박았다. 그렇게 예수님은 끝까지 오해받으시고 외면당하시면서 억울하게 돌아가셨다. 오해와 외면 속에서 사역하셨고, 오해와 외면 속에서 십자가를 지셨다. 그럼에도 예수님은 다 참아 내시고 이겨 내셨다. 바로 우리를 향한 사랑 때문이었다. 그 사랑이 모든 오해와 편견, 외면을 이길 힘이 된 것이다.

치료자 하나님과의 감정적 만남

사람들로부터 외면당하는 것처럼 서글픈 일도 없다. 특히 오해로 벌어진 일이라면 억장이 무너질 정도로 괴롭다. 이런 상황에서 과연 하나님은 우리에게 어떤 것을 요구하실까? 그리고 우리를 어떻게 위로하실까?

STEP 1_ 하나님의 관심을 누리라

하나님은 외면당하는 자에게 특별한 관심을 보이신다. 사람들로부터 외면과 소외감을 겪고 있다면 이것은 그만큼 하나님의 특별 관심 대상이 되었다는 증거이다. 그러므로 그 시간을 만끽하자. 특별히 부어 주시는 그 은혜와 관심 속에서 하나님의 자녀가 되는 행복을 체험하자.

STEP 2_ 이 땅에서 외면당한 자가 하나님 나라에서는 주인공이 된다

이 땅에서 우리가 외면과 소외를 당하게 되면 실패한 인생마냥 암울해진다. 그러나 과연 하나님 나라에서도 그러할까? 하나님은 반드시 억울함의 눈물, 외면 속에서의 눈물을 닦아 주신다. 그리고 더없는 영광으로 갚아 주신다. 우리는 그날을 기대하고 기다려야 한다.

STEP 3_ 하나님도 우리를 위해 오해와 외면을 받으심을 알라

간혹 우리는 외면당할 때 하나님을 원망한다. 그러나 분명히 기억하자. 하나님은 우리를 구원하고 위로하시기 위해 사람들로부터 외면당할 길을 선택하셨다는 사실을 말이다.

치료자 하나님의 처방전

내가 당하는 외면	① 잘못한 것이 없는데도 사람들이 나를 외면할 때 ② 공동체에서 나만 소외되었을 때

성경 속에서 찾은 나의 감정 : 창세기 38장 6-11절

유다의 오해로 인해 가문에서 외면당해 과부의 인생을 살게 된 다말

다말의 모습	우리의 모습
유다의 결정으로 인해 과부라는 외면당하는 인생을 살게 되었다.	오해로 인해 사람들로부터 외면당하고 소외되어 괴로워한다.

외면당하는 우리에게 하나님이 주시는 말씀

"객과 고아와 과부를 위하여 남겨두라"

내가 할 수 있는 하나님의 방법	하나님의 위로하심
하나님은 외면당하는 사람에게 특별한 은혜와 관심을 보이심을 알라.	사람들로부터 외면당한 만큼 하나님으로부터는 관심을 받는다.
하나님 나라의 관점으로 자신을 살피라.	하나님 나라에서는 반전이 있다.
하나님도 우리를 위해 오해받고 외면당하셨음을 기억하라.	하나님은 지금도 우리를 구하시기 위해 오해받는 것을 감수하신다.

	삶 가운데 찾아올 외면에 대비하기
STEP 1	하나님의 특별 관심 대상이 되었음을 알라.
STEP 2	이 세상에서의 위치는 중요하지 않다.
STEP 3	하나님은 우리를 위해 그 어떤 오해도 감수하신다.

외면

B. 내가 외면했던 그 사람도 하나님의 자녀였음을

타인에 대한 나의 외면

영화 〈홀랜드 오퍼스〉는 작곡가의 꿈을 이루지 못한 채 현실에 떠밀려 음악 교사가 된 홀랜드라는 남자의 이야기이다. 교사 일에 그 어떤 열정도 없이 그저 돈벌이로만 생각했던 홀랜드는 실력 없는 학생들을 외면하며 무관심으로 대했지만 점차 학생들과 가까워지면서 그들의 재능을 발견하게 된다. 홀랜드의 교육에 대한 열정은 점점 커져 갔고, 그는 능력 없고 외면당한 학생들에게 열정을 쏟으며 그들이 음악을 통해 성장할 수 있도록 도와주었다. 그렇게 세월이 흘러 교직 인생 30년이 된 홀랜드가 원치 않게 교단을 떠나게 된 어느 날, 자신들의 삶을 바꾸어 준 은사 홀랜드를 위해 학생들이 몰래 음악회를 준비한다. 홀랜드는 제자들의 환호와 박수 속에 음악회에서 지휘를 하게 되고 학생들과 홀랜드 모두 감동의 눈물을 흘리며 모든 이의 마음을 뭉클하게 한다.

이처럼 외면당했던 사람에게 관심과 사랑을 쏟는 것은 사람을 구하는 일이고, 세상을 아름답게 하는 일이며, 하나님의 이름을 드높이는 일이다. 우리가 바로 그런 일을 하는 사람이 될 수 있음을 기억하자.

내 감정과의 대면

우리가 속한 공동체 안에는 다양한 사람들이 있다. 이유 없이 좋은 사람이 있는가 하면, 좋아할 만한 이유가 있어서 좋아지는 사람도 있다. 공동체에 필요하기 때문에 긍정적으로 생각되는 사람이 있는가 하면, 좋은 감정은 없지만 어느 정도의 관심이 가는 사람도 있다.

하지만 문제는 공동체 안의 사람들 중 우리도 모르게 외면하게 되는 사람이 있다는 사실이다. '이유 없이 그냥 싫은 사람'이 꼭 있는 것이다. 차라리 싫어할 만한 이유라도 분명하다면 그 사람과의 대화를 통해 해결을 해보든 할 텐데, 그냥 주관적인 감정에 의해 그 사람을 경계하게 되고 외면하게 되니 우리 마음 역시 꺼림칙할 수밖에 없다.

'이유가 있어 싫어지는 사람'도 마음 불편하기는 마찬가지다. 그 사람과 우리의 좁힐 수 없는 마음의 거리는 그 사람을 외면하게 만들고 그 사람의 상심에 눈을 감게 한다. 그래서 어디를 가도 그 사람을 제외하고 마음이 맞는 이들끼리 가고 싶고, 이야기를 해도 그 사람을 빼고 이야기하고 싶은데, 막상 그러자니 나쁜 사람이 되는 것 같아 마음 한구석이 찜찜하기도 하다. 직장이든, 학교든, 교회든, 아니면 그 외에 다양한 공동체에서든 이런 사람은 꼭 있기 마련인데, 이럴 때 우리는 어떻게 해야 할까? 하나님은 과연 우리를 향해 뭐라고 말씀해 주실까?

하나님 말씀과의 대면

"유다가 장자 엘을 위하여 아내를 데려오니 그의 이름은 다말이더라 유다의 장자 엘이 여호와가 보시기에 악하므로 여호와께서 그를 죽이신지라 유다가 오난에게 이르되 네 형수에게로 들어가서 남편의 아우 된 본분을 행하여 네 형을 위하여 씨가 있게 하라 오난이 그 씨가 자기 것이 되지 않을 줄 알므로 형수에게 들어갔을 때에 그의 형에게 씨를 주지 아니하려고 땅에 설정하매 그 일이 여호와가 보시기에 악하므로 여호와께서 그도 죽이시니 유다가 그의 며느리 다말에게 이르되 수절하고 네 아버지 집에 있어 내 아들 셀라가 장성하기를 기다리라 하니 셀라도 그 형들 같이 죽을까 염려함이라 다말이 가서 그의 아버지 집에 있으니라" 창 38:6-11

외면당하는 상대는
남이 아니라 나의 형제다

앞서 우리는 우리가 외면당할 때, 그 아픔을 이겨 낼 수 있는 비결을 알아보았다. 그 비결의 핵심은 바로 하나님이 우리의 아픔을 아신다는 사실에 있었다. 사람들은 우리를 외면해도 하나님은 우리를 바라보고 계시고 우리에게 특별한 관심을 가져 주신다는 그 은혜가, 외면당하는 우리를 일으켜 세울 수 있는 것이다.

그런데 여기서 주목할 것은, 이 귀한 진리는 우리 자신이 아닌 다른 사람이 외면당할 때도 똑같이 적용된다는 사실이다. 자녀 된 우리가 소외되고 외면당할 때 반드시 돌아보시고 위로하시듯, 하나님께서는 이 세상 그 누구라 해도 역시 귀한 자녀로서 대하시며 그 아픔을 위로하시고 계시는 것이다. 그러므로 만약 우리가 누군가를 외면하고 싶을 때는 '지금 내가 외면하는 저 사람이, 나에게 소외당하고 있는 저 사람이 하나님의 자녀다'라는 사실을 의도적으로라도 되새겨야 한다. 우리가 외면하고 있는 사람도 하나님의 자녀라는 사실은 무엇을 의미하는가? 바로 그 사람과 우리가 한 형제임을 말한다. 세상의 눈으로 보면 피 하나 섞이지 않은 남에 불과하겠지만 하나님 안에서는 영원히 함께 걸어갈 한 형제이다. 누구보다 가까운 영적 가족인 것이다.

: 유다가 다말을 가족으로 받아들였더라면

다말을 외면했던 유다의 경우를 조금 더 들여다보자. 유다가 다말을 외면한 근본적인 이유는 무엇인가? 바로 '가족의 안위'를 위해서였다. 유다는 며느리 다말로 인해 자신의 아들 엘과 오난이 죽었다고 생각했고, 남은 아들인 셀라만은 어떻게든 살리고 싶었다. 두 아들의 죽음이 다말 때문이라는 잘못된 오해 속에서 마지막 남은 아들을 살리기 위해 다말을 완전히 외면해 버렸다.

사실 며느리도 엄연히 가족의 한 구성원이다. 비록 피를 나누지는 않았어도 하나님께서 맺어 주신 귀한 식구인데, 유다는 며느리를 그저 아들을 위해 존재하는 도구 정도로만 여겼을 뿐이었다. 정말로 그녀를 가족으로 여겼다면 이처럼 냉정하게 내칠 수는 없었을 테니 말이다. 특히 엘과 오난이 죽게 된 것은 그들 스스로의 잘못 때문이었는데, 유다는 끝내 다말의 문제로 여기고만 있었다. 이 역시 피를 이어받은 자신의 아들 편에서만 생각한 결과로, 만약 다말을 한 번이라도 진정한 가족으로 여기고 대했다면 이렇게까지 다말의 잘못으로만 몰아가지는 않았을 것이다.

이처럼 상대방을 가족으로 여기느냐, 그렇지 못하느냐는 실로 엄청난 차이를 불러온다. 상대방을 가족으로 여기는 순간 우리는 그의 잘못도 기꺼이 품을 수 있는 아량이 생기게 된다. 심지어 상대방의 잘못을 자신이 안고 가기 위해 사랑과 희생까지 베풀게 된다. 더 나아가 그것을 희생으로 여기지도 않게 된다. 그러나 상대방을 가족으로 여기지 않는다면 잘못을 품기는커녕 없던 잘못까지 그에게 돌리게 되는 게 우리의 모습이다. 상대방이 도움을 간절히 구하는 상황에서도 매몰차게 외면해 버리게 되는 것이다. 우리가 지금 외면하고 있는 상대방을 하나님 안에서의 한 가족으로 바라보느냐, 그렇지 않느냐는 이처럼 극과 극의 결과를 가져오게 된다.

그러므로 외면해 왔던 사람을 이제 가족처럼 품어야 한다. 특히 누군가를 외면하고 싶고 소외시키고 싶을 땐 '과연 내 가족이 누군가에게 외면당한다면?' 하는 생각을 꾸준히 던질 수 있어야 한다. 그런 생각을 떠올리다 보면 스스로 그렇게 해서는 안 된다는 사실을 깨닫게 될 것이고, 상대방을 조금이라도 더 품을 수 있는 길이 열리게 될 것이다.

: 가족을 많이 품으면 품을수록 마음은 부유해진다

물론 외면하고 싶은 사람을 품는다는 것은 언뜻 손해처럼 느껴질 수 있다. 막상 그 사람을 품기로 했다면 그만큼 마음을 쓰면서 노력해야 할 부분이 생기기 때문이다. 그냥 외면해 버리면 속이 편할 텐데, 그러면 우리가 그 사람을 위해 수고할 것도 없을 텐데 말이다. 우리가 상대방을 품기로 했다면, 상대방에게 주의를 기울이고 상대방이 필요한 것이 있으면 도와야 할 것이다. 저절로 관심이 가고 우리가 사랑해 주고 싶은 사람을 챙기고 돌보는 일은 아주 쉽지만, 마음이 가지 않는 사람을 위해 이런 노력을 해야 한다니 그 부담감은 결코 적지 않아서 고역이 따로 없을 것이다.

그러나 처음에 마음을 줄 때는 부담이 되고 어렵게 느껴질 수 있지만 막상 한 번 마음을 열고 나면 상황은 달라진다. 사랑의 힘은 우리가 생각하는 것보다 그 파급 효과가 훨씬 커서, 우리가 사랑하기로 마음먹는 그 순간 없던 힘도 생겨나기 때문이다. 상대방을 품을 수 있는 지혜와 용기가 계속해서 늘어나기 때문이다. 이처럼 외면해 왔던 사람을 품으면 품을수록 우리에게는 가족이 더 생기고, 가족이 생기면 생길수록 그 안에 담긴 사랑의 힘으로 인해 마음은 더욱 부요해지게 된다.

사람은 도구가 아니라
사람이다

오늘날 기업들에서 '인적 자원'이라는 용어를 자주 쓴다. 어떻게 보면 이 말은 인재를 칭하는 멋진 말로, 유능함을 상징하는 용어처럼 느껴진다. 그러나 자세히 들여다보면 조금 아쉬움이 남는다. 사람을 자원으로 바라보고 있기 때문이다. 물론 사람이 기업에 도움이 되는 존재로 나아갈 수 있다. 실제로 그것이 사람을 채용하는 기업의 목적이기도 하다. 그러나 아무리 사람이 기업에 도움이 되고 유익한 존재로서 활용된다고 해도 사람이 자원이 될 수는 없다. 조금 광범위하고 포괄적인 차원에서 자원이라는 단어를 차용했다 할지라도 어찌되었든 이 용어가 사람을 도구로 바라본다는 것을 내포하고 있는 것만은 분명하다.

이처럼 오늘날 많은 사람이 '사람'을 사람이 아닌 도구로 바라보고 있다. 그리고 이것은 누군가를 외면하고 소외시키는 근본적인 원인 제공을 하기도 한다. '사람은 자고로 쓸모가 있어야 한다'는 생각이 사회 전반에 깔려 있기 때문에 쓸모가 없는 사람은 당연히 외면해 버리는 것이다. 그리고 그것을 '상대방을 외면해도 되는 정당한 사유'로 여기기까지 한다. 여기서 우리는 사람을 도구로 판단하는 시각을 교정해야 한다. 그 원리에는 두 가지가 있다.

: 하나님은 모든 사람을 가치 있게 창조하셨다

첫 번째 원리는 바로 하나님은 모든 사람을 쓸모 있게 창조하셨다는 사실이다. 우리가 지금 누군가를 보면서 쓸모없다고 평가한다고 해도 그것은 상황에 따라 적용되는 기준이 다르기 때문이다. 즉 그 상황에서는 쓸모없어 보일지 몰라도 또 다른 상황에서는 그 사람이 가장 쓸모 있는 존재가 될 수 있다. 축구장에서는 김연아 선수가 쓸모없고 아이스링크 위에서는 박지성 선수가 쓸모없겠지만, 축구장에서의 박지성과 아이스링크 위에서의 김연아는 그 누구와도 대체 불가능할 만큼 가장 뛰어난 선수인 것처럼 말이다.

무엇보다 반드시 기억해야 할 것은 하나님께서는 모든 사람에게 각자의 은사를 허락하셨다는 사실이다. "각각 은사를 받은 대로 하나님의 여러 가지 은혜를 맡은 선한 청지기 같이 서로 봉사하라"벧전 4:10 그러니 자신의 주관적인 입장에서 '저 사람은 왜 저렇게 쓸모가 없을까?', '저 사람은 왜 이렇게 도움이 안 될까?'라고 생각해서는 안 된다. 하나님께서는 우리 모두를 그 나름대로 가치 있게 창조하셨기 때문이다. 그러므로 누군가의 존재를 비하하며 쓸모없는 존재로 격하하는 것은 창조주 하나님에 대한 모독이 될 수 있다. 이는 하나님의 위대한 작품에 대해 조롱하는 것이기 때문이다.

: 쓸모가 없다고 해도 사람은 그 자체로 소중하다

두 번째 원리는 '쓸모 있음'에 대한 개념을 토대로 사람을 평가해서는 안 된다는 사실이다. 바로 앞에서 우리는 '하나님은 모든 사람을 쓸모 있게 창조하셨다'는 전제에 대해 알았다. 하지만 우리는 이 전제보다 더 상위에 있는 전제에 대해 생각할 필요가 있다. 그것은 바로 쓸모가 있고 없고와 상관없이 '사람은 그 자체로 소중한 존재'라는 사실이다. 쓸모에 의해서 인정받거나 외면당하는 것이 아닌, 사람 그 자체로 가치 있게 받아들여져야 한다는 것이다.

19세기 후반에서 20세기에 걸쳐 나타난 현대 철학의 사조 중 '실용주의實用主義'라는 것이 있다. 이것은 '공리주의功利主義'를 응용한 것으로, 실생활에 있어서의 유용성에 의해 진실 여부를 결정하는 것을 말한다.

이러한 사고는 나름대로 이점도 있겠지만 '유익이 되지 않는 것은 가치가 없다'는 기본적인 세계관을 제공하는 만큼, 유익에 따라 인간의 존엄을 함부로 판단할 수 있는 위험성을 가지고 있다.

물론 특별히 도움이 되고 유익을 주는 사람에게 우리가 고마워할 수는 있다. 또한 그런 사람과 더 가까이 하게 되는 것도 당연한 모습일 수 있다. 그러나 그것은 그 사람에게 도움을 받게 되는 그 상황에서의 고마움, 그 이상도 이하도 아니다. 그것이 그 사람의 가치를 판단하는 기준이 되어서는 안 된다.

오늘날 이토록 문명이 발달했음에도, 이토록 여러 사람과 갖가지 유대 관계 속에 살면서도, 우리가 풍요 속의 빈곤을 경험하게 되는 이유는 무엇일까? 그것은 바로 도움이 되는 존재는 도움이 될 때만 사람들이 찾기 때문에 공허하고, 도움이 되지 않는 존재는 아예 아무도 찾지 않기 때문에 서러운 것이다. 그렇게 우리는 이 사회에서 유익을 끼치는 사람이나 그렇지 못한 사람이나 자기의 본질에 대한 소중함을 모른 채 하루하루를 살아가고 있다. 그렇기에 열심히 살아도 밑 빠진 독에 물 붓듯 허전하고, 온 힘을 다하면서도 의미 없는 시간들로만 채워지게 되는 것이다.

그러므로 이제 우리는 사람을 사람 자체로 바라보고 소중히 여겨야 한다. 상대방이 가진 것으로 그를 평가할 것이 아니라, 유익함과 무익함을 떠나 그 사람 자체로 귀하다는 생각을 할 수 있어야 한다. 이것이 외면당하고 소외되는 사람을 한 명이라도 더 줄이는 근본적인 방법이다.

예수님도 외면당한 옆 사람을
긍휼히 여기셨다

　예수님은 사람들의 외면 속에서 고독하게 십자가에 달리셨다. 그리고 죽음을 앞두고 계실 때 예수님 곁에는 두 명의 강도가 함께 십자가에 달려 있었다. 그 둘 중 한 사람은 예수님을 비방하며 욕되게 했지만, 다른 한 사람은 예수님께 긍휼을 구했다. "이르되 예수여 당신의 나라에 임하실 때에 나를 기억하소서 하니"눅 23:42 물론 예수님은 아무 잘못도 없이 우리를 위해 십자가에 달려 계셨지만, 그 강도는 분명 잘못을 저지른 사람이었다. 십자가에 달릴 정도라면 결코 작은 죄는 아니었을 것이다. 그런데 그런 죄인이 예수님에게 자신을 기억해 달라고 간구하고 있다.

　이때 예수님은 어떻게 하셨는가? 예수님께서는 그 죄인을 외면하지 않으셨다. 비록 얼마 전까지만 해도 죄를 일삼으며 사람들에게 손가락질을 받던 강도였지만 예수님은 그의 간구에 화답해 주셨다. "예수께서 이르시되 내가 진실로 네게 이르노니 오늘 네가 나와 함께 낙원에 있으리라 하시니라"눅 23:43 이처럼 예수님은 십자가에 달리신 그 순간에도 강도를 긍휼히 여기시고 품어 주셨다. 모든 사람이 외면하는 그를 기꺼이 품으시고 위로해 주셨다.

치료자 하나님과의 감정적 만남

　이유 없이 싫은 사람, 이유가 있어서 싫은 사람, 절대로 품어 주기 싫은 사람이 우리 곁에 있을 때 우리는 어떻게 해야 할까? 그냥 우리 마음이 내키는 대로 하면 되는 것일까? 아니면 그럼에도 품어야 하는 것일까? 이 상황에서 억지가 아닌, 기쁜 마음으로 상대방을 품으려면 어떻게 해야 할지 하나님의 방법을 살펴보자.

STEP 1_ '너와 나' 모두가 하나님의 귀한 자녀임을 알라
 우리 자신이 하나님의 소중한 자녀이듯, 지금 우리가 외면하고 있는 상대방 역시 하나님의 자녀라는 생각을 놓치지 말아야 한다. 동시에 상대방과 우리가 영적인 형제이며 가족임을 상기해야 한다.

STEP 2_ 지금 누군가의 부족한 모습이 그 사람의 전부가 아님을 알라
 우리가 누군가를 외면하게 되는 이유 중 하나는 사람을 쓸모에 따라 평가하기 때문이다. 그러나 지금은 비록 부족한 면이 보일지라도 그것이 그 사람의 전부가 아님을 알아야 한다. 그 사람도 어딘가에서는 빛을 발할 수 있다는 사실을 인정하고, 귀하고 가치 있게 볼 줄 알아야 한다.

STEP 3_ 하나님이 사람을 어떻게 바라보시는지 살피라
 하나님은 사람을 그 자체로 귀하게 바라보시고 가치 있게 여기신다. 우리 역시 쓸모 있냐 없냐에 따라 상대방을 바라보지 말고 사람 그 자체로 아름답게 바라봐야 한다.

치료자 하나님의 처방전

타인에 대한 나의 외면	① 이유 없이 미운 사람이 있을 때 ② 쓸모없다고 여겨지는 사람이 있을 때

성경 속에서 찾은 나의 감정 : 창세기 38장 6-11절

다말을 오해함으로 인해 그를 가족에서 제외하고 외면하는 유다

유다의 모습	우리의 모습
며느리인 다말을 가족으로 여기지 않았고 마지막 남은 아들을 살리기 위해 다말을 과부로 살게 한다.	상대방이 당장 내게 유익이 되지 않거나 잘못한 일이 있으면 공동체에서 그를 배제시키고 외면하게 된다.

외면하려는 마음을 갖는 우리에게 하나님이 주시는 말씀

"각각 은사를 받은 대로"

내가 할 수 있는 하나님의 방법	하나님의 위로하심
모두가 하나님 안에서 한 가족임을 상기하라.	상대방을 가족으로 품는 순간 나도 모르게 넓은 마음을 갖게 될 것이다.
하나님은 모든 사람을 가치 있게 창조하셨음을 알라.	하나님은 나를 포함한 모든 사람을 가치 있게 사용하신다.
사람을 사람 자체로 소중히 여기라.	하나님은 우리를 그 자체로 사랑해 주신다.

	누군가를 외면하게 될 상황에 대비하기
STEP 1	내가 외면하려는 사람도 영적인 형제라는 사실을 잊지 마라.
STEP 2	상대방의 숨겨진 가치를 알라.
STEP 3	사람을 도구로 여기지 말고 그 자체로 바라보라.

차별

A. 차별당하는 억울한 인생 속에서

나에게 닥친 차별

〈노예 12년〉이라는 영화는 음악가와 노예, 두 인생을 산 한 흑인 남자의 이야기이다. 음악가 노섭은 어느 날 갑자기 사기꾼들에게 속아 노예로 팔려 가게 된다. 자신은 노예가 아니라고 외쳤지만 그럴수록 사람들의 폭력은 심해졌고, 결국 노섭은 모든 것을 체념한 채 노예 인생을 살아가게 된다. 그가 첫 번째로 모신 주인은 인간적인 사람이었지만 빚 때문에 결국 노섭을 팔아 버렸고, 두 번째로 모신 주인은 늘 술에 취해 노섭을 짐승처럼 다루며 악랄하게 괴롭힌다. 그러던 중 캐나다 출신의 목수와 건설 작업을 함께하게 된 노섭은 그가 노예 제도에 반대하는 사람인 것을 알고 그에게 부탁해 마침내 고향으로 편지를 보낼 수 있게 된다. 노섭은 그렇게 편지 한 통으로 불법적이고 차별적인 노예 생활에서 풀려났고 12년 만에 꿈에도 그리던 고향으로 돌아가게 된다.

이 영화는 제86회 미국 아카데미 시상식에서 최고 작품상을 수상했다. 이 영화의 감독을 맡은 스티브 매퀸은 "모든 사람은 생존을 넘어 인간답게 살 자격이 있다. 노예 제도로 고통받던 모든 이에게 이 상을 바친다"라고 수상 소감을 전했다. 아무리 근절하려 해도 이 세상에서 각종 차별은 끊임없이 계속되고 있지만 그래도 희망이 있는 것은 하나님께서는 차별당하는 자와 반드시 함께하시기 때문일 것이다.

내 감정과의 대면

우리는 인생을 살아가면서 여러 공동체에 속하게 된다. 어떤 곳에서는 관심과 사랑을 받아 마음 편히 지내지만, 어떤 곳에서는 원치 않게 차별을 당하기도 한다. 경제적인 이유로 차별받을 때도 있고, 그 밖에도 학력이나 지적인 능력, 외모의 문제 등으로 무시를 당하고 차별을 당하는 경우도 생긴다. 자신의 불성실한 태도 때문이거나 공동체의 뜻에 거스르는 행동 때문에 차별을 당하는 것이라면 상황이 다르겠지만, 이처럼 선천적인 이유로 또는 환경적인 이유 때문에 차별을 당하게 될 때는 그야말로 서러움에 몸서리칠 수밖에 없다.

차별의 문제는 개인적인 차원을 넘어 사회적으로도 엄청난 파장을 일으키고 있다. 학교나 직장에서는 물론이고 심지어 군대에서까지 차별의 문제로 인해 극단적인 선택을 하는 사례가 끊임없이 나타나고 있기 때문이다.

하지만 정신적, 육체적인 고통을 넘어 사람을 비참하게 만들기까지 하는 이 차별의 현실 가운데서도 우리는 희망을 찾을 수 있다. 하나님은 사랑하는 자녀가 차별당하며 사는 것을 가만히 두고 보시지는 않기 때문이다. 하나님은 그 모든 차별 속에 있는 사람들의 오해와 착각을 교정해 주기를 원하시고, 우리가 차별로 인해서 받았던 많은 상처를 치유해 주기를 원하신다.

하나님 말씀과의 대면

"유다가 장자 엘을 위하여 아내를 데려오니 그의 이름은 다말이더라 유다의 장자 엘이 여호와가 보시기에 악하므로 여호와께서 그를 죽이신지라 유다가 오난에게 이르되 네 형수에게로 들어가서 남편의 아우 된 본분을 행하여 네 형을 위하여 씨가 있게 하라 오난이 그 씨가 자기 것이 되지 않을 줄 알므로 형수에게 들어갔을 때에 그의 형에게 씨를 주지 아니하려고 땅에 설정하매 그 일이 여호와가 보시기에 악하므로 여호와께서 그도 죽이시니 유다가 그의 며느리 다말에게 이르되 수절하고 네 아버지 집에 있어 내 아들 셀라가 장성하기를 기다리라 하니 셀라도 그 형들 같이 죽을까 염려함이라 다말이 가서 그의 아버지 집에 있으니라"창 38:6-11

하나님은 사소한 차별 하나도
놓치지 않으신다

그렇다면 하나님께서는 이런 차별의 문제를 어떻게 해결하실까? 하나님께서는 형제들에게 차별당해 노예로 팔려 간 요셉을 고대 근동의 7년 기근을 구원하는 역사적인 인물로 키우셨고, 가족에게 차별당해 내쫓기어 희망이 없는 과부 다말을 통해서는 다윗 왕조를 일으키셨으며, 사울 왕에게 미움받고 차별당한 다윗은 그 후손을 통해 인류를 구원하는 예수 그리스도를 탄생하게 하셨다.

하나님께서는 이처럼 세상에서 차별받는 인생 그 누구도 결코 차별하지 않으시고 귀하게 사용하셨다. 특히 창세기 37장과 39장에 있는 요셉의 이야기 사이 38장에 다말의 이야기를 넣음으로써 버림받은 과부도 차별하지 않으시는 모습을 드러내기도 하셨다.

사실 당시에 억울한 일을 당하는 사람은 이들 외에도 많았을 것이다. 그러나 하나님께서는 그중에서도 가장 힘없고 가장 차별당하는 자리인 '과부'의 삶을 살고 있는 다말을 언급하시면서 우리에게 구체적으로 희망을 보여 주신다. 이렇게 하나님께서는 핍박받고 연약한 여인의 사소하면서도 억울한 일을 통해 하나님의 놀라운 일들이 진행되고 있음을 우리에게 알려 주기를 원하신다. 그렇다면 이처럼 사소한 것 하나도 놓치지 않고 차별하지 않으시는 하나님의 역사는 어떤 방식으로 진행되는 것일까? 하나님께서는 우리가 경험하는 차별의 문제를 어떻게 막아 주실까?

: 하나님은 제도적으로도 보완책을 마련해 주시는 분이다

우리는 사회적인 또는 종교적인 제도 때문에 마음에 커다란 상처를 안게 될 때가 있다. 다말의 남편인 엘은 하나님 보시기에 악했기에 하나님께서 그를 죽음에 이르게 하셨다. 남편의 악함 때문에 다말은 졸지에 과부가 되었고, 심각한 생활고에 시달릴 위기에 내몰리게 된 것이다. 이는 당시 이스라엘에서는 과부에게 재산을 상속하지 않았기 때

문으로, 다른 고대 근동의 모든 나라에서는 남편이 죽으면 아내가 재산을 상속받는 관례가 있었지만 특별히 이스라엘만은 제도적으로 그렇게 되어 있지 않았다.

대신 하나님께서 주신 제도적인 보완책으로 '형사취수兄死娶嫂 제도'라는 것이 있었다. 이는 '시형제 결혼법'이라고도 하는데, 만약 남편이 자식 없이 일찍 죽게 되면 남편의 가장 가까운 친척이 자식을 남기도록 하는 법이다. 다시 말해 죽은 남편의 형제가 그 과부에게 자식이 생기도록 해주는 제도인 것이다. 그렇게 되면 과부는 자식으로 인해 재산을 상속받게 되고, 그로 인해서 경제적으로도 안정될 수 있게 되는 것이다.

마찬가지로 룻도 이 제도로 인해 남편과 형제들, 시아버지마저 모두 죽어 어린 과부로 대를 잇지 못하게 되었을 때 나름의 구제책을 얻을 수 있었다. 이렇게 남편의 형제가 다 죽으면 가장 가까운 친척 중에 한 남자가 그 의무를 행하여 자손을 남겨 줄 수 있었는데, 족보상으로 가까운 남자들이 모두 거부하자 나중에 보아스라는 의로운 사람이 그 의무를 행하여 룻으로 하여금 자식을 갖게 하였다. 이를 통해 룻은 다윗의 혈통을 이어갈 수가 있게 된 것이다.

이처럼 하나님께서는 우리가 제도적으로 억울한 일을 당하는 것을 그대로 내버려 두지 않으신다. 또 다른 제도적인 보완을 통해서 이런 억울함을 회복해 주신다.

: 작은 일 하나도 놓치지 않고 긍휼로 갚아 주신다

하나님은 사소한 개인적인 차별과 멸시도 반드시 보응하시는 분이다. 다말의 시동생인 오난은 제도에 따라 형수와 동침하여 하나님의 명령에 순종하는 듯했지만 실제로는 거역한 것이나 다름없었다. 그는 다말을 통해 자식을 낳아도 자신의 자식이 아니라 형의 자식이 된다고 생각했기에 비록 다말과 동침은 한다 해도 아이는 가질 수 없도록 한 것이다. 어찌 보면 이 일은 별일 아닌 것처럼 여겨질 수도 있다. 그러나 반드시 자식을 낳아야만 하는 다말의 입장에서는 참으로 서러운 일이 아닐 수 없다. 시동생마저도 자신을 능욕하니 다말의 상처는 더욱 클 수밖에 없는 것이다.

이런 오난의 모습을 하나님께서는 매우 악하게 보셨다. 하나님의 거룩한 말씀을 준행하지는 않고, 다말의 운명을 비웃기라도 하듯 오난은 의무를 행하지 않았기 때문이었다. 그는 다말이 받아야 하는 혜택을 받지 못하게 했으며, 다말이 과부가 되어 자식 없이 비천하게 살아야 하는 것에 대한 배려도 하지 않았다. 그렇게 그는 남자의 욕정을 즐기는 것으로 끝내려 했고, 그런 모습을 하나님께서 얼마나 악하게 보셨는지 결국 그를 죽음에 이르게 하셨다.

과부로서 차별당하는 삶을 사는 것만도 서러운데, 자식까지 낳을 수 없게 된 다말의 처지를 하나님께서는 누구보다 잘 알고 계셨다. 하나님은 우리의 억울함도 이처럼 세세하게 살펴보시는 하나님이시다. 천지를 창조하시고 거대한 우주를 움직이시는 하나님이시지만, 남녀관계

속에서 이루어지는 사소해 보이는 일도 그냥 넘기지 않으시고 하나하나 살펴주시는 분이다. 그 안에서 존재하는 차별을 용납하지 않으시고, 누군가가 멸시당하는 것 또한 결코 용서하지 않으신다.

그러므로 누군가에게 차별당하고 멸시당할 때 우리는 억울해하고 분하게 생각할 필요가 없다. 그로 인해 스스로 고통받을 필요도 없다. 하나님께서는 우리가 억울한 일을 당하고 개인적으로 차별받는 일을 결코 가볍게 여기시는 분이 아니기 때문이다. 우리가 세상에서 어떤 형편에 있든지 하나님은 한 사람, 한 사람을 우주 전체만큼이나 소중하게 여기시기 때문이다.

오난은 아무도 모르게 저지른 자신의 행위가 이처럼 온 천하에 드러날 것이라고 감히 상상이나 했을까? 성경에 기록되어 대대로 폭로될 것을 짐작이나 했을까? 그러나 하나님께서는 누군가를 차별하고 멸시한 사람을 이처럼 분명히 보응하신다. 이처럼 우리는 차별로 인해 당장은 억울하고 괴로울지라도, 하나님께서 우리의 억울한 형편을 헤아리고 계심을 잊지 말아야 한다. 그리고 하나님께 그 억울함을 아뢰어야 한다. 하나님께서는 반드시 응답해 주시고 도와주시기 때문이다.

: **차별받는 삶 속에 하나님의 놀라운 계획이 있다**

하나님께서는 우리를 무엇으로도 차별하지 않으신다. 이 말에는 '하나님께서는 우리가 누구이든지 사랑하신다'는 뜻 외에도 또 다른 의미가 내포되어 있다. 그것은 바로 하나님은 차별받는 자를 돌아보심으로 인해 '아무리 미천한 자라 해도 하나님의 뜻이 그 인생 가운데 있다'는 것을 보여 주시는 것이다. 별 볼 일 없고 미약한 인생이라 해도 위대한 삶을 사는 그 누구와도 결코 차별되지 않음을 알려 주시는 것이다.

사실 하나님이 엘과 오난을 죽이신 것을 보면 조금 의문이 들기도 한다. 유다의 입장에서 보면 금쪽같은 아들이 둘이나 죽었으니 얼마나 억울한 일이겠는가. 그렇다면 왜 하나님께서는 겨우 한 여인을 위해 두 남자나 죽이신 것일까? 그 이유는 바로 다말이라는 여인의 초라하고 보잘것없는 인생이 그 여인 한 사람의 문제로 끝나지 않기 때문이었다. 여인의 사소하고 초라해 보이는 인생 속에 한 나라의 왕조가 있기 때문이었다. 즉 다말이 아니면 하나님의 계획에 차질이 생기기 때문이다. 그렇기에 하나님의 계획을 이루지 못하게 하는 오난이 하나님이 보시기에는 악할 수밖에 없었던 것이다. 다말을 능욕하고 멸시해 차별받는 인생을 살게 하는 것은 하나님 나라의 일에 방해가 되는 것이니까 말이다.

이렇듯 하나님은 가장 미천해 보이는 자의 인생을 통해 이스라엘의 왕조가 나오게 하셨다. 결국 그 작아 보이는 인생 속에 하나님의 거대한 뜻이 있었고 하나님의 나라가 있었던 것이다. 하나님은 굉장한 여인의 몸을 통해 이스라엘의 왕조를 이루신 것이 아니라 모든 사람에게 차별당하고 가문에서도 버림받은 젊은 과부를 통해 놀라운 역사를 진행해 나가셨다. 이로써 하나님의 뜻이 차별받는 인생을 사는 한 여인의 몸을 통해 이루어짐을 보여 주고자 하신다.

약하디약한 그들이
하나님의 나라를 이루어 갈 자들이다

보잘것없고 멸시와 차별 속에 사는 사람들의 삶 속에 하나님의 뜻이 있다. 그래서 하나님은 자신을 가리켜 왕들의 하나님이라고 하지 않으시고 '고아와 과부와 나그네의 하나님'이라고 말씀하셨다. "고아와 과부를 위하여 정의를 행하시며 나그네를 사랑하여 그에게 떡과 옷을 주시나니 너희는 나그네를 사랑하라 전에 너희도 애굽 땅에서 나그네 되었음이니라"신 10:18-19 세상에서 높은 사람들 대신 고아와 과부와 나그네의 하나님이라 하신 것은 무엇을 의미하는가. 이것은 바로 하나님의 크신 능력을 약하고 차별받는 그들을 위해 사용하시겠다는 뜻이다.

신약성경에서도 하나님은 이러한 마음을 잘 드러내신다. "하나님 아버지 앞에서 정결하고 더러움이 없는 경건은 곧 고아와 과부를 그 환난 중에 돌보고 또 자기를 지켜 세속에 물들지 아니하는 그것이니라"약 1:27 하나님 앞에서 정말로 경건한 것은 바로 고아와 과부를 환난 중에 돌아보는 것이다. 이처럼 지극히 미약한 사람들에게 어떻게 행하는지가 우리 신앙의 경건의 여부를 결정하게 된다. 하나님은 바로 그들의 하나님이시기 때문이다. "이에 임금이 대답하여 이르시되 내가 진실로 너희에게 이르노니 이 지극히 작은 자 하나에게 하지 아니한 것이 곧 내게 하지 아니한 것이니라 하시리니"마 25:45 하나님께서는 약하고 차별받는 자들의 하나님이 되어 주심과 동시에 그들을 부끄럽게 여기지 않으시고 오히려 귀하게 여겨 주신다. 그들은 바로 하나님의 나라를 이루어 갈 존재들이기 때문이다.

이렇듯 하나님의 일이 진행되는 방법은 우리의 생각을 초월한다. 성경을 가만히 들여다보자. 하나님께서 기적을 일으키실 때나 이 시대에 그 영광을 나타내실 때 어떤 방법으로 이루어지고 있는가? 하나님은 차별당한 사람들의 억울함을 풀어 주시면서 하나님의 일을 진행하신다. 차별받는 이들이 차별받지 않게 해주시면서 위대한 일을 이루신다. 그러므로 우리는 지금 당장은 차별 가운데 있다 해도 조금만 더 힘을 내어 하나님을 바라보자. 하나님 나라의 주인공이 될 것을 기다리며 인내한다면 반드시 하나님이 갚아 주시는 역사를 체험할 수 있을 것이다.

예수님은 억울한 이들을 돌보셨고
억울하게 죽으셨다

예수님께서 이 땅에 계실 때도 차별받아 억울한 인생들과 항상 함께 하셨다. 또한 예수님의 십자가 고난 역시 죄인으로 오해받고 차별당해 가장 억울하고 비천한 죽음을 맞으셨다. 그러나 그 억울한 죽음은 인류 구원의 역사를 완성하는 영광으로 바뀌어졌고, 마침내 그 일을 통해 우리는 하나님과 단절되었던 관계를 회복할 수가 있었다.

지금도 예수님은 우리의 억울한 눈물을 닦아 주고 계신다. 차별당하는 우리의 삶을 은혜로 갚아 주신다. 그리고 그 가운데서 하나님 나라가 잉태되게끔 역사하신다.

치료자 하나님과의 감정적 만남

 억울한 차별 속에서 우리는 어떤 마음을 갖는가? 이를 악물고 주먹을 불끈 쥔 채 '지금의 이 처지를 극복하겠노라' 안간힘을 쓰고 있지는 않은가? 지금 우리에게 필요한 것은 서러움도, 분노도, 복수도 아닌, 바로 하나님의 은혜이다. 차별로부터의 진정한 구원은 하나님 손에 달려 있다.

STEP 1_ 사소한 차별의 아픔도 놓치지 않으시는 하나님을 보라
 하나님은 차별 속에서 경험하는 우리의 사소한 아픔과 시련을 놓치지 않고 지켜보시며 기억하신다. 필요할 경우에는 제도까지 만들어서 우리를 도우신다. 이렇게 하나님이 알아주신다는 것만으로도 우리는 희망을 얻을 수 있다.

STEP 2_ 보잘것없는 인생 속에서 하나님의 역사를 기대하라
 보잘것없는 인생이라 해도 하나님의 나라에서는 그렇지 않다. 오히려 하나님께서는 차별당하고 사소해 보이는 그 인생을 통해 하나님의 진가를 보이시며 역사를 이루어 가신다. 그러므로 차별의 상황은 영광의 문을 여는 열쇠가 될 수 있다.

STEP 3_ 차별당하고 억울한 자들이 만들어 내는 하나님의 나라를 보라
 사람들을 억압하고 차별하는 자들은 결코 하나님의 나라를 만들 수 없다. 하나님의 나라의 주인공이 될 수도 없다. 하나님은 약자로서 차별받고 억울함을 당하는 자들과 더불어 하나님의 나라를 건설해 가신다.

치료자 하나님의 처방전

나에게 닥친 차별	① 잘못한 것이 없는데 차별당할 때 ② 오해로 인해 억울하게 차별당할 때

성경 속에서 찾은 나의 감정 : 창세기 38장 6-11절

유다와 오난으로부터 차별을 받고 과부로서 불행한 인생을 살 위기에 처한 다말

다말의 모습	우리의 모습
자신이 잘못하지 않았음에도 한 가문으로부터 버림받을 상황에 놓였다.	선천적이거나 환경적인 이유로 억울하게 차별을 받고 내쳐지게 되었다.

차별로 눈물 흘리는 우리에게 하나님이 주시는 말씀

"고아와 과부를 위하여 정의를 행하시며"

내가 할 수 있는 하나님의 방법	하나님의 위로하심
하나님은 다 지켜보시며 기억하신다.	나는 대응하지 못하지만 하나님은 다 대응하고 보응해 주신다.
차별당하는 인생 가운데 하나님의 역사가 나타난다.	하나님은 나를 통해 하나님이 하나님 되심을 보이신다.
하나님의 나라는 차별당하는 자들의 것이다.	세상에서 버림받는다 할지라도 하나님은 나를 높이신다.

	삶 가운데 찾아올 차별에 대비하기
STEP 1	차별로 인한 아픔을 하나님은 다 아신다는 것을 기억하라.
STEP 2	보잘것없어 보이는 내 인생이 구원 역사의 도구임을 알라.
STEP 3	하나님 나라의 주인공다운 면모를 가지라.

차별

B. 나도 모르게 누군가를 차별하고 있을 때

타인을 향한 나의 차별

제2차 세계 대전이 한창이던 당시, 독일의 사업가 오스카 쉰들러는 유태인이 운영하던 한 공장을 인수하기 위해 찾아간다. 기회주의자에 약삭빠른 사업 수완을 가진 쉰들러는 전쟁의 참상 따위는 안중에도 없었고, 오직 수용소에 갇힌 유태인들을 데려다 인건비 한 푼 들이지 않고 공장을 운영할 생각에 들떠 있었다. 하지만 그런 과정에서 쉰들러는 독일군의 야만적인 유태인 살인 행각을 점점 알게 되면서 조금씩 마음이 흔들리기 시작한다. 전쟁과 차별의 고통 속에 괴로워하는 유태인들의 현실을 비로소 알게 된 것이다. 유태인을 오직 돈벌이로만 생각해 왔던 쉰들러는 마침내 그들을 수용소에서 구해 내기로 결심한다. 자신의 공장에서 일을 시키겠다는 명분으로 독일군에게 돈을 주고 유태인들을 빼내 오기 시작한 쉰들러는 공장의 재정이 점점 어려워지자 자신의 재산까지 팔아 그들을 구하기에 이르렀고 그렇게 1,100명이 넘는 유태인이 쉰들러에 의해 목숨을 건질 수 있었다. 전쟁이 끝난 후 더 많은 유태인을 살려 내지 못한 것을 후회하는 쉰들러에게 그의 일을 돕던 유태인 회계사는 이렇게 말한다. "한 사람을 구하는 것이 곧 세계를 구하는 것입니다." 이 실화가 바로 영화로도 유명한 〈쉰들러 리스트〉이다.

내 감정과의 대면

우리는 살면서 본의 아니게 사람을 구분해서 보게 될 때가 있다. 가령 잘 보여야 할 사람과 굳이 잘 보일 필요가 없는 사람이 있다면 우리는 자신도 모르게 두 사람을 대하는 태도가 각각 달라지게 되는 것이다. 혹은 같은 지역 출신이거나 같은 학교 선후배를 만나게 되면 아무래도 그런 공통점이 없는 다른 사람에 비해 더 잘해 주게 되고 애정을 쏟게 된다. 그러나 이것을 가만히 생각해 보면 우리가 누군가에게 각별히 애정을 쏟는다는 것은 반대로 그 사람이 아닌 다른 사람은 본의 아니게 차별하게 되는 것이고, 그렇게 되면 자연히 우리의 관심에서도 벗어나 우리가 줄 수 있는 도움의 손길에서도 점차 멀어지게 된다는 뜻이 된다.

이처럼 차별은 의도치 않게 우리의 삶 속에 깊숙이 들어와 있다. 겉으로 불합리한 처우를 하지는 않는다 해도 내심 차별적인 마인드를 갖게 되는 것은 어찌 보면 피할 수 없는 현실인 것처럼 보인다. 비록 행동은 그렇지 못할지라도 마음만은 모든 사람을 동등하게 여긴다면 좋겠지만, 연약한 인간으로서 그것은 무리일 것이다.

그런데 차별보다 더욱 심각한 문제는 이처럼 '우리는 어쩔 수 없이 차별을 하게 된다'는 현실적 전제 뒤에 숨어 우리 스스로 누군가를 차별하는 것을 너무나 당연시하는 것에 있다. '저 사람은 나와 다르니까', '저 사람은 많이 부족하니까' 차별받아 마땅하다고 여기는 것이다. 하지만 과연 우리의 이런 생각을 하나님께서도 허용하실까? 차별당하는 자를 감싸 주시고 위로해 주시는 하나님께서 이런 우리의 생각을 가만히 두고 보실까? 결코 그럴 리가 없다. 하나님께서는 우리의 이러한 생각과 마음을 고칠 수 있도록 반드시 조정하신다.

그렇다면 우리 마음속에 차별하고 싶은 감정이 생기고 그것을 정당화하려 할 때 우리는 과연 어떻게 해야 할까? 하나님은 우리가 어떻게 하길 원하실까?

하나님 말씀과의 대면

"유다가 장자 엘을 위하여 아내를 데려오니 그의 이름은 다말이더라 유다의 장자 엘이 여호와가 보시기에 악하므로 여호와께서 그를 죽이신지라 유다가 오난에게 이르되 네 형수에게로 들어가서 남편의 아우 된 본분을 행하여 네 형을 위하여 씨가 있게 하라 오난이 그 씨가 자기 것이 되지 않을 줄 알므로 형수에게 들어갔을 때에 그의 형에게 씨를 주지 아니하려고 땅에 설정하매 그 일이 여호와가 보시기에 악하므로 여호와께서 그도 죽이시니 유다가 그의 며느리 다말에게 이르되 수절하고 네 아버지 집에 있어 내 아들 셀라가 장성하기를 기다리라 하니 셀라도 그 형들 같이 죽을까 염려함이라 다말이 가서 그의 아버지 집에 있으니라" 창 38:6-11

 차별은 선입견에서 비롯된
착각이다

  차별하는 마음을 버리기 위해 우리가 먼저 알아야 할 것은 차별의 근원지이다. 조금 더 분명하고 객관적으로 그 감정의 뿌리를 알게 된다면 자신의 감정이 수정되어야 함을 느낄 수 있을 텐데, 그 과정을 생략해 버리니 태도를 고치지 못하는 것이다.

  그렇다면 차별하게 되는 감정의 근원은 무엇일까? 그것은 바로 우리가 가진 '선입견'이다. 어떻게 보면 선입견은 오해의 범주 안에 포함된 것이라고도 볼 수 있다. 우리는 상대방을 볼 때 의식적으로나 무의식적으로 평가를 하게 된다. 외모로 평가하기도 하고, 지위로 평가하기도 하며 혹은 성별이나 나이, 출신 학교 등으로 평가하기도 한다. 어쩔 때는 대화 중에 나타난 상대방의 사고방식이나 이념적인 부분으로 평가할 때도 있다. 그리고 그런 평가들이 모여 우리 머릿속에는 '저 사람은 이런 사람이겠구나' 하고 어떠한 선입견을 형성하게 된다. 그러면서 결국에는 잘 알지도 못하는 상대방에 대해 나름대로 자체 평가 보고서를 완성하여 자신의 마음에 제출한다. 결코 길지 않은, 아주 짧은 시간 안에 말이다.

  그런데 우리 마음에 이미 제출해 버린 이 보고서가 과연 객관적이고 정확할까? 결코 그럴 리가 없다. 물론 무의식적으로 다가온 생각들을 우리 힘으로 막을 수는 없겠지만, 적어도 이것이 주관적인 감정에 불과하다는 것은 인식할 수 있어야 한다. 그리고 이러한 선입견이 차별로 이어지지 않게 하기 위해서 우리는 다음의 두 가지를 반드시 생각해 봐야 한다.

: 하나님께서는 과연 내 생각에 동의하실까

이 세상에서 상대방에 대해 완전히 객관적인 판단을 할 수 있는 사람이 과연 존재할까? 단도직입적으로 말해 이 세상에 그럴 수 있는 사람은 없다. 한 사람에 대해 정확하게 모든 것을 알고 있는 유일한 분은 바로 하나님뿐이시다. 전지전능하신 하나님만이 그 사람의 모든 것을 다 아실 수 있다. 하나님은 그 사람 자신조차 모르는 것도 다 알고 계시며 그의 심중에서 비롯된 생각까지도 다 간파하신다. 그 사람도 몰랐던 자신의 잠재력과 가능성도 다 알고 계시며, 그가 인식하지 못하는 허점이나 단점도 모두 아신다.

그런데 그처럼 그 사람에 대해 모든 것을 다 아시는 하나님께서 그 사람을 어떻게 대하시는지를 보라. 그의 허점과 단점을 알고 계시기에 그것으로 그를 미워하실까? 차별하실까? 하나님께서는 그 모든 허물을 다 알고 계심에도 그 사람을 오직 사랑으로 감싸 주신다. 물론 책망하시는 경우도 있지만 그조차도 사랑에서 기인한 것일 뿐 결코 차별적인 마음에서가 아니다. 이처럼 모든 것을 다 아시는 하나님도 그렇게 하지 않으시는데, 그 사람에 대해 제대로 아는 것이 거의 없는 우리가 과연 그 사람을 차별적인 태도로 대할 수 있는 것일까? 우리가 알고 있는 아주 작은 지식과 정보에 의존해 그 사람을 대적하거나 미워

해도 되는 것일까?

유다의 경우를 살펴보자. 유다는 자신의 아들이 둘씩이나 죽자 다말에 대해 좋은 시선을 가지고 있을 수가 없었을 것이다. 당연히 유다는 다말에 대해 좋지 않은 선입견에 휩싸이게 되었고, 그로 인해 다말을 가문에서 내치는 차별적 선택을 하고 말았다. 그러나 다말에 대해 완벽히 아시는 하나님은 그러지 않으셨다. 다말이 가진 문제점보다는 다말의 부족한 점과 억울한 점을 더 크게 보시고 품어 주셨다. 만약 유다가 하나님의 이런 마음을 이해하려고 노력했다면 다말을 그토록 쉽게 내치지는 못했을 것이다.

그러므로 우리도 차별의 감정 앞에서 하나님을 떠올려야 한다. 언뜻 보기에는 쉬운 일 같지만, 많은 사람이 이 간단한 것을 행하지 못하고 있다. 차별의 감정에 휩싸이면 아무것도 들리지 않고, 오로지 자기 마음속에 제출된 상대방에 대한 자체 평가 보고서만을 보고 있기 때문이다.

이제 우리도 하나님을 떠올리는 습관을 들여야 한다. 모든 것을 아시는 하나님도 상대방을 비난하지 않고 계심을 안다면, 우리는 상대방을 차별하려다가도 그 행동을 멈출 수밖에 없을 것이다. 또한 하나님께서 그 사람의 모든 부족한 점을 품어 주심을 아는 이상, 우리가 알고 있는 작은 부분을 가지고 상대방을 쉽게 판단하고 배척할 수도 없게 될 것이다.

: 차별은 상대방과 친해질 기회이다

잘못된 선입견으로 상대방을 차별적으로 대하고 있다면, 이를 해결하는 방법은 선입견을 버리는 일일 것이다. 그렇다면 선입견을 버린다는 것은 무엇을 의미할까? 우리가 알고 있는 것이 전부라고 믿지 않고, 상대방에 대해 보다 더 잘 알기 위해 노력하는 것을 말한다. 그러기 위해서는 무엇보다 서로 간의 '사귐'이 절실히 필요하다.

다시 말해 우리의 선입견으로 인해 상대방을 차별하게 되는 상황이 생겼을 때 우리는 밀려드는 감정들을 그대로 내버려 두어서는 안 된다. 눈에 보이는 대로, 마음 가는 대로 그냥 차별해 버리는 것은 하나님을 알지 못하는 자들의 수준에서 벗어나지 못하는 행동이다. 하나님의 자녀라면, 우리는 그 벽을 넘을 수 있어야 한다. 우리 마음에 밀려든 차별을 오히려 상대방과 더 깊은 관계를 가질 수 있는 기회로 여기고 우리가 먼저 손을 내밀어야 한다.

분명한 것은 그렇게 손을 내밀면 그 결과는 반드시 장밋빛이라는 것이다. 상대방을 알아 가면 알아 갈수록 선입견은 사라질 수밖에 없고, 상대방에 대한 진심을 알게 될 수밖에 없기 때문이다. 특히 상대방을 차별하고 싶을 정도로 부정적인 생각을 가지고 있었다면 기대하는 부분 또한 없었을 것이기에, 이제부터 새롭게 알아 가는 모습들이 오히려 생각보다 긍정적으로 다가올 수도 있을 것이다. 그렇게 되면 자연히 선입견은 사라지고 차별을 정당화했던 우리의 오만함도 버릴 수 있게 된다.

만약 유다가 다말에 대해 마음을 열고 조금 더 알아 갔다면 과연 어떻게 됐을까? 한 가족이니만큼 더 많은 대화를 나누고 서로 위로하며 시련을 함께 극복해 갔더라면 이처럼 단호하게 다말을 내치지는 않았을 것이다.

차별의 순간에
입장을 바꾸어 보아라

상대방에 대해 부정적인 감정이 들고 그로 인해 그릇된 태도를 갖게 될 때, 우리에게 꼭 필요한 것이 있다. 바로 입장을 바꾸어 보는 것이다. 물론 입장을 바꾸어 상대방의 심정을 헤아려 보고 상대방의 상황을 이해하는 것은 비단 차별이라는 영역에서만 해당되는 것은 아니다. 하지만 이것은 상대방에 대한 부정적인 마음을 제거할 때 필수적으로 거쳐야 하는 단계이다. 만약 우리가 차별을 당하는 피해자의 입장을 조금이라도 생각해 본다면 차별을 가하는 가해자 노릇을 더는 하기 힘들 것이 분명하기 때문이다. 차별의 아픔을 한 번이라도 느껴본 적이 있다면, 그것이 얼마나 잔인하고 눈물 나는 일인지를 잘 알기 때문이다.

: 차별의 기억만 떠올려 보아도

'못생긴 나무가 산을 지킨다'는 말이 있다. 이는 우리 주변만 보아도 쉽게 알 수 있는 말이다. 특별히 좋은 대우를 받고 자란 자녀보다 상대적으로 사랑받지 못하고 차별받고 자란 자녀가 오히려 부모님 곁을 지키고 더 효도하는 것만 봐도 그렇다. 우리나라의 경우 남존여비 사상이

심했던 과거 시절, 부모가 아들은 극진히 챙겨 주는 반면 딸에게는 그렇게 하지 못했던 경우가 많았다. 딸은 그저 아들을 챙겨 주기 위한 도구처럼 여길 정도였으니 말이다. 그러나 아이러니하게도 자녀가 모두 성장한 후에는 오히려 그토록 차별받던 딸이 어려서부터 사랑받고 자란 아들보다 부모에게 더 잘하게 되곤 한다. 자신이 무시당하고 차별당했을 때 서러웠듯이 늙으신 부모님만은 무시당하고 차별당하는 그 고통을 겪지 않게 해드리고 싶은 것이다.

혹여라도 우리가 살면서 누군가를 차별하게 되는 순간이 오게 된다면, 차별받고 자랐지만 더 큰 효도를 하는 딸들의 심정을 떠올려 보자. 각자마다 인생의 어느 구간에서 분명 한 번쯤은 받았을 차별을 떠올려 보며, 상대방은 그런 서운함과 억울함을 당하지 않게 해줘야겠다는 선한 마음을 가져 보자.

: 하나님은 우리에게 이런 기억력을 요구하신다

하나님께서는 우리에게 똑똑하고 머리 좋은 사람이 되라고 요구하지는 않으신다. 그러나 특별한 영역에서만큼은 특출한 기억력을 가지라고 명하신다. 그것은 바로 '차별의 문제'에 관한 기억력이다.

하나님께서는 우리에게 무시당하고 차별받는 사람들을 억울하게 하지 말라고 말씀하셨다. 차별의 마음이 들 때마다 과거의 기억을 끄집어내라고 하시며, 이스라엘 백성에게 차별받는 사람을 볼 때마다 애굽에서의 기억을 떠올리라고 하셨다. "너는 객이나 고아의 송사를 억울하게 하지 말며 과부의 옷을 전당 잡지 말라 너는 애굽에서 종 되었던 일과 네 하나님 여호와께서 너를 거기서 속량하신 것을 기억하라 이러므로 내가 네게 이 일을 행하라 명령하노라"신 24:17-18

이스라엘 백성이 경험한 애굽에서의 삶은 어떠했는가? 그들은 그야말로 무자비한 차별의 현장을 경험해야만 했다. 잘못이 없어도 히브리인이라는 이유만으로 극심한 차별 대우를 받아야만 했으니 얼마나 서글프고 고통스러웠을까? 그래서 하나님께서는 이스라엘 백성을 향해, 차별받는 사람을 볼 때마다 그 기억을 떠올린다면 차별의 문제를 충분히 극복할 수 있을 것이라 말씀하신 것이다. 차별로 인해 받았던 과거의 고통을 기억한다면, 그 누구도 자신들의 차별로 인해 고통받게 하고 싶지는 않을 테니 말이다.

이제 우리는 하나님이 요구하시는 그 기억력을 갖추자. 다른 것은 다 기억하지 못해도 차별의 기억, 그리고 그 가운데 받은 은혜의 기억은 반드시 품고 가자. 그리고 그 기억을 바탕으로 차별이 아닌 은혜를 전하는 사람이 되자.

종교 지도자들은 차별했지만
예수님은 품으셨다

예수님은 공생애 기간 동안 세리와 창기들과 어울리셨다. 당시 세리는 유대 사회에서 사람들로부터 손가락질을 받는 직업이었고 창기 역시 매우 천대받고 외면받는 직업이었다. 사람들은 그들을 늘 차별했고 사람대접도 해주지 않았다. 특히 종교 지도자들은 거룩을 추구해야 한다며 그들을 더욱 멸시하고 차별했다.

그러나 예수님은 오히려 그들과 함께하셨고 그때마다 종교 지도자들의 비난을 감수하셔야 했다. "모든 세리와 죄인들이 말씀을 들으러 가까이 나아오니 바리새인과 서기관들이 수군거려 이르되 이 사람이 죄인을 영접하고 음식을 같이 먹는다 하더라"눅 15:1-2 종교 지도자들은 차별이라는 벽을 끝내 넘지 못했고 그로 인해 하나님 나라와는 거리가 먼 삶을 살게 되었다. 그런 그들에게 예수님께서는 "내가 진실로 너희에게 이르노니 세리들과 창녀들이 너희보다 먼저 하나님의 나라에 들어가리라"고 말씀하셨다. 이처럼 우리는 예수님이 말씀하신 '하나님 나라'와 '차별'이라는 행동이 얼마나 동떨어진 영역인지를 분명히 기억해야 할 것이다.

치료자 하나님과의 감정적 만남

타인을 차별하고자 하는 마음이 들 수는 있겠지만 우리가 그것을 정당화하고 계속해서 제어하지 못한다면 하나님 나라와는 점점 멀어질 수밖에 없다. 차별의 마음이 들 때 우리는 어떻게 해야 할까?

STEP 1_ 하나님은 어떻게 생각하실지 떠올리라

선입견을 가지고 상대방을 판단하고 차별해서는 안 된다. 전지전능하신 하나님도 인간을 차별하지 않으신다. 그들의 부족함, 악함을 다 아시고도 품어 주신다.

STEP 2_ 상대방을 알아 감으로써 차별과 멀어져라

차별은 그 사람을 잘 모르기 때문에 생겨나는 감정이다. 우리가 지금 아는 것이 그 사람의 전부가 아닐 수 있다는 생각으로 마음 문을 열고 상대방에게 다가가 보자.

STEP 3_ 차별당했던 순간을 기억하라

우리가 예전에 차별당했던 상처와 그때 회복하게 해주신 하나님의 은혜를 생각하면서 지금 차별받고 있는 상대방의 마음을 헤아릴 수 있어야 한다.

치료자 하나님의 처방전

| 타인을 향한 나의 차별 | ① 차별을 정당화할 때
② 차별인 줄 알면서도 그 마음을 멈추지 못할 때 |

↓

성경 속에서 찾은 나의 감정 : 창세기 38장 6-11절

다말에 대해 일방적으로 마음 문을 닫은 채 차별하여 결국 다말을 가문에서 쫓아내는 유다

↓

유다의 모습	우리의 모습
다말에 대해 잘 알지 못한 채 배척했으며 다말을 향한 하나님의 마음을 헤아리지 못했다.	차별하는 것이 때로는 정당하고 정의로운 일이라고 착각한다.

↓

차별의 유혹에 넘어가는 우리에게 하나님이 주시는 말씀

"너는 애굽에서 종 되었던 일과 네 하나님 여호와께서 너를 거기서 속량하신 것을 기억하라"

↓

내가 할 수 있는 하나님의 방법	하나님의 위로하심
선입견을 버리도록 노력하라.	나는 상대방보다 더 부족할 수 있는데 하나님께서 나를 품어 주셨다.
상대방에게 마음 문을 열고 친밀한 관계를 시작하라.	하나님께서 상대방을 나의 좋은 친구로 예비하셨을 수 있다.
차별당했을 때의 아픔을 기억해 보라.	은혜받은 만큼 베풀면 더 큰 은혜가 임한다.

↓

	차별의 마음이 들 상황에 대비하기
STEP 1	하나님도 우리를 차별하시는지 생각해 보라.
STEP 2	상대방을 알아 가려고 노력하라.
STEP 3	우리가 당했던 차별의 아픔을 떠올리며 차별하고 싶은 마음을 참으라.

정죄

A. 나에게 돌을 던지는 사람들 앞에서
나를 향한 정죄

　11세기 중세 역사에 '카노사Canossa의 굴욕'이라는 유명한 사건이 있었다. 당시 교황이었던 그레고리오 7세Gregorius Ⅶ가 성직자 임명권을 황제에게서 다시 가져오는 과정에서 신성로마제국의 황제 하인리히 4세Heinrich Ⅳ가 이에 대항하자 교황이 황제를 파문해 버린 사건이었다. 이는 교황권이 왕권을 압도했음을 보여 주는 상징적인 사건으로, 당시 파문을 당한다는 것은 한 인간으로서 그 어떤 대우도 받지 못함을 의미했고 가령 누군가 파문당한 사람을 돌로 친다 한들 아무 잘못도 되지 않을 정도였다. 그런데 놀랍게도 황제 하인리히 4세는 자신을 파문한 교황 그레고리오 7세를 만나기 위해 이탈리아 북부의 카노사 성으로 찾아가 무릎을 꿇었다. 이 일이 있고 난 후 한동안은 교황의 권위가 황제의 권위를 누르는 시대가 이어졌다.

　사실 그 어떤 법적인 기준이나 사회적인 동의 없이 그저 자신의 생각에 반대했다는 이유만으로 황제에게 죄를 묻고 파문한다는 것은 지금의 현실에서 생각해 보면 말이 되지 않는 일이다. 자신의 정의만을 내세운 채 자신과 뜻이 다른 상대방을 정죄하며 인간의 존엄마저 박탈한다는 것은 하나님께는 물론이고 이 세상 누구에게도 인정받을 수 없는 일이다. 이것은 교회사적으로 보나, 역사적으로 보나 참으로 부끄러운 일이 아닐 수 없다.

내 감정과의 대면

역사에 기록된 비극적인 일뿐만이 아니라 지금 이 시대 우리의 일상 속에서도 상대방을 정죄하는 일은 숱하게 일어난다. 파문을 당한다거나 자격을 박탈당하는 극단적인 사례가 아니더라도 우리는 삶 속에서 크고 작은 정죄의 현장들을 보게 된다. 그 가운데 우리 역시 본의 아니게 상대방의 오해로 인해, 또는 잘못된 기준으로 인해 사람들에게서 정죄받아 한순간에 무너지는 경우를 경험할 때가 있다.

나의 큰 잘못으로 인해, 비난받아 마땅한 죄를 지어 정죄받는다 해도 그 고통은 이루 말할 수가 없는데, 하물며 잠깐의 실수로 인해 벌어진 일로 정죄를 당하게 될 때는 그야말로 어찌할 바를 모르게 된다. 갑자기 변한 사람들의 태도에 몸과 마음이 얼어붙어 아무것도 할 수가 없게 되는 것이다. 비록 겉으로야 나를 대하는 태도가 변한 것이 없다 해도 이미 마음속으로는 나를 내쳤음을 알기에 그 서늘함만은 분명히 느낄 수가 있다.

이렇게 사람들에게 정죄받아 고개를 들 수 없을 때, 그 누구에게도 하소연할 수 없어 속이 뭉개질 때 우리는 어떻게 해야 할까? '하나님마저도 나를 버리신 게 아닐까' 하는 두려움과 아픔을 우리는 어떻게 해야 극복할 수 있을까? 정죄의 덫을 벗어던지고 사람들 앞에 당당히 설 수 있는 돌파구를 무엇으로 찾아야만 하는 것일까?

하나님 말씀과의 대면

"그가 그 곳 사람에게 물어 이르되 길 곁 에나임에 있던 창녀가 어디 있느냐 그들이 이르되 여기는 창녀가 없느니라 그가 유다에게로 돌아와 이르되 내가 그를 찾지 못하였고 그 곳 사람도 이르기를 거기에는 창녀가 없다 하더이다 하더라 유다가 이르되 그로 그것을 가지게 두라 우리가 부끄러움을 당할까 하노라 내가 이 염소 새끼를 보냈으나 그대가 그를 찾지 못하였느니라 석 달쯤 후에 어떤 사람이 유다에게 일러 말하되 네 며느리 다말이 행음하였고 그 행음함으로 말미암아 임신하였느니라 유다가 이르되 그를 끌어내어 불사르라 여인이 끌려나갈 때에 사람을 보내어 시아버지에게 이르되 이 물건 임자로 말미암아 임신하였나이다 청하건대 보소서 이 도장과 그 끈과 지팡이가 누구의 것이니이까 한지라 유다가 그것들을 알아보고 이르되 그는 나보다 옳도다 내가 그를 내 아들 셀라에게 주지 아니하였음이로다 하고 다시는 그를 가까이 하지 아니하였더라"창 38:21-26

사람이냐? 하나님이냐?
그것이 문제로다

다말은 시아버지인 유다로부터 엄청난 정죄를 받게 되었다. 다말은 유다 가문의 대를 잇기 위해 창기로 변장하여 유다의 씨를 얻었지만,

정작 이 사실을 모르고 있었던 유다는 다말이 간음한 것만을 문제 삼으며 질책했다. 자신이 만났던 창기가 다말이었다는 것을 모른 채, 또 자신이 저지른 행동은 철저히 외면한 채 그저 다말만을 공격하고 정죄하고 있는 것이다. 이렇게 억울한 오해 속에서 죽을 위기에 처하게 된 순간, 다말의 마음은 어떠했을까?

다말과 같이 오해로 인해 정죄의 손가락질을 받게 된다면 우리 자신의 잘잘못을 떠나, 그 죄의 크기를 떠나 우리는 일단 정죄함 앞에 움츠러들 수밖에 없다. '나는 잘못한 것이 없으니 당당하자'고 마음먹는다 해도 사람들의 차가운 시선 앞에 우리는 작아질 수밖에 없는 것이다.

그러나 우리는 정죄받는 이 순간이 바로 우리에게 주어진 또 다른 기회라는 것을 알아야 한다. 만약 우리가 죄를 짓지 않았음에도 정죄받게 되었다면, 엄밀히 말해서 이 정죄는 '올바른 정죄'가 아니다. 정당한 것이 아니기 때문이다. 그렇다면 하나님께서는 지금 우리를 어떻게 바라보실까? 우리에게 돌을 던지는 사람들처럼 우리를 정죄하실까? 아니면 하나님만은 우리를 정죄하지 않고 품어 주실까?

우리가 만약 실수나 잘못으로 인해 죄를 지었다 해도 하나님께서는 우리를 정죄하지 않고 품어 주신다. 하물며 우리가 지금 오해로 인해 사람들에게 정죄받고 있는 상황이라면, 하나님께서는 더욱 우리를 품으시고 위로해 주실 것이다. 이런 하나님에 대한 분명한 믿음을 갖게 된다면 우리는 사람들의 정죄 앞에서도 흔들리지 않을 수 있다. 그러나 눈에 보이지 않는 하나님이 믿어지지 않는다며 당장의 눈앞에 보이는 사람들을 더 크게 보고만 있다면, 우리는 계속 정죄의 늪에서 허우적거릴 수밖에 없다.

: 가장 기본적인 믿음만 있어도 산다

지금 정죄의 손가락질을 받고 있는가? 그렇다면 지금이 바로 우리의 믿음을 확실히 정립할 수 있는 기회임을 알아야 한다. 하나님을 믿고 있는가? 그렇다면 지금 우리를 정죄하지 않으실 하나님을 이 순간 분명히 믿을 수 있어야 한다. 또한 정죄하는 사람들보다 정죄하지 않으시는 하나님이 더 크신 분임을 인정할 수 있어야 한다.

우리는 평상시에 하나님을 믿는다고 버젓이 고백하지만 정작 당혹스러운 상황이나 다급한 순간에는 눈에 보이는 사람들이나 물질만 붙잡으려 한다. 물론 손가락질당하고 정죄받는 순간이 되면 당장 우리 눈앞에서 우리를 노려보는 사람들의 시선이 두려울 수밖에 없다. 하지만 그럴 때일수록 우리가 정말로 하나님을 신뢰하는지, 더 나아가 사람들보다 위대하신 하나님의 존재를 믿고 있는지 점검해야만 한다.

우리가 살면서 힘든 일을 당할 때 하나님의 존재를 믿는다는 그 기본적인 기독교 신앙 하나만 붙들어도 상황은 쉽게 극복할 수가 있다. 그런데 우리는 의외로 그 기본을 놓치고 살 때가 참으로 많다. 그 기본적인 것만 붙잡고 있어도 흔들리거나 주저앉지는 않을 텐데, 자꾸만 그것을 망각하고 쉽게 놓친 채 살아가고 있는 것이다.

이제 우리는 정죄함으로 인한 이 고통과 슬픔의 시간을 우리의 기본적인 믿음을 되찾을 수 있는 일종의 기회로 잡을 줄 알아야 한다. 어쩌면 하나님은 그 기본적인 믿음을 더 굳건히 하시려고 이런 일을 겪게 하시는지도 모른다. 이제 억울하게 정죄받는 상황을 하나님이 살아 계심을 분명히 확신하는 계기로 만들어 보자. 하나님이 확실히 믿어지기만 한다면, 우리 앞의 정죄는 잠깐의 고통에 불과하다.

: 정죄할 수 있는 자격을 가진 분의 정죄만 받아들이라

정죄의 시선으로 인해 괴로울 때 우리가 한 가지 더 기억해야 할 것이 있다. 바로 지금 우리를 정죄하는 사람들에게 과연 '정죄의 자격'이 있는가 하는 것이다. 물론 그들 자신은 자격이 충분하다고 자부할 것이다. 오히려 그들은 자신의 정죄가 정의를 위한 의무라고 여길지도 모른다. 그러나 이 세상에서 정죄할 수 있는 자격을 가진 사람은 단 한 명도 없다. 지금껏 없었고 앞으로도 없을 것이다. 그 자격을 가지신 분은 오직 하나님 한 분이시기 때문이다.

이렇듯 사람에게는 정죄의 자격이 없는 만큼 우리가 사람으로부터 받는 정죄는 무효나 마찬가지라고 할 수 있다. 의사 자격이 없는데 의사 가운만 입었다고 해서 다 의사가 아니듯이, 진정한 자격을 갖추고 있지 않다면 아무리 흉내를 잘 내어도 아무 소용이 없다. 그러므로 우리는 정죄의 공격 앞에서 정죄의 자격을 가지신 한 분의 말씀만을 기억하면 된다. 당장은 사람들의 공격이 아프고 쓰라리더라도 이것은 곧 아무런 가치가 없음을 상기해야 한다.

아마 다말 역시 사람들에게서 정죄받게 될 상황을 충분히 예상했을 것이다. 하지만 다말은 하나님 앞에서는 떳떳했기에, 또한 하나님은 자신을 정죄하지 않으심을 믿었기에 이 엄청난 일들을 계획하고 실행할 수 있었다. 그리고 그러한 믿음으로 인해 결국은 예수 그리스도의 가문을 이어 가는 초석을 다질 수 있었다.

회개의 능력을
정말로 믿는다면

물론 우리는 오해가 아닌, 우리의 분명한 잘못으로 인해 정죄를 당할 수 있다. 실수한 것이었다 해도 잘못은 잘못이기 때문이다. 이때 사람들의 정죄를 지나치게 예민하게 받아들여 상처로 남게 해서도 안 되겠지만, 그렇다고 해서 우리의 죄마저도 완전히 덮어 버리는 것 또한 해서는 안 된다. 이때 만약 우리가 누군가에게 실질적으로 피해를 주게 되었다면 그 사람에게 분명하게 진심 어린 사과를 해야 하고 경우에 따라서는 보상도 해주어야 한다.

그런데 이처럼 다른 사람과 얽힌 문제가 아니라 오로지 우리 자신에 관한 문제라면 어떨까? 우리 자신의 문제나 실수로 인해 스스로 실패를 겪게 되었을 때도 사람들은 우리를 정죄한다. "네가 이러저러해서 이런 결과를 맞을 수밖에 없었다"며 우리를 정죄하고 판단하는 것이다. 혹은 우리가 개인적으로 안고 있는 문제나 습관 등에 대해서도 정죄하곤 한다. 이럴 때는 비록 우리가 누군가에게 피해를 준 것은 아니기에 상대방에 대한 사과나 보상의 과정은 필요 없겠지만 우리의 실수나 문제에 대해 이 기회에 충분히 반성하고 해결해 나갈 필요는 있다.

하지만 안타깝게도 많은 사람이 이런 상황에서 정죄의 말에 휩쓸려 진정한 것을 놓치곤 한다. 이 문제를 반성과 극복으로 해결하려고 하지는 않고 그저 심한 죄책감으로 괴로워만 하는 것이다. '내가 왜 그랬을까?', '난 왜 이렇게 한심할까?' 하며 자책의 나날 속에 세월을 보내는 것이다. 하지만 우리는 정죄함 앞에서 반성과 자책보다 더 중요한 것이 있다는 것을 알아야 한다. 그것은 바로 하나님이 주신 '회개의 능력'에 대한 믿음이다.

: 다른 방법이 아닌 회개로 자유를 얻으라

회개의 능력을 믿고 이것으로 정죄의 고리를 끊음으로써 우리는 다시금 기독교의 기본 신앙을 정립할 수가 있다. 사실 하나님 앞에 회개하는 것은 마음만 있으면 누구나 할 수 있는 일이다. 사람에게 미안하다고 말할 때야 자존심도 상하고 쑥스럽기도 하지만 하나님 앞에서는 그런 걱정을 할 필요가 없기 때문이다. 하나님께서는 우리의 어떠한 죄라도 다 용서해 주시기에 우리는 그저 전심으로 기도하면 된다.

하지만 문제는, 회개는 쉽게 할 수 있는데 과연 우리가 회개의 능력과 효력 자체에 대해서도 의심하지 않고 믿고 있느냐 하는 것이다. 진심으로 회개하고 예수님의 이름으로 기도하면 우리의 죄를 용서받을 수 있음을 믿고 있느냐 하는 것이다. 어떤 행위를 통해서가 아니라 예수님의 이름으로 드린 회개 하나만으로 우리는 죄로부터 구원될 수 있다. 그런데 우리는 이처럼 쉬우면서도 위대한 역사를 보장하는 은혜를 누리지 못하고 있는 것은 아닐까?

이제 기독교의 기본 신앙, '회개하면 죄 사함을 받는다'는 그 진리를 붙들자. 당연하게 여겨 왔기에, 너무 쉬운 말씀이기에 귀담아듣지 않았던 그 진리를 마음으로 완벽하게 동의하자. 그 진리가 우리를 정죄의 늪에서 헤어나게 할 것이다. 하나님이 열어 주시는 자유의 세계로 안내할 것이다.

: 회개의 능력을 믿으면 다른 사람을 품을 능력도 생긴다

우리가 만약 정죄의 상황에서 하나님께 회개하고 하나님으로부터 자유를 얻을 수 있다면 그 기쁨은 우리를 보다 성숙한 영역에 이르게 할 수 있다. 우리의 잘못이나 실수를 하나님이 이해하시고 용서하신 만큼 우리 역시 누군가를 정죄하지 않으려는 마음을 가질 수 있기 때문이다.

만약 정죄함을 당하게 되었을 때 우리 스스로 그 문제를 해결하려 몸부림쳐 결국 그 문제를 해결했다고 해보자. 그렇게 되면 그때부터 우리 자신은 다른 사람을 더 냉정하고 신랄하게 정죄하는 사람이 될지도 모른다. 자신과 같은 덫에 빠진 사람을 보면 '너는 그것도 극복하지 못하냐? 나는 내 손으로 해결했는데' 하면서 더욱 상대방을 정죄하게 되는 것이다.

그러나 정죄함을 당했을 때 하나님의 은혜를 체험하고 하나님의 은혜 가운데서 자유로워진 사람이라면 이런 상황에서 보다 더 관대해질 수 있다. 하나님이 부어 주신 은혜의 추억 속에서 다른 사람들에게도 이 은혜를 알리고자, 모두 함께 이 은혜를 누리고자 사람들에게 손을

내밀어 그들을 품어 안을 수 있게 되는 것이다.

정죄받은 사람에게
예수님은 어떤 말씀을 해주셨을까

예수님은 제자들과 길을 걷다가 태어날 때부터 소경이었던 자를 만나셨다. 이때 제자들은 그가 소경이 된 것이 그의 죄 때문일 것이라고 생각했다. 이것은 그 소경에 대해 정죄하는 마음을 가진 것이나 다름없었다. "제자들이 물어 이르되 랍비여 이 사람이 맹인으로 난 것이 누구의 죄로 인함이니이까 자기니이까 그의 부모니이까"요 9:2 제자들이 이렇게 생각할 정도라면 다른 사람들도 소경을 볼 때 결코 정죄의 시각을 벗어버리지 못했을 것이었다. 그렇기에 소경은 지금껏 수많은 사람으로부터 셀 수 없이 많은 정죄를 받으며 살아왔을 것이다.

그러나 예수님만은 그 정죄의 시선으로부터 소경을 구원하셨다. 오히려 그가 하나님의 영광을 드러내는 도구가 될 것임을 알리셨다. "예수께서 대답하시되 이 사람이나 그 부모의 죄로 인한 것이 아니라 그에게서 하나님이 하시는 일을 나타내고자 하심이라"요 9:3 결국 소경은 예수님으로 인해 고침을 받았고 종교 지도자들의 위협 속에서도 끝까지 예수님에 대한 믿음을 공고히 했다. "창세 이후로 맹인으로 난 자의 눈을 뜨게 하였다 함을 듣지 못하였으니 이 사람이 하나님께로부터 오지 아니하였으면 아무 일도 할 수 없으리이다"요 9:32-33 이처럼 사람들이 아무리 정죄한다고 해도 예수님은 정죄받는 사람을 그 가운데서 구원하신다. 그리고 예수님 안에서 참된 자유를 누릴 수 있게 해주신다.

치료자 하나님과의 감정적 만남

사람들과 잘 지내다가도 본의 아니게 정죄를 받게 되면, 그전까지 누리던 모든 행복은 한순간에 사라지고 만다. 그때부터는 오로지 단절된 삶 속에서 죄책감에 사로잡히게 되기 때문이다. 하지만 하나님께서는 그럴 때 이것을 꼭 기억하라고 하신다.

STEP 1_ 하나님이 살아 계시다면 정죄 앞에서 떨 필요가 없다

사람들이 우리에게 손가락질한다 해도 우리는 그 순간에 하나님도 그 자리에 계심을 볼 수 있어야 한다. 진실을 아시고 우리를 정죄하지 않으시는 가장 위대하신 분이 계심을 믿어야 한다.

STEP 2_ 정죄의 권한을 가지신 유일한 분을 기억하라

사람들의 정죄는 그럴듯하게 들릴지도 모르나 실상은 무자격자의 정죄이다. 곧 아무런 가치가 없는 것이다. 그러므로 사람들의 정죄로 인해 괴로울 때 하나님께만 정죄의 자격이 있다는 사실을 기억해야 한다.

STEP 3_ 회개의 능력을 믿고 그 은혜를 경험하라

정말 잘못을 해서 정죄를 받는다면 하나님께 회개하고 하나님이 부어 주시는 용서의 은혜를 체험해야 한다. 그리고 그 은혜를 평생 기억하며 우리도 남을 정죄하지 말아야 한다.

치료자 하나님의 처방전

나를 향한 정죄	① 나의 실수나 잘못으로 정죄받을 때 ② 오해나 잘못된 기준에 의해 정죄받을 때

성경 속에서 찾은 나의 감정 : 창세기 38장 21-26절

유다의 아이를 임신했지만, 그것을 모르는 유다가 자신을 정죄해 고통당하는 다말

다말의 모습	우리의 모습
하나님의 뜻을 이루고자 한 일이지만 사람들의 오해로 인해 정죄에 직면해 죽음의 위기에 처한다.	나의 잘못이나 사람들의 오해로 한순간에 정죄의 손가락질을 받게 된다.

정죄 앞에 무릎 꿇은 우리에게 하나님이 주시는 말씀

"그에게서 하나님이 하시는 일을 나타내고자 하심이라"

내가 할 수 있는 하나님의 방법	하나님의 위로하심
하나님도 정죄하시는지 살피라.	가장 위대하신 하나님은 다 아신다.
정죄의 자격이 없는 사람들의 말은 잊으라.	유일한 정죄의 자격을 가지신 분께 용서와 위로를 받으라.
하나님 앞에서 회개를 통해 죄의 문제를 해결하라.	정죄함 앞에서 죄책감만 가질 것이 아니라 회개의 시간을 가지라.

	삶 가운데 찾아올 정죄에 대비하기
STEP 1	정죄 앞에서 살아 계신 하나님의 위로를 찾으라.
STEP 2	정죄의 권한을 가지신 분의 말씀에만 귀 기울이라.
STEP 3	회개를 통해 용서의 은혜를 체험하자.

정죄

B. 누군가의 잘못을 그냥 보아 넘길 수 없다면
타인을 향한 나의 정죄

『주홍 글씨』는 17세기 미국 청교도 사회를 배경으로 한 소설로, 주인공 헤스터라는 여인은 한 청교도 마을로 이주해 오게 된다. 그런데 헤스터는 남편이 곁에 없는 시기에 사생아를 낳게 되고, 규율이 엄격했던 청교도들은 간통죄를 저지른 헤스터에게 간통을 뜻하는 말Adultery의 머리글자 'A'를 평생토록 가슴에 달고 살 것을 선고한다. 헤스터는 사람들의 손가락질에도 끝끝내 아기 아버지의 이름을 밝히지 않은 채 말없이 살아간다. 사실 헤스터와 간통을 저지른 사람은 다름 아닌 이곳의 젊은 목사 딤스데일이었다. 그는 평생 죄책감에 시달리며 괴로운 나날을 보내면서 결국 병을 얻고 만다. 딤스데일은 결국 사람들 앞에서 자신의 죄를 고백하고 자신의 가슴에 새긴 'A'자를 드러내 보이며 숨을 거둔다. 이후 헤스터는 남은 생애를 이웃에게 봉사하면서 속죄의 삶을 살아가게 된다.

만약 우리가 헤스터라는 여인과 한 마을에 살았다면, 우리는 그녀를 어떻게 대했을까? 그녀의 행동이 옳았다고 말할 수는 없지만, 모든 비난을 자신 혼자 떠안으며 하나님이 원하시는 희생과 사랑을 몸소 실천하면서 살아간 그녀의 속죄의 삶을 우리는 비난해서는 안 될 것이다. 잘못만을 들추느라 그녀가 행한 희생과 봉사의 모습을 모른 체해서는 안 될 것이기 때문이다.

내 감정과의 대면

최근 SNSSocial Networking Service의 발달로 사람들이 온라인상에서 자신의 의견을 표현하는 일이 참으로 많아졌다. 정치에 대해, 경제에 대해, 사회 모습에 대해, 또 한국 교회에 대해 저마다 자신의 생각을 자유롭게 글로 남긴다. 그런 글들 중에는 정죄와 비판의 성격을 담은 글들도 꽤 많이 있다. 그런데 놀라운 것은 그런 글을 쓰는 사람들은 대부분 자신의 생각과 행동이 정의를 이루는 것이라고 믿고 있다는 사실이다. 하지만 과연 그것이 하나님 앞에서도 정의로 비쳐질까? 말 자체만을 두고 본다면 옳은 소리일 수 있지만, 그 말이 정죄의 성격을 담은 것이라면 하나님께서 과연 기쁘게 여기실까?

비단 SNS에서만이 아니다. 우리는 살아가면서 비판할 만한 것들, 편을 갈라 대적해야 하는 것들, 여러 의견이 오갈 수 있는 문제들에 대해 너무도 쉽게 서로를 정죄하고 비판한다. 특히 사회적인 문제를 일으킨 특정 사람에 대해 손가락질하며 정죄하는 것은 그 정도가 잔인하기까지 하다. 이처럼 많은 사람이 참으로 쉽게 정죄의 선을 넘나들면서, 심지어 그것이 정의로운 모습인 양 자부하기까지 한다. 이제 우리는 우리의 마음에 상대방을 정죄하고자 하는 마음이 어떻게 생겨나게 되고 거기에 어떠한 모순점이 있는지를 파악해야 한다. 정죄의 마음이 들 때마다 우리의 생각을 멈추고 하나님의 뜻에 귀를 기울여야 한다.

하나님 말씀과의 대면

"그가 그 곳 사람에게 물어 이르되 길 곁 에나임에 있던 창녀가 어디 있느냐 그들이 이르되 여기는 창녀가 없느니라 그가 유다에게로 돌아와 이르되 내가 그를 찾지 못하였고 그 곳 사람도 이르기를 거기에는 창녀가 없다 하더이다 하더라 유다가 이르되 그로 그것을 가지게 두라 우리가 부끄러움을 당할까 하노라 내가 이 염소 새끼를 보냈으나 그대가 그를 찾지 못하였느니라 석 달쯤 후에 어떤 사람이 유다에게 일러 말하되 네 며느리 다말이 행음하였고 그 행음함으로 말미암아 임신하였느니라 유다가 이르되 그를 끌어내어 불사르라 여인이 끌려나갈 때에 사람을 보내어 시아버지에게 이르되 이 물건 임자로 말미암아 임신하였나이다 청하건대 보소서 이 도장과 그 끈과 지팡이가 누구의 것이니이까 한지라 유다가 그것들을 알아보고 이르되 그는 나보다 옳도다 내가 그를 내 아들 셀라에게 주지 아니하였음이로다 하고 다시는 그를 가까이 하지 아니하였더라" 창 38:21-26

정죄할 사람, 정죄받을 사람이
따로 있는 게 아니다

유다는 임신한 다말을 향해 "끌어내어 불사르라"고 명령하고 있다.

그러나 하나님께서는 유다를 유혹해서 임신한 다말이나, 그런 다말을 죽이라고 명령한 유다나 전혀 다를 바가 없다고 여기셨다. 유다는 자신의 며느리인 다말을 창기로 잘못 알고 임신까지 하게 했기 때문이다. 그러니 사실상 유다에게는 다말을 정죄할 자격이 없다.

그렇다면 하나님은 이 일을 통해 무엇을 보여 주고 계시는 걸까? 모든 사람은 죄인이기에, 하나님께서는 사람이라는 범주 안에서는 정죄를 하는 사람이나 정죄를 당하는 사람이 모두 같은 위치에 있음을 우리로 하여금 깨닫게 하시는 것이다. 때로는 그 둘의 위치가 역전이 되는 것을 보여 주면서까지 오해로 인해 고통받았던 우리를 자유케 해주시는 것이다. 또한 그 둘 모두가 하나님의 은혜와 도우심의 대상인 것도 우리에게 알려 주고 계신다. 이처럼 정죄하는 사람과 정죄당하는 사람의 위치를 바꾸어 놓는 것이 바로 하나님의 일이다.

생각해 보면 참으로 기가 막힌 이야기가 아닐 수 없다. 일반 세상의 법정에서는 이런 일이 가당키나 할까? 가해자와 피해자, 원고와 피고의 자리가 바뀌는 것, 그들 모두에게 똑같은 은혜가 부어진다는 것은 이 세상 논리로는 말이 되지 않기 때문이다. 둘 중의 하나는 망하고 패배하는 것이 세상의 논리이지만 하나님 앞에서는 그렇지가 않다.

: 소문은 오해를, 오해는 정죄를

이처럼 하나님 앞에서는 정죄가 무의미하다. 그렇다면 우리 안에 정죄의 마음이 들 때 우리는 어떻게 해야 할까? 하나님은 그런 우리에게 정죄를 하게 하는 가장 근본적인 문제가 무엇인지를 지적해 주신다. 그것은 바로 우리가 상대방을 쉽게 '오해'하고 있다는 사실이다.

　오해는 사람을 외면하게 하고 차별하게 하며 더 나아가 정죄에 이르게 한다. 곧 잘 알지도 못하면서 쉽게 상대방을 정죄하게 만드는 것이다. 다말 역시 유다의 오해로 정죄를 받았다. 그녀는 정죄를 당하기 전, 창기처럼 분장한 후 시아버지인 유다를 유혹해 아이를 가졌다. 다말은 남편 엘이 죽자 형사취수 제도에 의해 시동생인 오난의 아이를 가지려 했으나 오난마저 이를 거절해 어쩔 수 없이 이런 방법을 택하게 된 것이었다. 다말에게 있어서 이것은 목숨을 부지할 수 있는 유일한 길이었고 최후의 방법이었다. 그러나 그것을 몰랐던 유다는 자신이 내친 며느리 다말이 간통했다는 소문이 돌자 다말을 오해했고, 이 오해가 정죄의 시작점이 되었던 것이다. 사실 우리는 상대방에 대해 어떤 식으로든 소문이 나기 전에는 그를 정죄할 수 없다. 그러나 일단 소문이 시작되면 상대방은 자동적으로 죄인의 자리에 앉게 된다. 다말도 마찬가지였다. 그렇다면 이 소문이라는 것은 어떻게 시작되는 것일까?

　소문의 근원에는 반드시 '어떤 사람'이 있기 마련이다. 다말의 이야기 역시 그 '어떤 사람'창 38:24이 자세히 알지도 못하면서 일단 유다에게 다말의 일을 알리고 말았다. 임신을 하게 만든 장본인이 누구인지도 모르면서, 다말이 왜 이런 행동을 했는지도 모르면서, 단지 다말이 임신했다는 이유만으로 유다에게 이 상황을 일러바친 것이다. 이러한 고자질과 소문은 사탄의 역사에 불과하다. 살리는 일을 하시는 분은 하나님이시지만 죽이는 일을 하는 자는 사탄이기 때문이다.

: 소문을 막고 너와 나만의 문제로 끝낼 수 있다면

다말이 사람들에게 수모를 당하면서도 진실을 말하지 않고 침묵했던 것은 시아버지인 유다의 입장이 곤란해지는 것을 막기 위해서였다. 또한 다말의 이 모든 행동은 개인적인 욕정에서가 아니라 하나님의 말씀을 이루기 위해 노력하는 과정이었다.

다말은 죽음을 향해 끌려 나갈 때에야 진실을 말하게 된다. 시아버지에게 받았던 도장과 끈과 지팡이를 보이면서 이 물건의 주인이 아이의 아버지라고 말한 것이다. 그러나 이것을 알아볼 수 있는 사람은 오직 당사자인 유다뿐이었다. 즉 유다 스스로는 그 물건들을 보고 문제의 근원이 자신에게 있었음을 알게 되겠지만 다른 사람들에게는 이 사실을 들키지 않은 채 지나갈 수 있었다. 이처럼 다말은 문제를 지혜롭게 대처했다. 당사자와 자신의 문제에서 그칠 수 있게끔 했다. 만약 다말이 문제가 불거지자마자 유다의 이름을 말해 버리거나 나중에라도 사람들이 다 알아채게 했다면 당장의 억울함이야 풀렸을지 모르지만, 유다는 사람들 앞에서 엄청난 비난을 받게 되는 것은 물론이고 어쩌면 두 사람의 모든 것이 끝나 버리게 될지도 모르는 것이었다. 다말이 지혜롭게 처신하지 않았으면 문제는 얼마든지 커질 수 있었던 것이다.

우리는 여기서 소문이라는 것이 얼마나 무서운 것인지를 알 수가 있다. 소문은 다말이 죽든, 유다가 죽든 누군가를 죽게 만들 수 있다. 이처럼 우리 인생을 한순간에 곤경으로 몰아넣게 하는 것이 바로 '소문'이다. 소문처럼 무서운 것이 없다.

특히 이런 소문은 곧바로 정죄로 이어진다. 그리고 정죄는 또 다른 오해를 낳게 된다. 즉 잘못된 소문에 따라 정죄를 할 때 '나는 깨끗한데 상대방이 잘못했다'고 오해를 하게 되는 것이다. 특히 상대방을 정죄하는 것이 곧 우리 자신을 정죄하는 것인 줄도 모른 채 손가락질을 하게 되고 만다. 그것이 결국 우리 자신에게 가장 치명적인 상처를 남기게 되는 줄도 모른 채 말이다.

하나님은 이러한 우리의 실수를 막고 도와주고 싶어 하신다. 이러한 모습이 얼마나 위태로운 지경에 이르게 하는지, 얼마나 자신에게 치명적인지를 다말과 유다의 이야기를 통해 보여 주고자 하시는 것이다.

정죄의 상태는
자기모순의 늪에 빠져 있는 상태다

또한 우리는 다말의 이야기를 통해 정죄를 낳게 하는 오해의 특성에 대해 보다 잘 알 수 있다. 우리가 흔히 하는 '오해'는 바로 자기모순의 오해라는 것을 말해 주고 있는 것이다.

유다의 모습을 보자. 그는 지금 며느리를 불살라 죽이라고 명하고 있다. 이것은 사실 유다답지 못한 선택이다. 그는 자신의 막내아들이 다른 아들들처럼 죽음을 당할까 봐 다말과 결혼시키지 않은 사람이었다. 또 그는 형제들이 아버지의 심부름을 온 요셉을 잡아서 죽이려고 할 때, 죽이지 말고 차라리 노예로 팔자고 제안했던 사람이기도 했다 창 37:26-28. 이처럼 생명을 귀하게 여기는 유다인데, 그런 그가 지금 며느리를 죽이라고 명하고 있다. 그것도 아주 잔인한 방법으로 말이다. 유다의 모순은 그뿐만이 아니었다. 유다는 자신의 가족을 사랑하고 생명을 귀하게 여기면서도 지금 공평하지 못한 사랑을 하고 있었다. 자기 자식의 생명이나 형제의 생명은 소중하게 생각하면서도, 며느리의 생명은 귀하게 여기지 않고 있다.

그는 왜 지금 자기모순에 빠져 있는 것일까? 그것은 바로 그가 조금 전에 아주 치명적인 죄를 지었기 때문이었다. 행음行淫, 부정한 남녀 관계이라는 자기 죄에 대한 가책이 있다 보니 자기다움을 잃어버린 것이다. 죄는 이처럼 자기모순이라는 위험한 상태에 빠지게 만든다. 만약 이때 자신의 모습을 돌아보고 상대방을 오히려 긍휼히 여겼다면 어떠했을까?

: 남이 아닌 자신의 죄를 인정할 때 자유가 임한다

하나님은 이러한 우리를 도우시고 깨닫게 하신다. '나는 모순 덩어리 인간이다'라는 것을 인정하게 하시는 것이다. 이것을 하나님 안에서 깨닫게 될 때 남을 정죄하지 않고 자신도 정죄를 당하지 않는 인생을 살게 된다.

그렇다면 결론적으로 우리를 자유케 하는 것은 무엇일까? 그것은 바로 자신의 죄를 인정하고 회개하는 것이다. 유다는 뒤늦게서야 '다말이 하나님의 뜻을 이루려고 했는데 내가 그것을 오해했구나. 하나님의 은혜가 그녀에게 임하는 과정이었는데 오히려 욕정을 행한 것은 나였구나'라고 깨달으면서 진실한 고백을 했다. 방금까지 죽이라고 명했던 사람에게 "그는 나보다 옳도다"라는 고백을 했다. 이렇게 우리가 우리 죄를 고백하는 순간이 바로 죄로부터 자유로워질 수 있는 순간이다.

: 나의 판단이 다시 나를 판단한다

우리는 우리가 헤아리는 그것으로 헤아림을 받게 된다. 곧 우리가 제시하는 심판의 기준으로 하나님께서도 우리를 심판하시는 것이다. "그러므로 남을 판단하는 사람아, 누구를 막론하고 네가 핑계하지 못할 것은 남을 판단하는 것으로 네가 너를 정죄함이니 판단하는 네가 같은 일을 행함이니라"롬 2:1 지금 누군가를 판단하고 정죄하고 있는가? 지금 우리가 정죄하고 있는 상대방의 모습이 실은 우리 자신의 모습인 것을 우리는 알아야 한다. 우리가 상대방을 판단하는 것은 곧 우리 자신을 판단하는 것이며, 하나님은 그런 우리의 모습을 판단하고 계신다. "이런 일을 행하는 자를 판단하고도 같은 일을 행하는 사람아, 네가 하나님의 심판을 피할 줄로 생각하느냐"롬 2:3

그래서 사도 바울은 이런 고백을 했다. "그러면 어떠하냐 우리는 나으냐 결코 아니라 유대인이나 헬라인이나 다 죄 아래에 있다고 우리가 이미 선언하였느니라 기록된 바 의인은 없나니 하나도 없으며"롬 3:9-10 유대인의 입에서 이런 말이 나왔다는 것은 기적이 아닐 수 없다. 바리새인으로서 정죄의 화신이자 스데반을 돌로 쳐 죽이면서까지 정죄했던 그가 예수님을 제대로 만나고 난 후 유대인이나 헬라인이나 차별이 없다는 것을 깨닫게 된 것이다.

우리에게도 지금 이런 고백이 필요하다. 그 누구도 우리가 정죄할 수 있는 사람은 아무도 없다. 의인은 하나도 없다는 그 말씀처럼 우리 자신은 누군가를 판단할 수 있는 의인이 아니라 하나님의 은혜 안에 용서받고 있는 한 죄인에 불과하기 때문이다.

예수님은 정죄하려는 사람들에게
어떻게 하셨을까

요한복음을 보면 간음하다가 현장에서 잡혀 예수님 앞으로 끌려온 한 여인의 이야기가 나온다. 사람들이 여인을 끌고 온 것은 예수님이 어떻게 말씀하시는지 시험해 보기 위해서였다. "그들이 이렇게 말함은 고발할 조건을 얻고자 하여 예수를 시험함이러라 예수께서 몸을 굽히사 손가락으로 땅에 쓰시니"요 8:6. 이때 예수님은 간음한 여인을 돌로 치려고 하는 자들에게 "너희 중에 죄 없는 자가 먼저 돌로 치라"요 8:7고 말씀하셨다. 놀랍게도 돌을 들고 있는 자들은 하나둘씩 그곳을 떠나기 시작했고, 결국은 간음한 여인과 예수님만이 그곳에 남게 되었다. 예수님은 여인에게 말씀하시기를 "나도 너를 정죄하지 아니하노니 가서 다시는 죄를 범하지 말라"요 8:11고 하셨다. 이처럼 예수님은 정죄하려는 자들에게 먼저 자기 자신의 죄와 허물을 알게 하셨다. 우리 스스로가 자신의 죄를 알 때 비로소 다른 사람을 함부로 정죄할 수 없음을 알게 해 주시기 위해서였다.

치료자 하나님과의 감정적 만남

누군가의 잘못이나 문제점을 보았을 때 지적하지 않고 그냥 지나치기란 쉽지 않다. 우리도 모르게 말로 혹은 마음속으로 정죄하고 있는 우리 자신의 모습을 발견하게 되곤 하는 것이다. 분명 하나님만이 정죄하실 유일한 분인데 우리는 왜 이러는 것일까? 이럴 때마다 다음의 말씀을 기억하자.

STEP 1_ 잘 알지도 못하면서 정죄하지 마라

일의 내막을 정확히 알게 되면 우리는 누군가를 쉽게 정죄하지 못한다. 그러므로 정죄하려는 마음이 들면 이것이 잘못된 소문이나 오해에 의한 것은 아닌지 먼저 알아보아야 한다.

STEP 2_ 지금 내 모습을 가만히 돌아보라

지금 당장은 상대방이 큰 잘못을 한 것처럼 보여도 가만히 돌아보면 우리의 잘못이 더 클 수도 있다. 그렇기에 우리는 정죄하지 말고 항상 겸손과 긍휼을 지켜야 한다.

STEP 3_ 상대방을 향한 나의 판단이 후에 나를 향한 판단이 될 수 있다

지금 우리는 아무 문제가 없다 해도 언젠가는 잘못이나 연약함으로 쓰러질 수 있다. 우리도 언젠가 비판받을 수 있음을 생각하며 상대방에 대한 정죄를 멈춰야 한다.

치료자 하나님의 처방전

타인을 향한 나의 정죄	① 오해로 인해 남을 비판할 때 ② 남의 문제점을 지적하고 판단할 때

성경 속에서 찾은 나의 감정 : 창세기 38장 21-26절

다말이 임신한 것이 자신으로 인해서인 것을 모른 채 다말을 정죄하고 있는 유다

유다의 모습	우리의 모습
자신이 원인을 제공했다는 것은 모른 채 소문에만 의존하여 다말을 죽이려고 한다.	나 자신은 돌아보지 못한 채 남을 비판하는 데에만 주력한다.

정죄의 마음을 갖는 우리에게 하나님이 주시는 말씀

"남을 판단하는 사람아, 누구를 막론하고 네가 핑계하지 못할 것은
남을 판단하는 것으로 네가 너를 정죄함이니"

내가 할 수 있는 하나님의 방법	하나님의 위로하심
판단하기 전에 오해를 풀어라.	내가 상대방을 오해하지 않으려고 하면 하나님도 내가 억울하지 않게 하신다.
나의 문제점을 먼저 돌아보라.	하나님은 겸손한 자를 사랑하신다.
내 판단으로 내가 다칠 수 있음을 알라.	하나님이 정죄를 금하시는 이유는 상대방만이 아닌 나를 위해서이기도 하다.

정죄하려는 마음이 들 상황에 대비하기

STEP 1	잘못된 소문에 휩싸인 것은 아닌지 살펴보라.
STEP 2	지금 내가 상대방을 정죄할 수 있을 만큼 깨끗한지 보라.
STEP 3	나도 나중에 똑같은 정죄를 받을 수 있음을 기억하라.

chapter 7. 멸시
A. 멸시받은 만큼 되갚아 주고 싶어진다면
B. 내 손에 들려 있는 멸시의 채찍을 바라본 순간

chapter 8. 증오
A. 내가 증오의 대상이 될 줄이야
B. 증오할 수밖에 없는 사람인 줄 알았는데

chapter 9. 복수
A. 내게 복수하려는 자가 문 앞에 서있을 때
B. 복수하고 나면 이 상처가 조금은 나아질까 싶어서

part 3

그들을 용서하듯 나 자신을 용서하기

멸시

A. 멸시받은 만큼 되갚아 주고 싶어진다면
나를 향한 멸시

『이것이 인간인가』라는 책은 제2차 세계 대전 당시 아우슈비츠 제3수용소에서 지냈던 사람들의 잔혹하고 처참한 생활상을 고스란히 담고 있다. 이 책의 저자인 프리모 레비Primo Levi 역시 이곳 수용소에서 벌레보다 못한 삶을 살았던 한 사람으로, 자신이 체험한 것을 세상에 알리고자 강한 집념을 품고 그곳에서 살아남아 마침내 이 책을 펴내게 되었다.

작가가 말하고 있는 수용소의 현실은 우리가 도저히 상상할 수도 없을 만큼 잔인했다. 이미 널리 알려진 대로, 사람들을 이용해 생체 실험을 한 것은 물론이고 끊임없는 고문과 함께 갇힌 사람들 간에 강제로 계급을 만들어 또다른 폭력을 이어 가기도 했다. 멸시받던 사람들끼리 서로를 미워하게 만들어 또다시 서로 멸시하도록 유도한 것이다.

히틀러의 지독한 인종 차별로 인해 이토록 무자비하게 멸시를 받았던 사람들의 고통은 지금까지도 후세에 전해져 그 고통을 기억하게 한다. 멸시는 또 다른 멸시를 낳고, 그만큼 씻을 수 없는 상처를 남긴다는 것을 우리는 잊지 말아야 한다.

내 감정과의 대면

오늘날 새롭게 등장하고 있는 이념 중에 사람들에게 그 어떤 이익도 주지 못하고 논리적이지도 않으면서 세계적으로 점점 확산되어 가고 있는 이상한 이념이 하나 있다. 그것은 바로 '혐오주의'이다. '주의'라는 말이 붙어 있기는 하지만 이는 사실상 이념이라고 보기는 어렵다. 여기에는 '사고다운 사고'가 전제되어 있지 않기 때문이다. 하지만 민족이 다르다는 이유로, 피부색이 다르다는 이유로, 성별이 다르다는 이유로 상대방을 멸시하고 혐오하는 이 비논리적이고 비인간적인 행태는 지금 세계 곳곳에서 자행되고 있다.

이것은 결코 먼 나라 이야기가 아니다. 어쩌면 이것은 우리의 이야기, 나의 이야기일지도 모른다. 반드시 극단적인 혐오주의가 아니라 해도 우리는 사소한 문제로 인해 사람들에게 멸시당하고 배척당할 때가 있다. 나를 잘 알고 있는 사람이 그럴 수도 있지만 나를 잘 알지도 못하는 사람, 나의 이야기를 한 번도 제대로 들어 본 적 없는 사람이 그저 내가 자기와 다르다는 이유만으로 나를 멸시하고 천대할 때면 그 상처 입은 마음을 가눌 길이 없다. 이렇듯 무조건적이고 무자비한 멸시의 시선 앞에서 우리는 과연 어떻게 대응해야 할까? 하나님은 멸시받고 있는 우리가 어떻게 하기를 원하실까?

하나님 말씀과의 대면

"주께서 이르시되 일어나 직가라 하는 거리로 가서 유다의 집에서 다소 사람 사울이라 하는 사람을 찾으라 그가 기도하는 중이니라 그가 아나니아라 하는 사람이 들어와서 자기에게 안수하여 다시 보게 하는 것을 보았느니라 하시거늘 아나니아가 대답하되 주여 이 사람에 대하여 내가 여러 사람에게 듣사온즉 그가 예루살렘에서 주의 성도에게 적지 않은 해를 끼쳤다 하더니 여기서도 주의 이름을 부르는 모든 사람을 결박할 권한을 대제사장들에게서 받았나이다 하거늘 주께서 이르시되 가라 이 사람은 내 이름을 이방인과 임금들과 이스라엘 자손들에게 전하기 위하여 택한 나의 그릇이라"행 9:11-15

한쪽의 멸시는 또 다른 쪽의
멸시로 이어지기 쉽다

사울바울과 아나니아를 생각해 보자. 사실 사울이나 아나니아라는 이름을 들으면 어떤 생각이 먼저 드는가? 초대교회 때 귀한 사역을 감당했다는 긍정적 이미지, 더 나아가 존경스러운 이미지가 가장 먼저 떠오를 것이다. 그 누구도 이 두 사람에 대해 부정적인 면을 먼저 떠올리지는 않을 것이다. 그러나 이 두 사람도 처음부터 이처럼 사이좋게 동역한 것은 아니었다. 이들은 서로 한 번도 만난 적이 없었음에도 누구보다 서로를 경계하며 멸시하곤 했다.

먼저 사울이 아나니아를 경계했던 이유는 아나니아가 예수님을 따르는 사람이기 때문이었다. 본래 사울은 아나니아처럼 예수님을 따르는 사람을 모조리 배척하고 멸시하는 자였다. 자신도 하나님을 믿는다고는 하지만, 예수 그리스도에 대해서는 한 인간에 불과하다고 여겼기에 예수님을 믿고 따르는 그리스도인을 몹시 미워하고 배척했던 것이다. 심지어 사울은 예수님을 믿는 그리스도인을 죽이기 위해 길을 떠나기까지 했다.

　아나니아 역시 사울을 경계할 수밖에 없었다. 자신을 포함해 예수님을 믿고 따르는 그리스도인들을 죽이려고 찾아온다는데, 좋아하려야 좋아할 수가 없었던 것이다. 아니, 좋아하기는커녕 그런 사울을 멸시하는 마음을 가졌을지도 모른다. 그래서 예수님께서 사울에게 안수하여 다시 보게 하라고 하셨을 때도 아나니아는 사울에 대한 경계 태세를 늦추지 않았다. "주여 이 사람에 대하여 내가 여러 사람에게 들사온즉 그가 예루살렘에서 주의 성도에게 적지 않은 해를 끼쳤다 하더니"행 9:13

: 멸시 앞에서는 피해자로만 남아라

　사도행전 9장 말씀을 보면, 예수님을 따르는 자들을 그토록 죽이려고 했던 사울이 예상치도 못하게 다메섹 도상에서 예수님을 만났고 그로 인해 한순간에 변화되어 잠시 눈을 뜨지 못하는 상황에 이르렀다. 그런 상황에서 사울을 도와줄 것을 부름 받은 아나니아는 처음에는 선뜻 예수님의 말씀을 따를 수가 없었다. 물론 아나니아는 곧 예수님의 뜻에 따라 마음을 돌이켜 사울을 전적으로 도와주고 안수했지만, 잠시 동안이라 해도 아나니아가 사울을 적대시하고 멸시했던 것은 사실이었다.

그뿐만 아니라 이후 본격적으로 복음을 증거할 때도 사울은 사람들의 곱지 않은 시선을 받아야 했다. 사울은 놀라운 은혜에 힘입어 몸이 회복되자마자 전도하기에 바빴지만, 아나니아에게 사울의 행동이 그 순수한 의도 그대로 받아들여지기란 어려운 일이었다. 얼마 전까지만 해도 예수님을 따르는 자들을 죽이려고 했던 사울이었기 때문이다. 사람들은 그런 사울의 행동을 보며 '우리를 대제사장에게 끌고 가기 위해 일종의 쇼show를 하는 것이 아닐까' 하고 멸시 어린 눈으로 의심을 했다. "즉시로 각 회당에서 예수가 하나님의 아들이심을 전파하니 듣는 사람이 다 놀라 말하되 이 사람이 예루살렘에서 이 이름을 부르는 사람을 멸하려던 자가 아니냐 여기 온 것도 그들을 결박하여 대제사장들에게 끌어 가고자 함이 아니냐 하더라"행 9:20-21

이후에도 사람들이 사울을 경계하고 멸시하는 시선은 쉽사리 사라지지 않았다. 사울은 다른 곳에서도 예수님을 믿는 사람들과 교제하고자 했지만 번번이 거절당해야 했다. "사울이 예루살렘에 가서 제자들을 사귀고자 하나 다 두려워하여 그가 제자 됨을 믿지 아니하니"행 9:26 아무리 예수님으로부터 큰 은혜를 입은 사울이라지만, 사람인 까닭에 화가 나고 자신을 멸시하는 사람들이 야속할 수밖에 없었을 것이다. 예수님을 만나 새사람이 되어 함께 동역하고 싶은데 왜 이토록 자신이 멸시를 당해야 하는지 원망스러웠을 것이다.

사람이라면 이럴 때 '받은 만큼 되갚아 주리라' 하는 마음이 들기 마련이다. 이것은 요즘 세상의 트렌드trend이기도 하다. '나를 무시하면 나도 똑같이 해주면 된다', '저 사람이 먼저 나를 멸시했기에 내가 저 사람을 멸시한다 해도 내 잘못은 없다'라고 생각하는 것이다. 사울도 충분히 그런 마음을 가질 수 있었다. 그러나 그는 멸시를 받았을 때 '받은 것'에 그쳤음을 우리는 기억해야 한다. 사울은 자신이 받은 멸시를 다시 누군가에게로 돌리지 않았다. 여기서 우리는 하나님이 우리에게 주신 마음을 떠올려야 한다. 사울처럼 하나님의 뜻을 따르는 자로서 살아간다는 것은 멸시와 천대 앞에서도 하나님의 방법을 행하는 것을 말한다. 우리가 멸시를 받았을 때 그 멸시가 다른 사람에게 이어지지 않도록 우리 선에서 멈추는 것이 바로 하나님의 방법이다.

: 멸시를 참는 것이 승리하는 방법이다

그렇기에 우리는 우리를 향한 멸시 앞에서 인내하는 것이야말로 승리의 길이 될 수 있음을 알아야 한다. 세상에서는 멸시를 더 심한 멸시로 보응하는 것을 보며 승리했다고 말하기도 한다. 혹은 보란 듯이 성공해서 자신을 멸시했던 사람 앞에 의기양양하게 나타나는 것을 이긴 것으로 착각하기도 한다. 그러나 악을 악으로 갚지 않는 것이야말로 하나님의 방법이다. 악을 선으로 대응하는 것이 승리의 방법이다. "악에게 지지 말고 선으로 악을 이기라"롬 12:21

: 상대방은 곧 나의 동역자가 될 것임을 믿으라

사울과 아나니아는 처음에는 껄끄러운 관계였을지 모르나 후에는 하나님 안에서 귀한 동역자가 되었다. 마찬가지로 우리 역시 누군가 우리를 멸시할 때 이것을 되갚아 주려 하지 말고 장기적인 시각을 가지고 이 관계를 바라봐야 한다. 상대방이 언젠가는 우리와 동역자가 될 수 있다는 생각을 가져야 한다. 무엇보다 하나님의 자녀라면 누구나 하나님을 기준으로 동역의 관계를 형성해야 한다. 그러므로 지금 어떤 일을 함께하지 않는다고 할지라도 우리는 당장의 멸시로 인해 그 관계를 단절되게끔 해서는 안 된다. 상대방이 예수님을 믿지 않는 사람이라고 해도 마찬가지이다. 지금 우리를 멸시하는 상대방이 우리를 통해 하나님의 자녀가 될 수도 있기 때문이다.

따지고 보면 아나니아의 입장도 이런 상황이었을 것이다. 방금 전까지만 해도 자신의 목숨을 위협하던 사울이었는데, 그런 사울과 지금 동역자의 마음을 갖게 되었으니 말이다. 이런 모습이 바로 하나님의 뜻 안에서 이루어지는 섭리임을 우리는 성경을 통해 이처럼 구체적이고 정확하게 알 수 있다.

예수님 때문에
멸시를 받는다고 할지라도

그렇다면 우리는 아나니아의 이전 상황을 살펴보자. 그는 사울에게서 아주 강한 멸시를 받아야만 했다. 멸시 중에서도 가장 강도가 센 것, 즉 '죽이는 것'이 사울의 과거 목표였기 때문이다. 즉 아나니아는 예수님으로 인해 죽음의 위협을 받았던 것이다.

이처럼 우리 역시 신앙적인 부분으로 인해 멸시를 당할 때가 있다.

예수님을 증거하다가 멸시를 받는 경우가 종종 있는데, 이 경우 아무리 복음을 증거하는 도중이라지만 지나친 멸시를 받게 되면 우리는 자신도 모르게 부정적인 마음이 튀어나오게 된다. 그런데 아나니아가 그랬던 것처럼 예수님으로 인해 우리가 멸시를 받게 될 때도 그 마음을 잃지 않으려면 어떻게 해야 할까?

: 멸시 천대를 받으신 예수님을 기억하라

우리가 멸시를 당하는 경우는 매우 복잡하고 다양하다. 그런 만큼 멸시로 인한 상처나 위협의 크기도 저마다 다르다. 여기서 한 가지 질문에 답해 보자. 역사적으로 가장 큰 멸시를 당한 자는 누구일까? 두말할 것 없이 예수님이시다.

예수님은 공생애 기간 동안 곳곳에서 멸시와 천대를 받으셨다. 그리고 이후 십자가 위에서도 사람들의 멸시와 조롱을 받으셔야 했다. 그때 멸시와 천대를 받으셨던 예수님의 마음은 어떠했을까? 가장 높으신 분이 가장 낮은 자의 모습으로 와서 미천한 우리에게서 멸시를 당하셨으니 말이다.

여기서 우리는 멸시 앞에서도 흔들리지 않기 위한 비결을 발견할 수가 있다. 바로 교만을 버리는 것이다. 예수님도 그 멸시를 아무 말 없이 받아들이시고 순종하셨는데, 우리가 어떻게 우리를 향한 그 작은 멸시에 흥분하며 복수를 노릴 수 있단 말인가?

가만히 생각해 보면 우리가 멸시 앞에서 괴로운 것은 교만한 마음에서 비롯된 것인지도 모른다. '나는 멸시를 당할 만한 사람이 아닌데', '내가 선한 일을 얼마나 많이 했는데' 같은 마음이 우리를 멸시 앞에서 더 흔들어 놓는 것이다. 그러나 이때 멸시 앞에서도 묵묵히 계셨던 예수님을 기억한다면 우리의 그 교만한 마음을 버릴 수 있게 될 것이다.

: 멸시도 하나님의 역사 가운데 한 과정이다

 예수님이 이 땅에 내려와 멸시를 받으신 것은 결코 의미 없는 일이 아니었다. 특히 구원의 역사의 정점이었던 십자가 앞에서의 그 멸시는 하나님의 희생적인 사랑을 보여 주는 도구적 역할을 했다. 그 멸시와 조롱을 통해 우리는 예수님의 사랑을 더 깊이 새길 수 있다.

 마찬가지로 아나니아처럼 신앙적인 이유로 멸시를 당할 때 우리는 이 생각을 놓치지 말아야 한다. 신앙적인 이유로 인한 멸시이니만큼 이것은 하나님도 인정하시는 핍박이자 환난이다. 곧 하나님께서 놀라운 상급으로 갚아 주시기 위한 사건이 되는 것이다.

 그렇기에 우리가 이러한 이유로 멸시를 받을 때는 이 멸시 자체에 의미를 부여해야 한다. 이것이 놀라운 역사의 한 과정이 될 수 있음을 새기고 또 새겨야 한다. "의를 위하여 박해를 받은 자는 복이 있나니 천국이 그들의 것임이라 나로 말미암아 너희를 욕하고 박해하고 거짓으로 너희를 거슬러 모든 악한 말을 할 때에는 너희에게 복이 있나니 기뻐하고 즐거워하라 하늘에서 너희의 상이 큼이라 너희 전에 있던 선지자들도 이같이 박해하였느니라" 마 5:10-12

천대받는 아이들을
예수님은 어떻게 대하셨을까

마태복음 19장에 보면 예수님께서 말씀을 전하실 때 제자들 앞으로 나아와 예수님을 만나고자 했던 아이들의 이야기가 나온다. 당시까지만 해도 아이와 여자는 사회적으로 인정받지 못했기에 제자들은 아이들이 예수님 앞으로 나아오자 무례하다는 듯 꾸짖었다. 그러나 이때 예수님은 오히려 놀라운 말씀을 제자들에게 건네셨다. "어린 아이들을 용납하고 내게 오는 것을 금하지 말라 천국이 이런 사람의 것이니라"마 19:14 천대받고 멸시받고 있는 아이들을 예수님께서 높여 주신 것이다. 아이들처럼 되어야 천국에 갈 수 있다고 말씀하시면서까지 말이다. 그리고 예수님은 아이들을 한 명 한 명 안수해 주셨다.

이처럼 예수님은 언제나 멸시당하는 자들의 편이 되어 주셨다. 우리가 지금 멸시를 당하고 있다면 예수님은 우리와 조금 더 가까운 곳에서 우리를 위로하고 계심을 알아야 한다. 우리가 아픈 만큼 더 큰 은혜가 다가오고 있음을 기억해야 한다.

치료자 하나님과의 감정적 만남

사람들로부터 하찮게 여김을 받고 조롱을 당하는 것은 참으로 괴로운 일이다. 자존심도 뭉개질뿐더러 살아갈 의욕조차 생기지 않는다. 게다가 이런 멸시를 당하게 되면 복수심마저 생긴다. 하나님은 우리가 이런 순간을 어떻게 이겨 내길 원하실까?

STEP 1_ 멸시를 받았다고 해서 멸시로 갚지 마라

멸시받은 그대로 되갚는 것은 오히려 지는 것이다. 멸시를 받았다면 받은 것에서 끝나야 한다. 그리할 때 하나님께서 그 일을 통해 역사를 이루신다.

STEP 2_ 나를 멸시한 상대방이 언젠가는 나의 동역자가 될 것을 기대하라

지금은 원수처럼 느껴지는 상대방일지라도 언젠가는 동역자가 될 수 있음을 알아야 한다. 그것을 생각한다면 멸시받은 것에 대해 함부로 보응하거나 되갚아 주어서는 안 된다.

STEP 3_ 모든 멸시를 참아 내신 예수님을 기억하라

아무 잘못이 없으신 예수님은 가장 높으신 분임에도 멸시를 받으셨다. 공생애 기간 중에도, 십자가 위에서도 사람으로서는 감당하기 힘든 멸시를 받으셨고 모두 참아 내셨다. 이 사실을 떠올린다면 지금 우리가 받는 멸시를 못 이길 이유가 없다.

치료자 하나님의 처방전

| 나를 향한 멸시 | ① 공동체 안에서 하찮게 여김을 받을 때
② 신앙적인 이유로 멸시를 받을 때 |

⬇

성경 속에서 찾은 나의 감정 : 사도행전 9장 11-15절

서로 멸시하고 멸시받는 사울과 아나니아

⬇

사울과 아나니아의 모습	우리의 모습
아나니아는 예수님을 믿는다는 이유로, 사울은 과거의 행적으로 인해 서로에게 멸시를 받았다.	원치 않게 무시를 당하거나, 복음을 증거하다가 멸시를 받는다.

⬇

멸시 앞에 흔들리는 우리에게 하나님이 주시는 말씀

"의를 위하여 박해를 받은 자는 복이 있나니 천국이 그들의 것임이라"

⬇

내가 할 수 있는 하나님의 방법	하나님의 위로하심
악을 선으로 갚으라.	하나님은 우리에게 승리를 주고 싶어 하신다.
서로 동역자가 될 날을 기대하라.	지금 참으면 훗날 더 큰 은혜가 임할 것이다.
가장 높으신 예수님의 인내를 기억하라.	예수님의 고난을 묵상한다면 우리는 신앙의 힘을 얻을 수 있다.

⬇

	삶 가운데 찾아올 멸시에 대비하기
STEP 1	멸시를 받았다고 해서 되갚으려 해서는 안 된다.
STEP 2	지금의 원수가 훗날의 동역자가 될 수 있음을 알라.
STEP 3	참기 어려울 때 예수님이 참으신 것을 떠올리라.

— 멸시 —

B. 내 손에 들려 있는 멸시의 채찍을 바라본 순간
타인을 향한 나의 멸시

　영화 〈오아시스〉는 모든 사람이 싫어하는 사고뭉치 남자 종두와 세상으로부터 소외된 중증 뇌성 마비 장애인 여자 공주가 그려 나가는 사랑 이야기이다. 뺑소니 교통사고로 교도소 생활을 하다 막 출소한 종두는 피해자의 집을 찾아간다. 그러나 피해자의 낡은 집에는 장애인인 공주만 혼자 살고 있었다. 공주의 오빠 부부는 공주의 이름으로 장애인 혜택을 받아 좋은 아파트로 이사했지만 정작 공주는 낡은 집에 혼자 내버려 둔 것이다. 사회 부적응자로 하루하루를 살아가던 종두 그리고 가족들에게 버림받고 이용만 당하는 공주는 그렇게 서로를 의지하다 사랑하게 되어 하룻밤을 보내게 된다. 하지만 사람들은 사회 부적응자로 이미 낙인찍어 버린 종두가 일방적으로 공주를 성폭행한 것으로 오해를 하고 그를 멸시한다. 공주가 아무리 해명해도 장애로 말을 잘 잇지 못하기에 소용이 없었고, 급기야 종두는 또다시 감옥에 들어가게 된다. 그러나 공주는 감옥에 간 종두를 기다리며 그렇게 둘의 사랑은 계속해서 이어진다. 모두가 멸시했던 두 사람. 그러나 그들의 사랑은 그 누구도 흉내 낼 수 없는 고귀한 것이었다.

우리는 본의 아니게 다른 사람들을 오해하고 멸시할 때가 있다. 상대방의 이야기나 그럴 수밖에 없었던 이유에 대해서는 들으려고 하지 않은 채 우리 자신의 잣대로 상대방을 판단하고 멸시감을 안겨 줄 때가 있다. 그러나 누군가를 판단하고 멸시하기 전에 먼저 우리의 상처를 위로해 주시고, 우리를 판단하지 않으시는 하나님을 떠올려 보자. 우리 안에 우리를 감싸 주셨던 하나님의 사랑만 있다면 우리는 그 누구도 멸시하지 않을 수 있을 것이다.

내 감정과의 대면

누군가를 멸시해 본 적이 있는가? 단 한 번도 누군가를 멸시의 시선으로 바라본 적이 없는 사람은 아마 한 명도 없을 것이다. 그렇다면 우리는 왜 남을 멸시하고자 하는 마음이 생겨나는지 그 원인부터 알아야만 한다.

우리의 삶 속에서 일어나는 멸시의 원인에는 다양한 것이 있겠지만 가장 근본적인 원인은 아마도 '기대가 너무 크다'는 데 있을 것이다. 다시 말해 우리 만족의 기준이 너무 높은 것이다. 우리는 상대방을 긍정적으로 보다가도 그가 기대에 못 미치게 되면 그때부터 조금씩 그를 무시하면서 멸시하는 마음이 생겨나곤 한다. 상대방에게 너무 높은 기대치를 만들어 놓고, 만약 상대방이 거기에 부응하지 못하면 '나잇값도 못하네', '선배 역할도 못하네', '가장 구실도 못하네', '엄마 노릇도 못하네' 하며 상대방에게 실망해 버리는 것이다. 상대방은 이보다 더 대단

한 결과를 우리에게 가져다주어야 마땅한데, 그보다 못한 모습을 보이고 있으니 멸시하게 될 수밖에 없다. 더 나아가 우리 삶에 방해가 되는 원수로 여기게 되는 것이다.

하나님 말씀과의 대면

"주께서 이르시되 일어나 직가라 하는 거리로 가서 유다의 집에서 다소 사람 사울이라 하는 사람을 찾으라 그가 기도하는 중이니라 그가 아나니아라 하는 사람이 들어와서 자기에게 안수하여 다시 보게 하는 것을 보았느니라 하시거늘 아나니아가 대답하되 주여 이 사람에 대하여 내가 여러 사람에게 듣사온즉 그가 예루살렘에서 주의 성도에게 적지 않은 해를 끼쳤다 하더니 여기서도 주의 이름을 부르는 모든 사람을 결박할 권한을 대제사장들에게서 받았나이다 하거늘 주께서 이르시되 가라 이 사람은 내 이름을 이방인과 임금들과 이스라엘 자손들에게 전하기 위하여 택한 나의 그릇이라"행 9:11-15

사람은
사람일 뿐이다

이처럼 우리는 우리가 설정해 놓은 높은 기준으로 인해, 부푼 기대감으로 인해 오히려 누군가를 멸시하게 될 수 있다. 이러한 문제를 극복하기 위해서는 중요하면서도 단순한 명제 한 가지를 기억해야 한다. 바로 '사람은 사람일 뿐이다'라는 사실이다. 사람은 완벽한 존재, 완전한 존재가 아니다. 진토塵土에 불과하며 한순간에 없어질 수 있는 나약한 존재이다. 그렇기에 우리는 상대방을 그처럼 완벽한 존재로 설정해 놓고 기대감을 높게 가지고 있을 필요가 없다. 약하디약한 하루살이에게는 우리가 그 어떠한 기대감도 갖지 않듯, 하루살이와 다를 바 없이 한 치 앞도 알 수 없는 미약한 존재인 사람에게 큰 것을 기대할 필요가 없다.

이 사실을 누구보다 잘 아시는 하나님의 모습을 떠올려 보면 조금 더 이해가 쉬울 수 있다. 하나님은 우리의 부족함을 어떻게 보시는가? 하나님께서는 우리가 아무리 부족한 모습을 보여도 실망하지 않으신다. 멸시하지도 않으신다. 높은 기준을 설정해 놓고 거기에 맞추기를 기대하지 않으시기에, 그 어떤 부족한 모습을 보여도 우리를 따뜻하게 맞아 주신다.

이제 우리는 사람에 대한 기대와 눈을 낮출 필요가 있다. 그렇게 하기 위한 최고의 비결은 바로 우리 자신을 솔직하게 바라보는 것이다. 자신의 모습을 솔직하게 바라보고 인정한다면 자신의 연약함을 깨닫게 될 것이고, 그렇게 되면 동시에 상대방의 연약함도 받아들일 수 있게 되기 때문이다. 상대방에게 멸시가 아닌 긍휼의 마음을 가질 수 있게 되는 것이다.

그 사람 안에서
하나님이 메우실 영역을 바라보라

기독교적인 시각에서 사람을 바라보는 것은 '완전무결한 사람'을 기대하는 것이 아니다. 문제가 있지만 그 문제를 기도로 메우고, 하나님이 도와주시고 용서해 주시고 변화시켜 주실 것을 기대하는 것이 신앙인의 모습이기 때문이다. 곧 약하고 보잘것없는 우리를 하나님께서 위대하게 사용하실 것이라는 믿음을 지녀야 한다. 이렇게 우리가 하나님의 시각을 갖게 되면 더는 누군가를 원수로 생각하지도, 멸시하지도 않게 된다.

실제로 하나님께서는 사람을 부르실 때 늘 약하고 천하고 보잘것없는 사람을 택하셨다. 스스로 완전하다고 생각하는 사람들은 오히려 사용하지 않으셨다. 왜냐하면 그들은 스스로 사람이기를 거부한 것이고, 하나님의 자녀이기를 거절한 것이기 때문이다. 여기에서 알 수 있듯이 우리의 마음 안에서도, 상대방의 마음 안에서도 하나님이 채우실 여지가 남겨져 있어야 한다. 이렇게 하나님이 채우실 여지를 생각한다면 우리는 상대방의 부족함이 보여도 멸시하는 마음을 가질 수가 없다. 그 사람의 부족함을 보면서 '저것을 통해 하나님이 놀라운 일을 이루시겠구나' 하는 생각을 가질 수 있게 되는 것이다.

창조적이고
도전적인 눈을 가지라

우리가 상대방을 멸시하게 되는 또 다른 이유는 창조적인 시각으로 사람을 바라보지 못하기 때문이다. 우리는 사람을 볼 때 서양의 전래동화 『신데렐라』 속 이야기를 상상하곤 한다. 요술쟁이가 나타나서 생쥐를 백마로 바꾸고 호박을 마차로 바꾸어 주어 왕자를 만나게 되는 그런 인생을 꿈꾸는 것이다. 상대방으로 인해 우리에게 유익이 오는 기대감만을 갖는 것이다.

  그러나 정말 위대한 삶은 그런 삶이 아니다. 정말로 위대한 삶은 매우 현실적이고 도전적이다. 신데렐라 이야기와는 상반되는 우리나라 전래 동화인 『바보 온달과 평강 공주』를 보자. 평강 공주는 바보 온달을 처음 만났을 때 그가 굉장한 왕자님이기를 바라지 않았다. 반대로 그의 미천한 모습을 보고 그를 멸시하지도 않았다. 평강 공주는 오로지 바보 온달을 어떻게 하면 위대하게 만들지에만 초점을 두었고, 실제로 그를 멋지고 용맹스러운 장군으로 바꾸어 놓았다.

  우리는 상대방으로 인해 우리가 어떤 유익을 누릴 수 있을지에만 집중할 것이 아니라, 문제 있는 사람을 만나서 그 문제를 해결하고 그를 위대한 인생으로 바꾸는 데에 의미를 두어야 한다. 그 가운데서 사람을 만나는 기쁨을 누릴 수 있어야 한다. 배우자이든, 친구이든, 동역자이든, 동료이든 부족하고 문제 있는 모습이 나타나면 원망할 것이 아니라 하나님이 우리를 통해 그 사람의 부족함을 채우실 것이라는 마음을 가져야 한다.

  물론 하나님은 누군가의 부족함을 채우실 때 직접적으로 채워 주기도 하신다. 그러나 때로는 다른 사람을 통하여 그 일을 행하기도 하신다. 이러한 사실을 기억하며 상대방을 바라본다면 창조적인 마음을 가질 수 있다. 그럴 때 비로소 하나님이 우리를 통해 상대방에게 하실 일을 기대할 수 있게 된다. 기대란 바로 이럴 때 필요한 것이다.

: 상대방을 위대하게 만들고자 한다면 멸시할 수가 없다

우리는 이 땅에서 돈이나 명예를 남기라고 보내진 존재들이 아니다. 하나님 앞에 가져갈 것은 돈도 아니고, 지식도 아니고, 명예도 아니고, 권세도 아니다. 하나님께서 우리에게 기대하시는 것은 '서로의 존재를 위대하게 만들어 주는 역할을 하는 사람이 되는 것'이다. 가족, 교우, 직장 동료들의 연약함을 채워 주는 것이 인생의 가장 위대한 능력이고, 사람을 만들어 가는 것이 가장 위대한 일이다. 그러므로 우리는 분명 누군가를 위대하게 만들고 세워 주는 사람이 될 수 있음을, 우리는 그것을 하기 위해 이 세상에 존재함을 알아야 한다.

우리는 이제 상대방을 바라볼 때 멸시하려고 하기 전에 그를 통해 위대한 역사를 이루려는 꿈을 가져야 한다. 사실 우리가 사람을 멸시하는 이유는 우리에게 창조적인 능력이 없어서 그런 것일지도 모른다. 우리가 그 사람을 변화시킬 수 있는 능력이 없기 때문에 우리의 능력 없음을 감추고자 멸시를 하는 것이다. 만약 우리가 상대방을 위대하게 만들 수 있다면 절대로 그를 멸시하지 않게 된다. 오히려 상대방을 통해 삶의 보람을 느끼게 될 것이다.

: 도우려 하면 내 인생도 위대해진다

자신의 마음에 있는 멸시의 마음을 근본적으로 해결하고 싶은가? 멸시의 문제를 끊고 싶은가? 그렇다면 하나님께 드리는 기도가 바뀌어야 한다. '하나님, 저에게 창조적이고 적극적이며 도전적인 기상氣像을 허락해 주세요. 저의 가진 것으로 다른 사람을 위대하게 할 수 있는 사명

감을 주세요.' 이렇게 우리의 기도와 눈빛과 시선이 바뀌어야만 진정한 그리스도인이 될 수 있다. 이렇게 창조적이고 도전적인 마음으로 기도하면 하나님께서 반드시 능력을 부어 주신다. 인격적인 문제든, 경제적인 문제든, 인간관계의 문제든, 우리가 지금 멸시하고 있는 상대방을 도와주려고 애쓰다 보면 하나님께서 우리에게 필요한 그 모든 능력을 채워 주신다.

가령 '저 사람은 실력도 갖추었고 인격도 훌륭한데 윗사람들에게 아부를 잘 못해서 그 재능이 다 발휘되지 못하는구나' 하고 생각된다면 '내가 저 사람에게 인간관계를 좀 연결해 주어야겠다'라고 마음먹게 되는 것이다. 그러면 신기하게도 우리의 인간관계가 넓어지기 시작하고, 우리의 넓어진 인간관계를 통해 상대방을 도와줄 수 있는 길도 함께 열리게 된다. 이것이 바로 하나님의 역사이다. 남을 살리므로 우리도 사는, 그런 역사가 비로소 시작된다.

경계선을 뚫어야
서로의 숨통이 트인다

한편 우리가 상대방을 멸시하는 이유에는 그 사람의 문제, 우리의 문제도 아닌 또 다른 문제가 내재돼 있을 경우가 많다. 그것은 바로 경계선의 문제이다. 상대방과 우리는 서로 다른 삶 속에 살고 있지만 그 경계선이 너무도 뚜렷해서 절대로 그 선을 서로 넘으려 하지 않는 것이다. 사실 하나님은 우리의 삶 가운데 그 어떤 경계선도 그어 놓지 않으셨다. 그러나 사람은 스스로 계급을 만들고 지역 간에 벽을 만들어 사회적, 경제적, 종교적으로 선을 그어 놓았다. 그리고 이것을 멸시의 마음이 생기게 하는 도구로 활용해 왔다.

: 나와 다르다는 것이 증오의 이유가 될 수는 없다

  사울의 경우를 다시 한 번 살펴보자. 사울은 아나니아를 비롯해 다메섹에 있는 사람들을 닥치는 대로 끌고 오려 했다. 그 이유는 단 하나, 예수님을 믿는다는 이유 때문이었다. '저 사람은 예수쟁이, 나는 유대인'과 같은 사울의 사고가 아나니아와 다른 그리스도인들을 멸시하게 만든 것이다. 예수님을 믿는 그들이 사울에게 해를 끼친 것도 아닌데, 자신과 다른 믿음 속에 산다는 이유만으로 그들을 미워하고 멸시했다.

  우리도 돌아보면 종교적인 이유로 사람을 멸시할 때가 있다. 목탁을 두드리면서 지나가는 승려를 향해 '사탄아, 물러가라' 하고 소리 지르는 경우가 바로 그렇다. 승려들은 세속을 버리고 석가모니의 공덕을 의지해 자비를 실천하려고 애쓰는 사람들이다. 그들이 구원받을 수 있도록 우리가 그들을 위해 기도해야 하는 것은 맞지만 사람 자체를 괜히 미워할 필요는 없다. 그들 역시 하나님의 은혜를 받아야 하는 사람들이고 긍휼히 여김을 받아야 하는 사람들이기 때문이다. 그들은 영적인 시각에서 긍휼히 여겨야 할 대상이지 증오하고 멸시해야 할 대상은 아니다.

: '그 사람은 안 됩니다'라는 말은 접자

아나니아의 경우도 마찬가지이다. 아나니아는 처음에 사울이라는 사람을 만난 적도 없었다. 그럼에도 예수님께서 사울에게 안수를 해주라 명하셨을 때 아나니아는 사울을 경계했다. "주여 이 사람에 대하여 내가 여러 사람에게 듣사온즉 그가 예루살렘에서 주의 성도에게 적지 않은 해를 끼쳤다 하더니"행 9:13 과거의 일 때문에 아예 처음부터 사울에게 선을 그어 버린 것이다. 사실 아나니아는 예수님을 만난 사람이기 때문에 예수님께서 죄인을 택하시어 의인이 되게 하셨음을 잘 알고 있었다. 또한 원수를 사랑하라고 하신 진리의 복음에 대해서도 잘 알고 있다. 그럼에도 그는 사울을 피하고 있었다.

우리 역시 이런 마음이 들 때마다 '그 사람은 안 됩니다'라고 그어 놓은 선을 반드시 뛰어넘을 수 있어야 한다. 그리스도 안에서 경계선이란 없기 때문이다. 사회적, 종교적인 경계선을 뛰어넘는 것이 그리스도인의 능력이기 때문이다. 결국 아나니아는 이 벽을 넘어 사울을 찾아갔고 기독교 역사에서 위대한 인물이 태어날 수 있게 하는 중대한 기초를 형성했다. 이 모든 것이 멸시 앞에서 이루시는 하나님의 놀라운 역사이다.

예수님은 멸시받던
사마리아 여인을 어떻게 대하셨을까

예수님의 공생애 당시 사마리아인들은 유대인들로부터 인간 취급도 받지 못했다. 요한복음 4장에 등장하는 사마리아 여인도 마찬가지였다. 그런데 그런 삶을 사는 여인을 예수님께서는 만나 주셨다. 그녀가 멸시받던 과거를 뒤엎고 새로운 출발을 할 수 있게 하셨다. 결국 사람들을 피해 다니던 그녀는 오히려 사람들을 찾아다니며 예수님을 전하는 사람이 되었다.

예수님은 이처럼 세상에서 멸시받던 사람을 품어 주신다. 그뿐만 아니라 멸시를 보내던 자들을 부끄럽게 만드신다. 마찬가지로 지금 만약 우리가 누군가를 멸시한다면 예수님은 꼭 그만큼 그 사람의 편이 되어 주실 것이다. 동시에 멸시하는 우리를 부끄럽게 만드실 것이다.

치료자 하나님과의 감정적 만남

우리는 멸시받는 것을 참으로 싫어하지만 아이러니하게도 누군가를 멸시하는 것은 너무나 쉽게 행한다. 비록 겉으로 드러내지 않는다 해도 하나님께서는 우리 속에 있는 멸시의 마음을 다 아신다. 우리가 누군가 멸시하고자 하는 마음이 들 때면 다음의 말씀을 생각해 보자.

STEP 1_ 사람이기에 사람의 수준에 맞춰서 대하라

상대방에 대해 지나치게 높은 기준이나 엄격한 잣대를 설정해 놓은 것은 아닌지 돌아보자. 사람은 누구나 부족하고 약한 존재일 수밖에 없음을 받아들이자.

STEP 2_ 상대방을 통해 내가 할 수 있는 일을 기대하라

상대방의 부족함을 멸시의 시선으로 바라보지 말고, 그 부족함을 우

리로 인해 채워 주시는 하나님의 은혜를 체험하자. 하나님은 상대방을 직접 돕기도 하시지만 우리를 통해서도 도우심을 기억하자.

STEP 3_ 하나님이 원치 않으시는 경계선을 타파하라

우리 사회와 우리 마음 안에는 상대방이 결코 넘지 못할 경계선이 있다. 우리와 다른 사람은 받아들이지 않으려는 그 경계선을 뚫고 구원의 숨통이 트이게 만들자.

치료자 하나님의 처방전

타인을 향한 나의 멸시	① 상대방에게 기대감을 가졌지만 그가 내게 유익을 주지 못했을 때 ② 경계심으로 인해 나와 다른 남을 보게 될 때

⬇

성경 속에서 찾은 나의 감정 : 사도행전 9장 11-15절

훗날 동역자가 될 것을 알지 못한 채 서로 멸시하고 있는 사울과 아나니아

⬇

사울과 아나니아의 모습	우리의 모습
상대방에 대한 높은 기준과 경계심으로 인해 서로를 멸시하고 있다.	잘못된 기대감과 경계심으로 남을 배척하거나 멸시하곤 한다.

⬇

멸시의 마음을 갖는 우리에게 하나님이 주시는 말씀

"내 이름을 이방인과 임금들과 이스라엘 자손들에게 전하기 위하여 택한 나의 그릇이라"

⬇

내가 할 수 있는 하나님의 방법	하나님의 위로하심
사람에게 너무 큰 기대를 하지 마라.	기대하지 않는 만큼 상대방을 긍정적으로 보게 도와주신다.
내가 상대방의 부족함을 채울 수 있는 일에 도전하라.	남을 돕는 만큼 나에게 더 채워 주신다.
내 안에 있는 모든 경계선을 허물라.	모두 하나님의 한 자녀임을 알 때 하나님은 천국 가족의 행복을 얻게 하신다.

⬇

	멸시하려는 마음이 들 상황에 대비하기
STEP 1	잘못된 기준, 너무 높은 기대심을 버리라.
STEP 2	상대방을 통해 내가 할 수 있는 일을 개발하고 창조하라.
STEP 3	나와 상대방을 가로막는 경계선을 없애라.

증오

A. 내가 증오의 대상이 될 줄이야

나를 향한 증오

이북에서 월남하여 평생 인술을 베풀며 살아온 장기려 박사의 이야기를 짧게 소개하고자 한다. 일제 강점기 시절, 의학 공부를 하던 그가 수련의 과정을 밟을 때였다. 하루는 장 박사가 병원 복도에서 친구와 환담을 나누는데 지나가던 일본인 간호사가 "더러운 조선인"이라고 중얼거리는 것이었다. 이 말을 들은 장 박사는 조선인을 증오하는 그 말에 화를 참지 못해 그 일본인 간호사를 계속해서 미워했고 한번은 뺨까지 때리고 말았다. 그런데 그렇게 장 박사에게 미움을 받던 일본인 간호사는 언제부터인가 시름시름 앓더니 결국 죽고 말았다.

나중에 알고 보니 그 일본인 간호사가 장 박사에게 증오의 말을 한 것은 사실이 아니었다. 그날 간호사가 복도를 지날 때 장 박사와 함께 있던 친구가 코를 푸는 것을 보고 간호사가 더럽다고 말한 것을 장 박사가 오해한 것이었다. 뒤늦게 이 사실을 알게 된 장 박사는 그리스도인으로서 너무도 큰 죄책감에 사로잡혀 괴로워하다가 '이제부터 사랑의 의술을 펼쳐 평생토록 속죄해야겠다'고 결심하게 되었다. 그러면서 장 박사는 그 어떤 의료 기술보다도 귀중한 것이 바로 사랑의 마음임을 비로소 깨닫게 되었다고 고백했다.

내 감정과의 대면

만약 누군가 지금 나를 증오하고 있다면, 과연 어떤 기분이 들까? 우선 몹시 당황스러우면서도 '내가 큰 잘못을 저질렀구나' 하는 죄책감이 밀려들 것이다. 하지만 그러면서 동시에 '그런데 그 일이 그렇게까지 나를 미워할 만한 일일까?' 하는 의구심도 들지 모른다. 상대방에게 증오심을 갖게 한 나의 실수나 잘못에 대해 미안한 마음이 들면서도, 동시에 나 역시 상대방에게 분노의 마음을 품게 되는 것이다.

이처럼 누군가가 나를 증오하게 되면, 처음에는 자신을 원망하다가도 어느 순간 상대방에 대한 원망을 품게 된다. 잘못을 했든 안 했든 그 여부를 떠나, 이처럼 갑작스러운 감정의 공격을 받으면 당황할 수밖에 없기 때문이다. 또한 이런 상황에 더욱 당혹스러운 것은 지금 내가 할 수 있는 일이 없다는 데에 있다. 나를 증오하는 상대방의 마음을 풀어 주고 싶은데, 그 방법을 도무지 알 수가 없는 것이다. 왜냐하면 증오의 감정은 한순간의 화난 감정이 아니라 지속적으로 쌓여 온 나에 대한 반감이기에, 단순히 지금 내가 상대방을 풀어 주기 위해 노력한다 해도 그 감정이 쉽사리 끝나지는 않기 때문이다.

게다가 상대방의 증오를 풀어 주기 더욱 힘든 것은 이 증오심을 풀기 위해 나서는 것 자체가 상대방에게는 나에 대한 증오를 더욱 돋우게 하는 일이 될 수 있기 때문이다. 지금 나를 증오하고 있는 상대방은 내 얼굴조차 보고 싶지 않고 내 목소리조차 듣기 싫은데, 내가 그에게 과연 무엇을 해줄 수 있을까?

하나님 말씀과의 대면

"아나니아가 대답하되 주여 이 사람에 대하여 내가 여러 사람에게 듣사온즉 그가 예루살렘에서 주의 성도에게 적지 않은 해를 끼쳤다 하더니 여기서도 주의 이름을 부르는 모든 사람을 결박할 권한을 대제사장들에게서 받았나이다 하거늘 주께서 이르시되 가라 이 사람은 내 이름을 이방인과 임금들과 이스라엘 자손들에게 전하기 위하여 택한 나의 그릇이라 그가 내 이름을 위하여 얼마나 고난을 받아야 할 것을 내가 그에게 보이리라 하시니" 행 9:13-16

자녀가 이렇게 힘든데
아버지 하나님은 왜 가만히 계시나요?

이런 상황이 되면 우리는 어찌할 바를 몰라 한참을 넋 놓고 있다가 하나님에게 힘없이 한마디 건네게 된다. "왜 저에게 이런 시련을 주시나요?" 하고 말이다.

가령 사랑하는 자녀가 학교에서 친구들과 의견이 맞지 않아 본의 아니게 친구들 사이에서 증오의 대상이 되었다고 해보자. 부모로서 이것은 끔찍한 일이 아닐 수 없다. 부모라면 누구나 자녀가 어디를 가든 사랑받고 존중받기를 간절히 바라기에 아이가 좋은 친구 관계, 정상적인 학교생활을 하도록 항상 최선의 노력을 기울이기 때문이다. 그런데 하나님께서는 왜 우리 자녀가 이토록 증오받을 때까지 가만히 내버려 두신 걸까? 사랑하는 자녀가 다른 사람에게 미움받고 증오를 사서 괴로워하는데 왜 진작 도와주지 않으신 걸까?

물론 이런 질문은 철없는 질문처럼 보일 수 있다. 하지만 우리는 마음이 힘들고 지쳐 길을 헤맬 때 이 질문만 붙잡고 있어도 위기를 극복할 수 있는 길이 뚫린다. 단순히 원망의 마음만이 아니라, 정말로 하나님의 뜻이 궁금한 마음에 '왜 하나님은……'이라고 묻다 보면 그 과정에서 하나님의 뜻을 깨달아 나갈 수 있기 때문이다.

사울과 아나니아를 살펴보면, 공교롭게도 아나니아는 사울에게, 사울은 아나니아에게 증오의 마음을 품어 왔다. 아나니아는 그저 예수님을 믿는다는 이유만으로 사울의 증오를 샀고, 사울은 이제 과거를 접고 예수님 안에서 새롭게 출발하려는데 과거 자신의 모습 때문에 사람들에게 용서받지 못하고 여전히 증오를 사고 있는 것이다. 아마 아나니아는 자신을 죽이려고 달려들었던 사울로 인해 증오 그 이상의 혼란스러운 마음을 겪었을지 모른다. 사울도 마찬가지로 이제는 예수님을 전하며 살고 싶은 이 간절한 마음을 사람들이 받아 주지 않고 여전히 마음 문을 열지 않아 증오 그 이상의 괴로운 마음이 임했을 것이다.

그러나 두 사람은 이런 증오로 인한 현실의 벽 앞에 주저앉지 않고 하나님의 뜻을 구했을 것이다. 아나니아는 계속된 박해의 위협을 극복하며 끝까지 복음을 전했을 것이고, 사울 역시 언젠가는 자신의 과오가 풀릴 날이 올 것을 믿으며 복음 전파자로서 준비해 나갔을 것이다. 비록 성경에는 이런 내용이 나와 있지 않지만 그들이 계속해서 하나님의 사역을 감당한 것을 보면 그들의 마음을 충분히 가늠할 수가 있다.

: 이 기회에 나 자신을 한 번 더 돌아보라

그렇다면 지금 하나님께서 우리에게 이 고통을 주고 계시는 이유는 과연 무엇일까? 우리의 몸에 아프게 꽂히는 이 증오의 가시를 통해 과연 우리가 얻을 수 있는 것은 무엇이란 말인가?

어쩌면 하나님께서는 우리를 증오하는 상대방의 차가운 시선을 통해 우리가 자신을 더 돌아볼 시간을 만들어 주고 싶으셨는지도 모른다. 물론 우리가 잘못한 것이 없는데도 그저 오해로 인해, 또는 상대방의 비틀린 생각으로 인해 우리에게 증오의 시선이 꽂힐 수도 있다. 우리의 모습 중에 마음에 들지 않는 게 있어서, 우리의 선천적인 어떤 부분이 싫어서 우리를 증오할 수도 있다. 혹은 사울의 경우처럼 우리가 저지른 과거의 잘못 때문에 우리를 증오할 수도 있고, 아나니아처럼 신앙적인 이유로 우리를 증오할 수도 있을 것이다.

그러나 아무리 오해가 있고 상대방에게 문제가 있다 하더라도, 결론적으로 이 문제의 원인은 우리에게 있다. 그것이 정당한 것이든 부당한 것이든 간에, 어쨌든 우리로 인해 이 증오심이 시작된 것이기 때문이다. 그러므로 우리는 이번 기회를 통해 우리 자신을 한 번 더 돌아볼 수 있어야 한다. 우리 자신에게 조금이라도 잘못한 부분이 있었다면, 그것을 고치는 시간으로 삼아야 한다. 우리의 작은 잘못 하나로 인해 이처럼 크게 증오심을 사게 되는 것을 억울해해서는 안 된다. 더 큰 잘못이 되기 전에 지금 알게 되었으니 감사할 일이고, 이것을 고치면 우리에게 유익이 되니 감사할 일인 것이다.

혹은 우리의 잘못이 조금도 없이, 선천적인 문제로 혹은 신앙적인 이유로 억울하게 증오심을 샀다고 해보자. 이렇게 개선할 것도, 개선할 필요도 없는 사항들에 대해서는 지혜로운 방법에 근거해 보완책을 강구해야 한다. 가령 선천적인 부족함이나 출신 배경 등으로 사람들에게 증오를 사게 되었다면 그런 것조차 충분히 극복해 낼 수 있을 만큼 훌륭한 실력을 가진 사람이 될 수 있도록 우리 자신을 발전시키는 계기로 삼아야 한다. 또 신앙적인 이유로 증오를 사게 되었다면 진리에 대한 확신은 여전히 굽히지 않되, 복음을 전하는 과정에 있어 조금 더 덕을 끼칠 수 있는 방안을 모색해 볼 필요가 있다.

하나님은 단순히 우리를 힘들게 하려고 이런 시간을 주신 것이 아니다. 무엇이든 좋은 것만을 주시고자 하는 아버지 하나님께서는 자녀 된 우리가 이런 시간을 통해 고쳐야 할 것을 고치고, 발전시켜야 할 것을 발전시키고, 보완해야 할 것을 보완하게 하신다. 이 시간을 낙심 속에서 보내느냐, 새로운 도약의 시기로 삼느냐 하는 것은 이제 우리의 선택에 달렸다.

: 하나님은 어쩌면 더 큰 위험을 막아 주셨는지도 모른다

우리를 향한 증오심 앞에서 우리는 당황되기도 하지만 한편으로 몹시 억울하기도 하다. 하지만 우리는 억울해하기보다는 감사해야 할지 모른다. 어쩌면 하나님께서는 더 큰 위험을 막아 주시기 위해 지금 이런 시간을 허락하신지도 모르기 때문이다. 지금 우리의 부족함으로 인해 훗날 큰 문제가 생기고 더 큰 피해를 끼치기 전에, 이 시간을 통해 우리를 개선시켜 주시는지도 모른다. 더 큰 위험과 아픔을 막기 위한 하나님의 놀라운 은혜인 것이다.

그러므로 우리의 문제로 인해 상대방에게 증오를 샀을 때는 이렇게 생각을 바꾸어 보자. '나중의 위험을 막아 주시기 위해 지금 나에게 작은 시련을 주시는구나' 하고 말이다. 하나님의 섭리에 이끌려 살아가는 우리에게는 그런 장기적인 안목이 필요하다. 때로는 그런 안목이 똑같은 상황에서도 낙심과 평안을 결정짓는 중요한 요인이 될 수 있다.

남이 나를 죽인다고 해서
나도 나를 죽이지 마라

누군가 우리를 증오한다는 것은 그 어떤 무기보다도 파괴력이 강하다. 증오는 칼을 들고 위협하는 것만큼이나 끔찍한 일이며 우리 영혼을 살인하는 것이나 다름없기 때문이다. "그 형제를 미워하는 자마다 살인하는 자니 살인하는 자마다 영생이 그 속에 거하지 아니하는 것을 너

희가 아는 바라"요일 3:15 이때 우리가 분명히 기억해야 할 것은 '나를 증오하는 사람이 나를 죽인다'고 해서 '나 역시 나를 죽여서는' 안 된다는 것이다.

안타깝게도 우리는 누군가 우리를 증오할 때 그 증오심에 휩쓸려 스스로 자신의 영혼을 죽이려 드는 경우가 종종 있다. '남이 나를 저토록 증오하는데 내가 스스로 자책이라도 하면 조금은 나아지겠지' 하는 착각에 빠져 자기 마음을 계속 학대하는 것이다. 그러나 반성은 하되 자책은 금물이다. 이런 상황에서 '나마저도 나를 버리면' 하나님은 너무나 마음 아파하시기 때문이다. 그러므로 우리 자신을 학대하려는 마음이 들 때면 '하나님이 나를 사랑하시니까 나도 나를 사랑해야지' 하는 생각으로 마음을 다잡아야 한다.

나를 증오하는 사람 앞에서
내가 할 수 있는 것이 있을까?

누군가 우리를 증오하게 되면 우리는 모든 일에 의미를 잃고 무기력해지기 쉽다. 무슨 일이든 열심히 할 의욕이 생기지 않을뿐더러 하고 싶어도 하기가 어렵다. 우리가 활동을 하면 할수록 우리를 증오하는 눈들이 더 무섭게 우리를 쏘아보는 것만 같기 때문이다. 우리는 이럴 때 과연 어떻게 해야 할까? 사람들의 시선이 무섭다고 그냥 피해 있어야만 할까? 지금 아무 힘도 나질 않으니 열흘이고 한 달이고 누워만 있는 것이 나을까? 하지만 하나님께서 주신 인생을 이렇게 허무하게 보낼 수는 없다. 그렇다고 우리를 증오하는 사람에게 인정받기 위해 인위적으로 나서는 것 또한 무리다. 그렇다면 이럴 때 우리가 해야 하는 구체적인 행동들은 무엇일까?

: 뭘 할지 모르겠으면 하나님께 인정받을 노력을 하라

지금 우리가 할 수 있는 것은 딱 한 가지 있다. 누군가의 증오로 인해 우리가 두려움 가운데 있을 때 유일하게 위로가 되는 분은 누구인가? 우리를 여전히 어여삐 봐주신다고 분명히 확신할 수 있는 분은 누구인가? 바로 하나님이시다. 그러므로 우리는 이런 상황에 처해 있을 때 그저 하나님께 인정받기 위해 노력하면 된다. 하나님이라면 우리의 모습을 편견 없이 바라봐 주실 테니 하나님께 기쁨이 될 만한 일들을 찾아보면 된다.

사실 그동안 우리는 세상에서 성공하는 데 신경 쓰랴, 주변 사람들 신경 쓰랴, 하나님께 잘 보일 행동을 하지 못했다. 기껏해야 교회 안에서 하는 몇 가지 행위가 전부였다. 심지어 그것조차도 사람들을 의식하면서 했을지 모른다. 그만큼 우리는 하나님보다는 다른 사람들을 기쁘게 하느라 정신이 없었던 것이다. 그러니 우리는 이때를 기회로 삼아야 한다. 하나님께 인정받기 위해 제대로 한번 노력해 보자. 지금 우리를 향해 있는 증오로 인해 복잡해진 마음을 그 한곳에 쏟아 보자. 그리고 그 열심으로 아픔을 이겨 보자.

: 서서히 내가 변하면 서서히 남도 변한다

놀랍게도 이런 노력을 하게 되면 우리 스스로가 변하기 시작한다. 우리를 어여뻐 봐주실 유일한 분에게만 집중하니 진정한 변화를 경험하게 되는 것이다. 가령 이전에는 봉사를 해도 사람들에게 잘 보이기 위해 했다면 이제부터는 전적으로 하나님의 기쁨이 되기 위해 순수한 마음으로 하게 되는 것이다. 그리고 우리는 이를 통해 대가 없이 헌신하는 법을 배우게 되며, 이런 변화는 우리에게 성숙을 경험하게 하고 이로써 사람들 역시 우리를 다르게 보기 시작하는 출발점이 될 수 있다. 우리를 향한 상대방의 증오를 풀기 위해 애를 쓴 것도 아닌데, 오히려 상대방은 우리의 변화된 모습에 마음이 녹아 증오가 풀리는 신기한 경험을 하게 되는 것이다.

사울의 경우도 마찬가지였을 것이다. 그가 자신을 증오하는 다른 그리스도인들의 마음을 풀기 위해 인간적으로 노력했다면 어떠했을까? 오히려 그들은 사울이 수를 쓴다고 의심했을지도 모른다. 그러나 사울은 그들의 증오를 풀려고 노력하기보다 예수님의 은혜를 떠올리며 순수하게 복음 증거에만 힘썼다. 그 결과 다른 그리스도인들의 증오가 서서히 풀릴 수 있었고, 얼마 후 바나바라는 소중한 동역자도 만날 수 있었다.

자신을 증오하는 유대인들 앞에서
예수님은 어떻게 하셨을까

예수님은 사람들에게 영생의 말씀에 대해 가르치셨다. 그러나 유대인들은 예수님을 귀신 들린 사람으로 취급했고, 예수님은 결코 아브라함 같은 선지자보다 더 위대한 이가 될 수 없다고 생각했다. 그러자 예수님은 아브라함과 자신의 관계에 대해 "진실로 진실로 너희에게 이르노니 아브라함이 나기 전부터 내가 있느니라 하시니"요 8:58라고 말씀하셨고 이에 분노한 유대인들은 예수님을 증오하며 돌로 치려고까지 했다. 그러나 예수님은 그들을 달래시거나 해명하지 않으셨고 성전에서 나가셨다. "그들이 돌을 들어 치려 하거늘 예수께서 숨어 성전에서 나가시니라"요 8:59 예수님은 지금 하나님의 말씀을 있는 그대로 증거하시는 중이었기에 그들의 증오에 연연해하실 필요가 없으셨다. 예수님께서는 그저 하나님이 뜻하신 다음 일을 위해 그곳을 떠나시는 일에 집중하시면 되는 것이었다.

치료자 하나님과의 감정적 만남

우리에게 증오의 칼날이 겨누어질 때면 우리는 그저 눈물만 나올 뿐 아무것도 할 수 없게 된다. 이때 하나님께서 이 마음을 통해 우리에게 계획하신 것은 무엇일까?

STEP 1_ 증오를 사게 된 것도 하나님의 입장에서는 기회일 수 있다

정당한 이유든 부당한 이유든, 이번 일을 계기로 우리 자신을 돌아볼 수 있어야 한다. 어찌되었든 그 원인은 우리에게 있기 때문에 개선할 것은 개선할 필요가 있다.

STEP 2_ 문제는 돌아보되, 자신을 버리지는 마라

사람들의 증오에 휩싸여 자기 스스로를 증오하는 일은 없어야 한다. 고칠 것이 있으면 고치되, 자신의 존재 자체를 부정하거나 스스로를 학

대하지는 말자.

STEP 3_ 이 기회를 전적으로 하나님께 인정받는 시간으로 삼자

사람을 위해 무엇인가를 할 수 없는 상황이라면, 이 기회를 하나님께 전적으로 헌신하는 시간으로 바꾸어 보자. 그러면 우리도 발전하고 우리를 보는 사람들의 눈도 바뀔 수 있다.

치료자 하나님의 처방전

나를 향한 증오	① 내가 잘못하거나 실수했을 때 ② 나의 선천적인 문제나 신앙적 이유로 인해

성경 속에서 찾은 나의 감정 : 사도행전 9장 13-16절
신앙적인 이유로 서로를 증오한 사울과 아나니아

사울과 아나니아의 모습	우리의 모습
신앙적인 이유로, 또 과거의 악행으로 인해 증오를 사게 되었다.	내 잘못으로 혹은 억울한 이유로 타인의 증오를 사게 되었다.

증오 앞에 괴로워하는 우리에게 하나님이 주시는 말씀
"그들이 돌을 들어 치려 하거늘 예수께서 숨어 성전에서 나가시니라"

내가 할 수 있는 하나님의 방법	하나님의 위로하심
이 기회에 나 자신을 돌아보라.	스스로 돌아보고 개선한 만큼 우리에게 복이 된다.
나 자신을 죽이지 마라.	우리가 스스로 자신을 아프게 하면 하나님께서도 아파하신다.
하나님께 인정받을 기회로 삼으라.	이번 일이 모든 사람에게 사랑받는 기회가 될 것이다.

	삶 가운데 찾아올 증오에 대비하기
STEP 1	하나님의 시각 안에서 나 자신을 돌아보라.
STEP 2	반성하되 자책하지 마라.
STEP 3	하나님께 인정받으면 상대방도 나에 대한 증오를 거두게 된다.

증오

B. 증오할 수밖에 없는 사람인 줄 알았는데
타인을 향한 나의 증오

2001년 발생한 '9·11 테러 사건'은 수많은 사람의 목숨을 앗아간 세계적인 대참사로 지금도 우리의 가슴속에 아픔으로 남아 있다. 사건 당일 미국에 사는 수전 레틱Susan Retik이라는 여성은 아침 일찍 남편이 타고 간 비행기가 미국 뉴욕의 세계무역센터와 충돌했다는 소식을 뉴스로 접하자 큰 충격에 빠지고 말았다. 당시 셋째 아이를 임신 중이던 수전은 도무지 이 현실을 믿을 수가 없었고 슬픔과 증오심만이 가슴 가득 차오를 뿐이었다. 그런 그녀에게 여러 단체에서 보내오는 위로 편지나 지원금은 아무런 위안도 되지 못했다.

그러던 어느 날 뉴스 화면 속 아프가니스탄 여성들의 모습을 접하게 된 수전은 수십 년간 계속된 종교 분쟁으로 남편을 잃고 하루하루 처참하게 생활하는 그녀들의 모습을 보자 마음이 움직이기 시작했다. 자신보다 더 어려운 처지에 있는 그 여인들은 아무런 지원금도 받고 있지 못할 뿐만 아니라 위로의 말 한마디 듣지 못하고 있었던 것이다. 수전은 9·11 테러 사건 유족으로서 받은 위로금을 아프가니스탄 여성들과 나누기로 결심하고 '9·11을 넘어서 Beyond the 11th'라는 비영리단체를 설립했다. 많은 사람이 이런 수전의 뜻에 동참했고 2010년 미국 대통령으로부터 '올해의 위대한 시민상'을 받기도 했다. 테러로 인한 상처를 증오로 갚지 않고 사랑과 나눔으로 승화시킨 이 아름다운 이야기를 통해 우리는 증오심마저 물리쳐 주시는 하나님의 놀라운 섭리를 알 수 있다.

내 감정과의 대면

우리는 살면서 누군가를 향해 미움과 증오심이 생겨날 때가 있다. 누군가 우리에게 상처를 주거나 피해를 줄 때면 그 사람이 미워져 도저히 참을 수가 없어진다. 그런데 문제는 그렇게 한 번 생겨난 증오의 마음은 쉽사리 없어지지 않고 점점 더 감정이 복받치며 그 증오심이 눈덩이처럼 불어나게 된다는 사실이다. 이 증오심을 여기서 빨리 멈춰야 한다는 걸 잘 알면서도 우리의 마음은 결코 우리 의지대로 되지가 않는다. 그럴 때면 "증오의 마음을 거두고 그 사람을 용서하라"고 설교하는 목회자가 미워지기까지 할 정도이다.

이처럼 우리 자신에게 상처를 준 상대방에 대해 '다른 사람은 몰라도 그 사람은 절대 용서할 수 없어' 하는 생각을 갖는다면 우리는 스스로를 전능자로 여기는 것과 마찬가지가 된다. 그 사람을 우리가 심판하려 드는 것이기 때문이다. 그렇게 되면 자연히 우리에게 있어 하나님이 역사하실 공간은 없어지게 된다. 물론 하나님께서는 이런 우리의 잘못된 모습을 단번에 고쳐 주실 수도 있다. 그러나 인격자이신 하나님은 우리를 억지로 바꾸지는 않으신다. 조금 더 시간이 걸리더라도 우리가 스스로 깨달아 우리 손으로 고칠 때까지 기다려 주신다.

그렇다면 우리는 왜 우리 마음에 들어온 이 증오의 감정을 그 무엇으로도 없애지 못하는 것일까? 증오로 인한 이 감정과 생각을 왜 바꾸려고 하지 않는 것일까? 이제 우리는 우리 마음에 찾아온 이 증오심의 실체에 대해 조금 더 자세히 들여다보자.

하나님 말씀과의 대면

"아나니아가 대답하되 주여 이 사람에 대하여 내가 여러 사람에게 듣사온즉 그가 예루살렘에서 주의 성도에게 적지 않은 해를 끼쳤다 하더니 여기서도 주의 이름을 부르는 모든 사람을 결박할 권한을 대제사장들에게서 받았나이다 하거늘 주께서 이르시되 가라 이 사람은 내 이름을 이방인과 임금들과 이스라엘 자손들에게 전하기 위하여 택한 나의 그릇이라 그가 내 이름을 위하여 얼마나 고난을 받아야 할 것을 내가 그에게 보이리라 하시니" 행 9:13-16

팩트에 매여 있으면
오히려 안 보이는 것이 더 많아진다

우리가 증오심을 만들고 그것을 지속해 가는 데에 가장 크게 기여하는 요소는 놀랍게도 바로 팩트fact, 곧 '사실'이다. 차라리 우리가 오해한 것이면 조금 더 생각해 볼 여지라도 있을 텐데, 상대방의 행동이 분명한 사실로 드러나게 되면 그때부터는 용서가 안 된다.

  사울의 모습을 한 번 살펴보자. 처음에 사울은 살기가 등등하고 증오심이 가득했다. 사울의 눈에 비친 사람들의 모습은 이단의 괴수인 예수를 믿고 따르는 어리석은 자들이었기 때문이었다. 사울의 이러한 죽음의 위협을 받고 있는 아나니아의 입장에서도 자신을 비롯해 많은 그리스도인을 위협한 사울에게 증오심이 들기는 마찬가지였다. 이 둘은 모두 철저한 사실에 근거하여 서로를 증오하고 있다. 이렇듯 사실은 상대방을 증오할 만한 충분한 근거를 만들어 준다. 확실한 사실만 있다면 우리의 마음은 언제라도 증오심으로 불타오를 수 있는 것이다.

: 과거의 '사실' 안에 미래의 '가능성'을 가둔다는 것은

  하지만 이 부분에 있어 우리가 간과하고 있는 것이 있다. 우리가 알고 있는 그 사실이 그토록 분명하다 할지라도, 그 자체로 엄청난 한계를 가질 수 있다는 것이다. 왜냐하면 그 사실 자체는 비록 틀린 것이 없다 해도, 그 사실 하나만을 가지고 상대방의 모든 것을 한정해 버리는 것은 그야말로 '사실'을 가지고 '거짓'을 만들어 내는 일이기 때문이다. 그렇기에 한 가지 혹은 몇 가지 사실로만 그 사람을 판단하는 것은 객관적인 행동이라기보다는 그 사람에 대해 잘못된 정보를 얻게 되거나 그릇된 방법으로 상대방을 매도할 수 있는 길이 된다.

  이처럼 사실이 사실일지라도, 사실에만 집착하면 문제가 생기게 된다. 이는 상대방의 본질과 미래를 그 한 가지 사실에만 가두는 것이기 때문이다. 상대방이 일정한 시간과 일정한 공간에서 행한 그 한 가지 사실은 사실이기는 하지만, 동시에 지나간 과거에 불과하다. 그러므로 한 가지 사실만을 가지고 상대방에 대한 증오심을 발동한다면 우리는 죄를 범하는 것과 다를 것이 없다. 상대방이 어떻게 변화될지도 모르는데, 상대방의 미래의 가능성 전부를 우리 손으로 과거 안에 가두어 버렸으니 말이다.

: 상대방을 제한하려다 하나님마저도 제한하게 된다

무엇보다 하나님께서 상대방의 인생 가운데 얼마나 위대한 변화를 일으키실지 우리는 아무도 모른다. 그러므로 하나님을 신뢰하는 마음으로 상대방을 바라볼 수 있어야 한다.

하지만 안타깝게도 우리는 상대방에 대해 쉽게 단언할 때가 많다. "그 사람이 그랬어. 정말이야. 내가 봤다니까" 하고 말이다. 사울의 경우도 마찬가지이다. 사울이 회심한 후 예수님을 증거하자 사람들은 "예루살렘에서 이 이름을 부르는 사람을 멸하려던 자가 아니냐"행 9:21라고 말했다. 물론 그것은 사실이었다. 하지만 사울은 지금 변화되어 있는 상태이다. 과거의 사실과는 정반대의 모습으로, 정반대의 일을 행하고 있다. 지금은 예수님을 하나님의 아들이라 증거하고 있고, 한때 자신처럼 그리스도인을 핍박하는 유대인들에게 예수님을 전하는 사람으로 바뀌어 가고 있다. 사울에게는 이제 과거의 그 사실이 무의미해졌다. 심지어 과거의 그 사실 때문에 지금 그가 전하는 복음의 효과가 더 크게 나타나기까지 한다.

이렇듯 한 가지 사실만을 가지고 상대방을 제한하는 것은 그 대상을 제한하는 것에서 끝나지 않는다. 상대방을 변화시킬 수 있는 하나님의 능력까지도 제한하는 꼴이 된다. 곧 하나님의 미래를 닫아 버리는 일이 된다. 우리가 본 한 가지 사실에만 집착하는 것은 이처럼 하나님의 전능하심을 인정하지 않는 일이 될 수도 있다는 것을 알아야 한다.

여론 안에 잠재된
위험성을 기억하라

다음으로 우리가 상대방을 증오하고 용서하지 못하는 것은 여론에 집중하기 때문일 수 있다. 곧 '남들도 다 그러기 때문에' 용서가 안 되는 것이다. 아나니아는 지금 예수님께 따지고 있다. "내가 여러 사람에게 듣사온즉 그가 예루살렘에서 주의 성도에게 적지 않은 해를 끼쳤다 하더니"행 9:13 지금 아나니아는 자신만 그런 생각을 하는 것이 아니라 여러 사람이 그렇게 생각하고 있다며 호소하고 있다. 바로 여론이 이와 같은 모습으로 증오를 낳게 하는 것이다.

실제로 우리는 누군가를 판단할 때 정확한 데이터나 소식통에 의해서 결정을 내리기 때문에 그 증오는 아주 합리적이라고 생각할 때가 많다. 그렇기 때문에 데이터를 수집하면 수집할수록, 여론을 들으면 들을수록 우리의 증오는 더 강화될 수밖에 없다. 하지만 이것 역시 심각한 실수일 수 있다는 것을 알아야 한다. 많은 사람이 의견을 통일시켰다고 한들, 그들의 평가가 정확하다고 할 수 있을까? 많은 사람이 동의한다는 이유만으로 그것은 당연히 옳은 일이 되는 것일까? 우리는 사람들의 시선을 따라 생각할 것이 아니라 하나님의 시선으로 볼 줄 알아야 한다. '여론輿論'이 아니라 '주론主論'으로 사람을 바라보아야 한다. 그런 면에서 어쩔 때는 여론이 가장 무서운 독재가 될 수 있다. 실제로 예수님께서 십자가에 못 박혀 죽으신 것도 여론 때문이었다.

아무리 다수의 의견이 중요하다 해도, 그것으로 하나님의 말씀을 무기력하게 한다면 분명 죄가 된다. 지금 하나님을 정말로 믿고 있는가? 그렇다면 모든 사람이 어떻게 생각하든, 하나님께서 상대방을 어떻게 귀하게 여기시는지를 보아야 한다. 우리는 여론 때문에 쓸데없는 증오심을 키우지만 하나님은 그렇지 않으시다. 복음의 놀라운 능력은 바로 여기에 있다.

우리의 신념이
때로는 독이 될 수 있다

우리가 증오심을 갖는 이유 중 주목할 것이 하나 더 있다. 그것은 우리 자신의 신념의 문제와 연결된다. 우리는 모두 자신만의 신념을 가지고 있다. 그런데 이것이 안경이 되어 선입견을 가지고 세상을 바라보게 된다면 이는 매우 위험한 일이 된다. 특히 신앙에 신념이라는 안경을 쓰게 되면 심각한 상황을 초래할 수 있다.

: 사울에게 신앙이던 것이 하나님에게는 불신앙이었다

사울은 과거에 분명히 하나님을 위해 열심히 일했던 사람이다. 하나님의 말씀, 하나님의 율법을 지키기 위해 누구보다 열심이었고 이를 위해 많은 사람을 잡아 죽일 계획까지 하고 있었다. 그러나 그의 신념은 잘못된 것이었다. 더욱이 자신의 신념이 부분적이고 온전하지 못할 수 있다는 것을 인정하지 못했기에 더욱 문제가 되었다. 이처럼 자신의 생각에 문제가 없다고 여기는 것만큼 성숙하지 못한 것이 없다. 자신이 가장 완전한 존재라고 여기면 그만큼 자신의 생각에 뉘우침이 없게 되고 계속해서 잘못된 길로 가게 되기 때문이다.

우리가 예수 그리스도를 구주로 믿는 가장 특징적인 현상은 '우리 자신이 죄인임을 고백하는 것'이다. "하나님, 저는 죄인입니다. 저는 아무것도 할 수 없습니다. 저는 아무것도 알지 못합니다"라고 말할 수 있는 것이다. 복음이라는 것은 이처럼 자신의 한계를 인정하고 들어가는 것인데, 이것을 인정하지 못한 채 자기 신념에 빠져 그저 앞으로 돌진하면 증오의 늪에 쉽게 빠지게 된다.

이제 우리는 우리 자신이 결코 완전하지 못한 존재임을 인정해야 한다. 우리는 인간이라는 한계로 인해 기억력도, 판단력도 올바르지 않을 때가 많고, 때로는 자신이 무슨 말을 하는지도 모른 채 살아간다. 이 세상의 책을 모조리 읽은 것도 아니면서, 아니 세상의 모든 책을 읽는다 해도 결코 알 수 없을 것인데, 지금 우리가 아는 것이 진리인 양 착각하는 것이다.

그러므로 우리는 우리가 하나님의 자리에 앉아 있는 심판자가 아니고 죄인 중의 한 사람임을 잊지 말아야 한다. 우리는 판단하는 자가 아니라 판단받아야 하는 자이다. 그러므로 더는 우리의 신념에 의존하여 누군가를 증오하는 것을 정당화해서는 안 된다.

: 신념의 한계를 인정하면 하나님의 시간이 시작된다

아나니아도 처음에는 사울을 증오할 수밖에 없었지만 자신의 신념이 잘못되었음을 알고 바로 예수님 앞에 무릎을 꿇었다. 예수님께서 하라고 하신 대로 사울에게 안수했고 회복될 수 있도록 도왔다. 그리고 아나니아는 그때부터 사울을 형제라고 부르기까지 했다 행 9:17. 과거에 자신을 핍박하고 죽이려 했던 자에게 형제라고 말한다는 것은 어떤 의미일까? 아나니아는 자신이 잠시 예수님 앞에서 교만했고 자신도 용서받아야 할 대상임을 알게 된 것이다. 자신이 예수님을 믿는다는 것은 죄인이었던 자신도 은혜와 용서를 받았음을 뜻한다는 것을 이제야 다시금 깨닫게 된 것이다. 곧 복음으로 돌아온 것이다. 그렇기 때문에 아나니아는 '당신과 나는 똑같은 사람입니다' 하는 마음으로 사울을 형제라 부를 수 있었다.

우리는 누구나 사울과 아나니아처럼 처음에는 잘못된 신념에 갇혀 있을 수 있다. 그러나 하나님께서 그것을 고쳐 주실 때 온전히 순응한다면, 그 신념의 틀에서 벗어나 하나님의 진리 가운데서 말하고 행동할 수 있게 된다. 이 두 사람이 우리에게 훌륭하게 기억될 수 있었던 것도 바로 자신의 어리석음이 보였을 때 자신을 내려놓을 수 있었기 때문이다.

이제 우리의 신념에서 벗어나 우리가 증오했던 상대방을 통해 하나님이 역사하실 공간을 만들어 드리자. 우리의 신념으로 그 문을 닫지 말자. 상대방의 인생을 만드신 하나님께서 그의 인생에 개입해 놀라운 변화를 일으키실 것을 믿고 바라보자.

예수님은 한 가지 사실만 가지고
사람들을 미워하지 않으셨다

　예수님께서는 특정한 사실 하나만으로 사람을 판단하지 않으셨다. 빌립이 자신의 친구 나다나엘에게 가서 메시아를 만났다고 했을 때 나다나엘이 "나사렛에서 무슨 선한 것이 날 수 있겠느냐?"며 예수님을 좋지 않게 평가했다. 그러다가 결국 빌립의 권유에 의해 나다나엘은 예수님 앞에 나오게 되었다.

　놀랍게도 이때 예수님은 나다나엘이 예수님을 좋지 않게 평가했던 사실을 다 아시면서도 그를 증오하거나 부정적으로 바라보지 않으셨다. 오히려 그를 진심으로 칭찬해 주셨다. "예수께서 나다나엘이 자기에게 오는 것을 보시고 그를 가리켜 이르시되 보라 이는 참으로 이스라엘 사람이라 그 속에 간사한 것이 없도다"요 1:47

　이처럼 예수님은 상대방이 자신에 대해 험담한 사실을 아셨지만 그것으로 그의 미래를 닫아 버리지 않으셨다. 나다나엘이 행한 잘못보다는 그가 열두 사도가 되어 하나님 나라의 위대한 일꾼이 될 것에 더 관심을 두셨기에 그를 제자로서 받아 주실 수 있었던 것이다.

치료자 하나님과의 감정적 만남

우리에게 상처를 주고 손해를 입힌 상대방을 향해 증오의 마음이 들 때면 우리는 어떻게 해야 할까? 무엇으로 이 감정과 생각을 바꾸어야 할까? 상대방을 제한하려다 하나님마저도 제한하는 실수를 범하지 않으려면 우리는 어떻게 해야 할까?

STEP 1_ 상대방의 잘못이 사실이라 해도 그것이 증오의 이유가 될 수는 없다

우리는 상대방을 증오할 만한 이유가 사실이었음을 아는 순간 더 강력하게 달려든다. 우리의 증오가 더욱 정당한 것이 되기 때문이다. 그러나 한 가지 사실에 갇혀 그의 미래를 막아 버리는 것은 상대방의 잘못보다 더 악한 행위이다.

STEP 2_ 여론에 휩쓸리는 것은 어리석은 것이다

많은 사람이 그렇게 말하니 그것이 옳다고 여기면서 상대방을 증오한다면, 여론을 믿고 따르는 우리의 행동 역시 잘못된 것일 수 있다. 하나님의 뜻이 아닌 사람의 뜻이 결집된 이상, 거기에는 허점과 한계가 가득하기 때문이다.

STEP 3_ 나의 신념을 믿는 것은 교만이다

우리는 신념에 따라 상대방을 증오하고 그것을 합당한 행위로 여긴다. 그러나 하나님이 개입되지 않은 우리의 신념은 반드시 내려놓아야만 증오의 역사가 멈추고 복음의 진리 안에서 살 수 있다.

치료자 하나님의 처방전

타인을 향한 나의 증오	① 상대방이 잘못했다는 사실에 근거하여 그를 증오할 때 ② 여론을 따르거나 나의 신념을 따라 상대방을 증오할 때

성경 속에서 찾은 나의 감정 : 사도행전 9장 13-16절

과거의 사실이나 여론, 신념에 의해 서로 증오하는 사울과 아나니아

사울과 아나니아의 모습	우리의 모습
사람의 생각에 의존하여 상대방을 증오하고 또 그것을 정당화했다.	증오해도 되는 원인을 만들어 증오를 합리화한다.

증오의 마음을 갖는 우리에게 하나님이 주시는 말씀

"이는 참으로 이스라엘 사람이라 그 속에 간사한 것이 없도다"

내가 할 수 있는 하나님의 방법	하나님의 위로하심
사실에 근거했다고 해도 증오는 죄이다.	하나님은 내 부족함을 알면서도 미래를 열어 주셨다.
여론은 사람의 한계를 내포한다.	사람들의 뜻보다 하나님의 뜻에 근거해야 잘못된 증오를 멈출 수 있다.
나는 사람에 불과하므로 나의 신념에도 문제가 있을 수 있다.	하나님은 신념을 내려놓은 겸손한 사람을 오히려 높여 주신다.

	증오하려는 마음이 들 상황에 대비하기
STEP 1	상대방의 잘못이 사실이라고 해도 그의 미래에 더 집중하라.
STEP 2	사람들의 의견에 쉽게 휩쓸려 증오를 키우고 합리화하지 마라.
STEP 3	나의 신념을 접고 하나님의 진리를 살피라.

복수

A. 내게 복수하려는 자가 문 앞에 서있을 때
나를 향한 복수

● ● ●

저명한 감리교 신학자 존 플레처John Fletcher는 한 기고문을 쓰면서 본의 아니게 토머스 리더Thomas Leader라는 목회자의 마음에 상처를 주는 내용을 담게 되었다. 그 글을 읽은 리더는 분을 참지 못해 곧바로 플레처의 집으로 찾아와 문을 두드렸다. 플레처는 난감했지만 이 일은 이제 자신의 손을 떠났음을 알았기에 리더를 집 안으로 들어오게 했다. 그리고 그를 반갑게 맞아 주었다. "주님의 복을 받은 분이여, 어서 오십시오. 우리 주님이 이토록 귀하게 여기시는 종을 손님으로 맞이하게 되다니 저에게 얼마나 큰 영광인지 모르겠습니다. 다과가 준비되는 동안 잠시만 기다려 주십시오. 그리고 우리 먼저 기도합시다." 플레처의 뜻밖의 환영에 리더는 당황했지만 계속 그 집에 머물면서 플레처에게 따질 기회를 노리기로 했다. 그러나 리더는 자신이 머무는 사흘 동안 축복된 이야기와 하나님의 은혜에 대해 계속 말하는 플레처에게 결국 자신이 따지려고 준비한 말을 한 마디도 꺼내지 못한 채 집으로 돌아갔다.

그리고 후에 리더는 사람들에게 이렇게 간증했다. "내 평생 그토록 유익하고 영적인 사흘간의 만남은 두 번 다시 없을 것입니다."

우리의 잘못으로 인해 상처받은 사람의 마음은 우리가 아닌 하나님께서 어루만져 주실 때 용서의 역사가 일어날 수 있다. 우리의 반성과 회개가 충분히 하나님께 닿는다면 하나님께서는 반드시 우리에게 이런 은혜를 베풀어 주실 것이다.

내 감정과의 대면

사람은 누구나 실수하고 잘못을 저지를 수 있다. 자신도 모르게 나쁜 마음이 생길 수 있고, 악한 유혹에 넘어가 다른 사람에게 원망을 살 만한 행동을 할 수도 있다. 아무리 평상시에 선하고 바르게 살겠노라 의지를 다진 사람이라 할지라도 순간의 잘못된 선택을 할 수 있다. 그것이 사람이다.

하지만 잘못을 저질렀다는 것 자체도 큰 문제이겠지만, 잘못을 저지른 그다음이 진짜 문제이다. 우리가 상대방에게 피해를 주거나 몸과 마음에 큰 상처를 주게 됐을 때는 '내가 반성하고 뉘우치는 것'만으로 문제가 끝나지 않기 때문이다. 우리로 인해 피해를 당한 사람은 그 상처와 충격으로 지금 눈에 불을 켜고 우리를 향해 달려올 수밖에 없다. '어떻게 복수해야 이 상처가 조금이나마 위로가 될까' 궁리하면서 말이다.

이런 순간이 찾아오면 우리는 말 그대로 눈앞이 캄캄해진다. 우리의 잘못으로 인한 일이기에 어디에 하소연할 수도 없고, 그렇다고 피할 수도 없다. 다른 위기 상황이라면 피하거나 주변에 도움을 청하겠지만,

우리의 잘못으로 인한 일이니 온전히 스스로 감당해야 옳기 때문이다.

그렇다면 이럴 때 우리가 할 수 있는 것은 지난 잘못에 대해 후회하고 한숨짓는 일뿐일까? 상대방이 우리를 용서하는 길 말고는 다른 방법이 없는 이 상황에서, 그래도 우리가 할 수 있는 다른 무엇인가가 있지는 않을까?

하나님 말씀과의 대면

"아나니아가 떠나 그 집에 들어가서 그에게 안수하여 이르되 형제 사울아 주 곧 네가 오는 길에서 나타나셨던 예수께서 나를 보내어 너로 다시 보게 하시고 성령으로 충만하게 하신다 하니 즉시 사울의 눈에서 비늘 같은 것이 벗어져 다시 보게 된지라 일어나 세례를 받고 음식을 먹으매 강건하여지니라 사울이 다메섹에 있는 제자들과 함께 며칠 있을새 즉시로 각 회당에서 예수가 하나님의 아들이심을 전파하니 듣는 사람이 다 놀라 말하되 이 사람이 예루살렘에서 이 이름을 부르는 사람을 멸하려던 자가 아니냐 여기 온 것도 그들을 결박하여 대제사장들에게 끌어 가고자 함이 아니냐 하더라 사울은 힘을 더 얻어 예수를 그리스도라 증언하여 다메섹에 사는 유대인들을 당혹하게 하니라" 행 9:17-22

명백한 잘못 앞에서는
할 일이 명백히 보이지 않는다

지금 사울은 면목이 없다. 그가 지난날 저지른 악행들을 생각하면 스스로도 용서가 안 될지 모른다. 요즘 뉴스를 보면 무고한 사람들을 데려다가 잔인하게 참수하는 이슬람 IS(Islamic State) 무장단체의 행위가 자주 보도되는데, 말하자면 사울이 바로 그런 사람이었다. 예수님을 믿고 따르는 사람들을 그런 식으로 대했으니 어떻게 그를 용서할 수가 있단 말인가? 우리가 만약 그 시대에 살았던 그리스도인이라면 우리도 결코 사울을 용서할 수 없었을지 모른다.

사울은 지금 그 사실을 잘 알고 있다. 이전까지는 자신의 행위에 대해 전혀 죄책감이 없었겠지만 예수님을 만난 후로는 그것이 엄청난 악행이었음을 알게 되었기에 비로소 잘못을 뉘우치게 된 것이다. 동시에 자신으로 인해 죽은 사람과 박해받았던 사람, 위협 속에 살았던 사람들의 상처 역시 하나하나 떠올리게 된 것이다.

누군가 우리에게 복수를 하고자 한다면, 우리는 지금 사울과 같이 우리의 잘못을 비로소 깨우치게 된 시점에 서있는 것이다. 어떤 핑계도 댈 수 없는 명백한 자신의 잘못 앞에서, 그로 인해 피해를 본 사람들의 고통 앞에서 사울은 어떻게 했는가? 우리는 사울의 모습을 통해 우리가 할 수 있는 일들과 방법들에 대해 살펴볼 수 있다.

: 내가 할 수 없는 일을 하나님께 의탁하라

우리의 잘못으로 상처 입은 상대방의 마음을 우리가 바꿀 수는 없다. 우리를 향해 겨누고 있는 복수의 칼날도 우리 힘으로 내리게 할 수는 없다. 이때 우리가 할 수 있는 유일한 일은 하나님께 의뢰하는 것이다. 하나님은 사람의 마음을 변화시킬 수 있는 유일한 분이시기 때문이다.

불가항력적인 상황에서 하나님을 의지하는 것이 바로 '믿음'이요, '신앙'이기 때문이다.

우리는 사람으로서 더는 할 수 있는 것이 없다고 생각될 때 그제야 하나님을 의지하기도 하지만, 반대로 '사람이 못 하니 하나님도 못 하실 거야' 하고 여기는 경우도 적지 않다. 그러나 인간으로서는 도저히 할 수 없는 그 일, 바로 '사람의 마음을 변화시키시는 것'은 하나님께 있어서는 참으로 쉽고 간단한 일이다.

아나니아의 경우도 마찬가지였다. 그는 조금 전까지만 해도 마음을 고쳐먹으려고 하지 않았다. 그동안 자신을 포함해 많은 그리스도인이 사울에게 받았던 마음의 상처를 생각하면 도무지 그를 용서할 수가 없었다. 당장에라도 복수하고 싶은 인간적인 마음이 고개를 들 수밖에 없었다. 그러나 예수님께서 아나니아의 마음을 만져 주셨고 그로 인해 아나니아는 결국 사울을 품어 줄 수 있게 되었다. 물론 예수님의 명령에 순종했던 아나니아의 결단도 중요했지만, 그 전에 아나니아의 마음을 주관하시는 분이 예수님이셨다는 것을 우리는 놓치지 말아야 한다.

: 복수의 칼 앞에 떨고 있는 우리를 하나님은 긍휼히 여기신다

하나님께서는 하나님의 자녀가 계속해서 마음 아파하는 것을 가만히 두고 보지 않으신다. 어떻게 해서라도 도와주기를 원하신다. 단 하나님께서는 반드시 하나님을 의지하는 자에게만 은혜를 부어 주시고 그를 품어 주신다는 것을 우리는 명심해야 한다. 하나님께서 아무리 우리를 도와주고 싶어 하셔도 우리가 혼자 어떻게 해보려고 애쓴다면 하나님

께서 개입하실 틈이 없기 때문이다.

만약 자녀가 큰 문제를 겪어 고민하고 상심하는 상황이라고 해보자. 부모가 도와주고 싶어 자녀에게 손을 내미는데, 자녀가 방문을 꼭 걸어 잠근 채 "내 일이니 신경 쓰지 마세요"라고 한다면 과연 부모가 자녀를 도와줄 수 있을까? 하나님 아버지도 마찬가지시다. 하나님 앞에 모든 상황을 솔직하게 털어놓고 "저로 인해 상처받은 상대방의 마음을 하나님께서 풀어 주세요" 하고 기도한다면 하나님은 기쁘게 도와주신다. 물론 우리가 하나님을 찾지 않는다고 해도 하나님께서는 충분히 우리를 도와주실 수 있다. 그러나 하나님은 이런 상황을 통해 우리와 더 교제하기를 원하시고, 우리에게 생긴 문제가 해결될 때 이것이 우연에 의해서가 아니라 하나님의 능력에 의한 것임을 깨닫기를 원하신다.

상대방의 복수심을 풀어 주는 것이
과연 상대방을 위한 일일까?

간혹 우리는 이기심과 이타심을 혼동할 때가 있다. 가령 누군가에게 양보하고 배려를 하지만 이것이 실은 상대방을 위해서가 아니라 자신의 이미지를 위해서 한 행동이라면 어떨까? 혹은 '내가 이렇게 배려하지 않으면 저 사람이 나를 흉보겠지?' 하는 마음으로 한 행동이라면 어떨까? 이것은 과연 이타적인 행동이라고 볼 수 있는 걸까?

행동만으로 봤을 때는 남을 도왔지만, 이것은 분명 이기적인 마음이라고 보는 것이 더 맞다. 특히 상대방을 '내가 선행을 베풀지 않으면 나를 흉볼 사람'으로 여기고 오해하는 것은 이기심보다 더 큰 문제라고 볼 수 있다. 이처럼 우리는 이타심을 가장해 이기적인 행동을 하면서도 정작 자신은 이 사실을 모를 때가 많다. 그저 자신이 이타적인 줄로만 알고 있는 것이다.

상대방이 우리를 향해 복수심을 가질 때 우리가 보이는 반응에 있어서도 마찬가지일 수 있다. '어떻게 하면 상대방의 마음을 풀어 줄 수 있을까'라는 생각에 집중하는 우리의 모습은 과연 상대방을 위한 것일까? 이 모습은 언뜻 보면 상대방의 마음을 헤아려 주려는 이타적인 모습처럼 보일지 모르지만, 이것은 엄밀히 따져 보면 '상대방의 복수로 인해 내가 다치지 않으려면 어떻게 해야 할까'를 고민하는 모습에 불과하다. 그러므로 상대방의 복수심을 멈추게 하는 것은, 상대방의 상처가 아닌 오로지 우리 자신만을 생각하는 이기적인 모습이 될 수도 있다는 것을 알아야 한다.

: 지금 내게 필요한 것은 죄로부터 완전히 멀어지는 것이다

그렇다면 지금 이 상황에서 우리가 이기적인 사람이 되지 않으려면 어떻게 해야 할까? 우리는 이럴 때 상대방의 복수심을 해소하느냐, 못하느냐에 집중해서는 안 된다. 정 이 부분이 마음에 걸리고 불편하다면 앞서 언급한 대로 하나님께 맡기면 된다.

우리가 이 상황에서 더는 이기적이지 않으려면 다른 사람이 알아주든 알아주지 않든 우리가 저질렀던 죄로부터 완벽하게 멀어지는 일밖

에 없다. 우리가 저지른 잘못으로 인해 죄책감을 갖는다고 해서 우리가 그 죄로부터 완전히 멀어졌다고 말할 수는 없다. 지금의 그 죄책감과 회개의 마음이 언제까지 갈 수 있을지 아무도 장담할 수 없기 때문이다. 특히 죄라는 것은 습관성을 가지고 있어서 우리도 모르는 사이에 얼마든지 다시 그 죄에 다가갈 수도 있다. 특히 상대방이 우리에게 복수심을 거둬 지금의 위기가 지나가게 되면 또다시 그런 잘못을 저지르게 될 확률이 얼마든지 있는 것이 바로 사람의 한계이다.

그러므로 지금 우리가 정말로 반성하고 있다면 상대방이 마음을 풀어 지금의 위기를 벗어나는 일보다 하나님께서 인정하시는 회개의 삶으로 나아가는 데에 더 집중해야 한다. 진정한 회개란 예수님의 보혈에 의지하고 하나님께 용서를 구한 후 다시는 그 죄를 짓지 않도록 삶 가운데서 '끊임없이' 노력하는 것이다. 회개하고 또다시 그 죄를 짓고, 또 회개하고 또다시 그 죄를 짓는 것은 진정한 회개라고 볼 수 없다. 그러므로 하나님의 말씀에 비추어 우리 자신을 늘 점검하고, 유혹이 다가올 때마다 휩쓸리지 않도록 치열한 자기 노력이 수반되어야 한다.

이것은 누군가에게 큰 잘못을 저질러 뼈아프게 반성의 시간을 가졌다고 해서 단번에 고쳐지는 것이 아니다. 삶 속에서 반복적인 노력과 의지로 이겨 내야 한다. 특히 이 문제를 두고 하나님과 동행하며 그 죄로부터 멀어지려는 노력이 우리에게 필요하다. 물론 이런 모습이 우리로 인해 상처받은 상대방에게는 당장 아무런 영향을 끼치지 못할 수도 있다. 우리가 하는 지금의 반성과 노력은 상대방에게 직접적으로 도움이 되거나 위로가 되지는 않을 테니 말이다. 하지만 지금 당장 복수의 위기에서 살아남으려 하는 것보다 더 중요한 것은 우리가 죄로부터 완전히 벗어나는 일이다. 상대방의 마음을 위로해 주실 하나님을 굳게 믿고 기도하면서 말이다. 이것이 지금 우리가 실천에 옮길 수 있는 가장 이타적인 모습이다.

: 피해를 주던 삶에서 희생하는 삶으로

만약 상대방이 하나님의 인도하심에 따라 우리를 향한 복수의 마음을 거두었다면 어떻게 해야 할까? 우리는 용서의 은혜를 받게 되면 그때만 기뻐하며 감사할 뿐 뒤돌아서서는 다시 원점으로 되돌아갈 때가 많다. 특히 용서를 받았으니 우리가 저지른 죄가 별일 아닌 것처럼 생각되는 우를 범하기도 한다. 그러나 상대방이 기적적으로 복수심을 거둬 우리를 용서했다고 하더라도 우리는 결코 죄에서 멀어지기 위한 노력을 멈춰서는 안 된다. 오히려 그때부터 더 치열하게 죄로부터 벗어나기 위해 힘써야 한다.

또한 그렇게 은혜를 입은 만큼 단지 우리의 죄에서 벗어나는 데에만 그칠 것이 아니라 다른 사람을 위해 희생할 수 있는 모습으로 나아가야 한다. 단순히 남에게 피해를 주지 않는 삶을 사는 데에 그쳐서는 안 된다. 지금 우리를 용서한 상대방은 우리를 위해 엄청난 희생을 한 것이다. 그것에 감사한다면, 다시 한 번 기회를 주신 하나님을 생각한다면 우리 역시 누군가를 위해 희생하는 수준에 올라야 한다.

예수님은 복수에 대해
어떻게 생각하실까

구약의 율법에는 동태 복수법同態復讐法의 성격을 가진 법들이 있다. 이것은 한마디로 당한 만큼 그대로 갚아 주어야 함을 말한다. 그런데 예수님은 산상수훈에서 이러한 법들을 완전히 엎는 말씀을 하셨다. "또 눈은 눈으로, 이는 이로 갚으라 하였다는 것을 너희가 들었으나 나는 너희에게 이르노니 악한 자를 대적하지 말라 누구든지 네 오른편 뺨을 치거든 왼편도 돌려 대며"마 5:38-39

물론 구약의 법이 복수의 성격을 담고 있는 것은 아니다. 애초에 남에게 해를 끼치지 말라는 것에 초점을 두고 우리는 그 법을 이해해야 한다. 그럼에도 그 법이 적용되는 상황에 있어서는 어쩔 수 없이 복수, 보복의 성격이 드러나기 마련이었다. 받은 대로 갚아 주고, 행한 만큼 받는 형식이니 말이다.

그런데 예수님은 받은 만큼 되갚아 주는 것이 아니라, 오히려 나머지 뺨도 돌려 댈 것을 말씀하셨다. 그리고 예수님은 그것을 온전히 실천하셨다. 죄 없으신 분이 죄인의 모습으로 십자가를 지셨으며 죽기까지 희생하셨다. 그만큼 그리스도인의 삶은 복수가 아닌 사랑과 용서만이 존재해야 한다. 우리는 예수님의 이 말씀을 통해서 복수의 개념 자체가 우리 삶에 개입되지 못하게 해야 한다. 무엇보다 누군가에게 우리가 복수의 대상이 되지 않도록 주의해야 한다.

치료자 하나님과의 감정적 만남

누군가 우리에게 복수하려는 마음을 품었을 때 우리는 당황해서 굳어 버리고 만다. 하지만 이럴 때일수록 하나님을 온전히 붙잡고 회개하며 죄에서 멀어지기 위해 끊임없이 노력해야 한다.

STEP 1_ 상대방의 마음은 하나님께 맡기라

우리가 상대방의 마음을 바꿀 수는 없다. 우리 의지로 무언가를 해보려 하기 전에 모든 것을 하나님께 의탁해야 한다. 하나님만이 그 일을 하실 수 있음을 신뢰하자.

STEP 2_ 진심으로 회개하고 죄와 작별하라

복수하려는 상대방을 두려워하고 그에게서 용서를 받는 데에 그치지 말고 죄로부터 멀어지는 것에 집중해야 한다. 그 죄가 다시는 반복되지 않도록 치열하게 노력해야 한다.

STEP 3_ 한 단계 더 나아가 희생의 삶을 살아라

우리로 인해 피해를 받은 사람이 있다면 이제는 단지 피해를 주지 않는 사람이 되는 것에 그쳐서는 안 된다. 한 단계 더 나아가 기꺼이 희생하는 사람으로 변모할 수 있어야 한다.

치료자 하나님의 처방전

나를 향한 복수	① 전적으로 내 잘못으로 인해 복수의 칼이 나를 겨눌 때 ② 상대방이 나에 대해 마음을 풀려 하지 않을 때

성경 속에서 찾은 나의 감정 : 사도행전 9장 17-22절
과거의 죄로 인해 아나니아를 비롯한 그리스도인들에게 복수심을 사게 된 사울

사울의 모습	우리의 모습
그리스도인을 박해한 자신의 죄 앞에서 하나님의 인도하심만 기다리고 있다.	상대방에게 잘못을 저질러 복수심을 사게 된 후 어찌할 바를 모르고 있다.

복수 앞에 떨고 있는 우리에게 하나님이 주시는 말씀
"누구든지 네 오른편 뺨을 치거든 왼편도 돌려 대며"

내가 할 수 있는 하나님의 방법	하나님의 위로하심
상대방의 마음은 하나님께 맡기라.	하나님께서도 우리가 두려워하고 걱정하는 것을 원치 않으신다.
이 기회에 완전히 죄에서 물러서라.	하나님께서는 우리가 이번 기회에 새 사람이 되기를 응원하신다.
더 나아가 희생의 삶에 이르라.	하나님께서는 우리의 수준을 높여 주기를 원하신다.

삶 가운데 찾아올 복수에 대비하기	
STEP 1	복수심을 거두는 것은 오직 하나님뿐이심을 알라.
STEP 2	내가 저지른 죄로부터 완벽하게 멀어지기 위해 노력하라.
STEP 3	죄 짓지 않는 단계를 뛰어넘어 희생하는 사람으로 다시 태어나라.

──────── 복수 ────────

B. 복수하고 나면
이 상처가 조금은 나아질까 싶어서

타인을 향한 나의 복수

    영화 〈친절한 금자씨〉의 주인공 금자는 자신에게 살인죄 누명을 씌워 대신 감옥에 가게 한 백 선생에게 복수하기 위해 치밀한 계획을 세운다. 교도소에서 만난 사람들에게 친절을 베풀어 자신의 편으로 만든 후 출소해 자신의 복수 계획에 동참하게 한 것이다. 그렇게 금자의 복수는 계획대로 착착 진행됐고 급기야 과거에 백 선생에게 희생당한 다른 아이들의 부모까지 불러와 모두 함께 백 선생을 처참하게 죽이게 된다. 그렇게 금자의 모든 복수는 성공적으로 끝이 났다. 그러나 이상하게도 복수가 끝났을 때 금자는 전혀 행복하지 않았다. 그 어떤 만족감도 얻지 못한 채 허무함만이 그녀 곁에 남아 있을 뿐이었다.

    상처받은 사람은 늘 복수를 꿈꾼다. 이 상처가 복수로써 구원받을 수 있을 거라 생각하지만 어쩌면 우리는 복수보다는 상대방의 진심 어린 사과와 변화를 기다리는지도 모른다. 그것이 바로 우리가 정작 복수에 성공했다고 해도 기쁨을 되찾을 수 없는 이유일 것이다. 만약 영화 속 백 선생이 금자에게 진심으로 사과하고 거듭난 삶을 살았다면 이런 비극은 생기지 않았을지 모른다. 금자도 남은 생을 허무함 속에 살지 않아도 됐을지 모른다. 우리는 마음속에 솟아오른 복수심을 잠재울 수 있는 방법을 바로 이 부분을 통해 찾아야 할 것이다.

내 감정과의 대면

우리 인생 가운데 원수가 생기면, 미워하는 마음만 생기는 것이 아니다. 그와 동시에 반드시 복수심도 함께 우리의 마음으로 따라 들어오게 된다. 그때부터는 우리가 당한 이 억울한 일을 어떻게 되갚을 수 있을지만 생각하게 되고 오로지 그 기회만을 노리며 살게 된다. 그렇다면 우리가 그토록 원하던 복수를 이루었을 때 우리 마음은 기쁘기만 할까? 앞에서 말한 영화 〈친절한 금자씨〉에서처럼 원수에게 복수한다 한들 우리 마음의 응어리는 풀리지 않을 것이다. 오히려 원수가 항상 우리 마음에 남게 되고 그로 인해 마음의 상처는 더욱 깊어지게 된다.

그렇다면 복수를 직접 행하지 않고 그저 마음으로만 원수를 미워하면 좀 나을까? 절대로 그렇지 않다. 직접 행하지 않는다 해도 복수하고 싶은 그 마음에 집착하게 되면 상대방은 끝까지 우리 삶의 원수로 남게 되고, 따라서 우리의 상처도 결코 지워질 수가 없다.

그렇다면 어떻게 해야 우리 마음의 상처를 지울 수 있을까? 방법은 단 한 가지이다. 원수를 우리 편이 되게 만드는 것이다. 원수가 원수로 남지 않게 만들면 된다. 예수님께서 '원수를 사랑하라'고 말씀하신 것도 바로 이 때문이다. "나는 너희에게 이르노니 너희 원수를 사랑하며 너희를 박해하는 자를 위하여 기도하라"마 5:44 그리할 때만이 비로소 우리의 마음이 자유케 되고 우리 마음의 상처를 치유할 수 있게 된다. 그렇다면 어떻게 해야 원수를 친구로 만들 수 있을까? 어떻게 해야 이 복수의 고리를 끊을 수 있을까?

하나님 말씀과의 대면

"아나니아가 떠나 그 집에 들어가서 그에게 안수하여 이르되 형제 사울아 주 곧 네가 오는 길에서 나타나셨던 예수께서 나를 보내어 너로 다시 보게 하시고 성령으로 충만하게 하신다 하니 즉시 사울의 눈에서 비늘 같은 것이 벗어져 다시 보게 된지라 일어나 세례를 받고 음식을 먹으매 강건하여지니라 사울이 다메섹에 있는 제자들과 함께 며칠 있을새 즉시로 각 회당에서 예수가 하나님의 아들이심을 전파하니 듣는 사람이 다 놀라 말하되 이 사람이 예루살렘에서 이 이름을 부르는 사람을 멸하려던 자가 아니냐 여기 온 것도 그들을 결박하여 대제사장들에게 끌어 가고자 함이 아니냐 하더라 사울은 힘을 더 얻어 예수를 그리스도라 증언하여 다메섹에 사는 유대인들을 당혹하게 하니라"행 9:17-22

나의 판단을 내려놓고
하나님의 말씀으로 승부하라

자신을 박해하던 사울을 받아들여야만 했던 아나니아는 사울로 인해 받았던 자신의 상처를 먼저 예수님의 말씀으로 치유하고자 했다. 자신의 개인적인 감정이나 선입견이 아닌 예수님의 말씀에 생각과 판단의 기준을 둔 것이다. 아나니아 개인적으로는 사울에 대한 복수심이 들지 않을 수 없었지만 예수님의 말씀 앞에서 그것은 아무 의미가 없음을 알 았기 때문이었다.

이렇게 사람의 판단이나 감정보다는 하나님의 말씀을 우선할 때 위대한 역사가 일어나게 된다. 하나님의 말씀에 의해 일어나는 기적들은 비단 성경 역사에서만 일어나는 것이 아니다. 우리의 삶 가운데서도 이런 일은 얼마든지 나타날 수 있다. 우리가 복수하고 싶은 대상을 만났다면 우리의 모든 생각을 중단하고 판단을 보류해야 한다. 살아 계신 하나님, 부활하셔서 지금도 우리에게 말씀하고 계시는 예수님의 말씀에 귀를 기울여야 한다. 말씀 앞에서 우리 자신을 내려놓는 바로 그때, 마음의 상처가 치유되는 기적이 일어날 수 있는 것이다.

: 하나님의 말씀은 상대방을 아주 가까이에서 볼 수 있게 한다

예수님의 말씀에 따라 아나니아는 사울을 원수라 부르지 않고 형제라고 불렀다. 자신에게 해를 끼치러 왔던 사람이었지만, 오로지 말씀을 따라 상대방을 향하신 예수님의 비전을 본 것이다. 곧 예수님의 말씀의 빛으로 그 사람을 비추어 본 것이다. 그러니 아나니아에게 있어 사울은 이제 원수가 아니라 은총받은 자, 은혜에 빚진 자, 주님의 보혈로 씻긴 사랑스러운 존재로 보일 뿐이었다.

이렇듯 세상이 만들어 준 증오의 안경을 벗고 하나님이 우리에게 주

신 비전의 망원경으로 멀리 있는 상대방을 가까이 끌어당겨 보면 분명히 달라 보일 수 있는 것이다. 이렇게 하나님의 말씀은 멀리 있는 것을 가까이 있게 만든다. 한순간에 복수의 대상을 동역자로 만드시는 것이다.

: 일단 순종하면 그 순간 믿지 못할 변화가 시작된다

우리는 우리에게 상처를 준 상대방을 향해 '저 사람은 내 평생의 원수야' 하는 생각만 가진 채 상대방과의 관계를 변화시켜 보고자 하는 노력을 아예 포기하곤 한다. 하지만 하나님의 자녀 된 우리는 이 관계를 이대로 끝나 버리게 해서는 안 된다. 이 굳은 마음 안에 하나님의 말씀이 스며들게 해야만 한다. 상대방을 바라볼 때 우리가 당했던 것, 그때 받은 상처, 그로 인한 감정만을 떠올릴 것이 아니라 "지금은 이렇지만 여호와께서 능치 못할 일이 있겠느냐" 하는 말씀을 가지고 상대방을 바라보아야 한다.

사실 우리는 생각을 가두어 두길 좋아한다. 변화되거나 바꾸는 것을 그다지 원치 않는다. 사람에 대한 평가도 상대방의 대체적인 평판이나 눈에 띄는 몇 가지 일들, 한때의 실수 등을 머릿속에 한 번 입력해 둔 채 그대로 묶어 두는 경우가 비일비재하다. 그러나 우리는 하나님께서 마음껏 역사하실 수 있도록, 마음껏 변화시켜 주실 수 있도록 우리의 마음을 열어 두어야 한다. 우리가 하나님의 말씀 앞에서 "아멘" 하는 순간 그 묶여 있던 것이 풀린다는 것을 믿어야 한다. 곪아 있던 우리의 상처가 깨끗하게 낫고, 끝나지 않을 줄만 알았던 이 복수의 마음이 한순간에 종결되어 버리는 역사가 일어날 것을 믿어야 한다.

내가 용서한다고 한들
상대방이 변화될까?

그렇다면 우리가 정말 하나님 말씀을 의지하기만 하면 우리의 상처가 깨끗이 치유될까? "아멘" 하는 그 말씀에 기대어 상대방을 형제로 대하면 우리 마음에 솟은 이 복수심이 정말 사그라들까?

사실 원수 같은 사람을 용서했다고 해도, 상대방이 변화되지 않는다면 복수하려 했던 우리의 마음이 다시 불끈 올라올지도 모를 일이다. 그러나 우리가 용서한 이후로 상대방이 놀랍게 변화하여 이전의 삶을 완전히 벗어던지고 새로운 사람으로 태어났다면 우리 삶에 더는 복수의 역사가 이어질 수 없을 것이다.

: 사랑이 그를 변화시킬 것이다

사울과 아나니아의 경우를 보면 이 사실을 잘 알 수 있다. 갑자기 앞을 못 보게 된 사울의 눈에서 비늘 같은 것이 벗겨지는 놀라운 기적이 일어났는데, 기적은 사울뿐만 아니라 아나니아에게도 일어났다. 사실 아나니아의 눈에는 사울을 원수로 바라보게 하는 비늘이 덮여 있었다. 그런데 그 비늘이 벗겨지면서 한순간에 사울을 형제로 보게 만든 것이다. 그 뒤 사울은 세례를 받고 음식을 먹은 후 강건해졌으며 그 즉시로 일어나 예수님을 하나님의 아들이라 증거하기 시작했다.

이러한 사울의 갑작스럽고 놀라운 변화에 대해 학자들은 여러 가지 의견을 내놓고 있다. 어떤 이는 스데반이 순교할 때 천사의 얼굴로 원수를 축복하는 모습을 보면서 그로 인해 영향을 받았다고 주장하기도 하고, 어떤 이는 사울이 다메섹으로 갈 때 예수님을 만나면서 이렇게 변화되었다고 주장하기도 한다. 물론 이런 사실들이 사울에게 영향을 준 것은 맞다. 하지만 사울의 변화에 있어 결정적인 이유는 따로 있다고 볼 수 있다.

그는 예수님을 만난 후 눈이 멀어 먹지도 마시지도 못할 만큼 괴로운 상태에 빠져 있었다. '내가 그동안 헛살았구나. 그동안 하나님을 위해 한 일이라고 생각했던 것들이 오히려 하나님께 잘못한 것이었으니, 이제 나는 어찌해야 한단 말인가' 하는 마음에 괴로웠던 것이다. 그런데 자신이 핍박했던 아나니아가 와서 자신을 형제라고 불러 주고 기도해 주니, 사울은 엄청난 충격을 받을 수밖에 없었다. 아나니아는 자신을 미워해야 마땅한 사람인데 이렇게 사랑과 용서로 대해 주다니, 사울의 입장에서는 충격이 아닐 수 없었다. 그 순간 사울은 은혜의 복음을 온몸으로 느꼈다. 자신을 미워하고 때려도 속이 안 풀릴 사람이 자신을 위해 기도해 주고 자기를 형제라 불러 줄 때, 그 한 사람의 거룩한 모습 속에서 전혀 다른 세계를 경험하게 된 것이다.

사울은 그렇게 아나니아에게서 용서의 모습을 본 순간, 다메섹 동산에서 빛을 체험했던 예수님의 임재를 비로소 따스한 온기로 실감할 수가 있었다. '이것은 환상이 아니구나. 예수님이 내게 보여 주시는 현실이구나'라고 느끼며, 그제야 비로소 하늘의 빛이 땅에서 일어나고 있는 것을 경험할 수 있었던 것이다. 하늘의 강력한 환상이 땅의 먼지 나는 작은 공동체 속에서 실현되고 있음을 깨닫게 되었던 것이다. 자신이 핍박했던 교회와 그 안의 사람들에게서 이토록 놀라운 예수님의 사랑과 능력이 나타나고 있었으니, 사울은 복음의 위력을 깨달을 수밖에 없었다. 더 나아가 평생 복음을 전하는 사람으로 변할 수밖에 없었다. 살아 있는 공동체, 원수를 형제로 대해 주는 공동체는 예수님의 기적이 아니고서는 일어날 수 없다. 이처럼 엄청난 복음의 능력을 현실 속에서 보게 된 사울은 이 놀라운 변화를 이어 나가고자 복음 전파의 선두에 서게 되었다.

: 내가 순종하는 순간 하나님은 상대방의 변화를 준비하신다

아마도 아나니아는 그 이후로도 사울을 다시 원수로 여기거나 그를 미워하는 마음이 생겨나지는 않았을 것이다. 사울이 다시 과거의 삶으로 돌아간 것이 아니라 완전히 새로운 삶으로 들어가 위대한 예수님의 증인으로 살아갔으니 말이다. 이처럼 우리 인생에서 원수를 원수로 대하면 영원히 원수로 남을 수밖에 없지만, 원수를 존귀한 하나님의 사람으로 대하면 상대방도 그 사랑 안에서 온전히 변하게 된다.

또 예수님께서는 아나니아가 말씀에 순종하려 하자 사울에게도 마음의 준비를 시키셨다. 환상 중에 아나니아가 찾아와 안수해 줄 것을 보게 하신 것이다. 즉 우리가 '원수를 사랑하라'는 말씀에 순종하며 상대

방을 대할 때 하나님께서는 상대방도 그에 상응하는 행동을 하도록 미리 준비시켜 주신다. 이처럼 원수를 형제로 대하라는 말씀에 순종하는 순간 하나님은 상대방의 마음도 변화시켜 주실 뿐만 아니라 기적의 역사가 일어날 수 있도록 도와주신다.

하나님이 나를 바라보실 때처럼
상대방을 바라보라

상처가 치유되고 복수심을 사라지게 하는 또 다른 원리는 하나님의 마음으로 상대방을 바라보는 것이다. 지금 우리 인생에서 거듭남의 감격과 변화의 간증들이 적은 이유가 무엇일까. 그것은 바로 사람을 바라보는 시각이 변화되지 않기 때문이다. 원수는 원수로, 친구는 친구로만 바라보기 때문이다. 이러면 변화가 있을 수 없고, 그 무엇으로도 거듭날 수가 없게 된다.

하지만 우리가 하나님의 시선으로 원수를 바라보고 형제를 바라보는 순간 변화가 일어난다. 하나님의 마음으로 보면 모든 사람이 '예수님께서 보배로운 피를 흘려 값을 치르고 살리신 귀한 사람들'로 보이기 시작한다. 사람들의 앞날이 하나님께서 간섭하시고 역사하실 미래로 보이기 시작한다. 예수님은 사울을 보실 때도 "이 사람은 내 이름을 이방인과 임금들과 이스라엘 자손들에게 전하기 위하여 택한 나의 그릇이라" 행 9:15고 말씀하셨다. 아직 사울이 무슨 일을 한 것도 아닌데 이미 그의 가능성을 보고 계신 것이다.

우리 역시 이런 마음으로 상대방을 볼 수 있어야 한다. 하나님이 우리의 미래를 앞당겨 보시며 응원해 주시듯, 우리 역시 똑같은 시선으로 상대방을 바라보아야 한다. 그럴 때만이 하나님께서 마음껏 역사하실 수 있고 동시에 우리 안에 있던 복수심도 자취를 감추게 된다.

 자신을 대적하는 광인 앞에서
예수님은 어떻게 하셨을까

예수님은 가다라 지방에 가셨을 때 귀신 들린 자 두 명을 만나게 되었다. 그들은 너무나 사나워서 아무도 그들이 있는 곳을 지나려 하지 않았다마 8:28. 하지만 예수님은 일부러 바다를 건너가 모두가 피하는 그들을 만나셨고, 그들은 그런 예수님께 반감을 품고 소리를 지르며 예수님과 대적했다. "하나님의 아들이여 우리가 당신과 무슨 상관이 있나이까 때가 이르기 전에 우리를 괴롭게 하려고 여기 오셨나이까"마 8:29 그러나 예수님은 그들이 지금은 귀신으로 인해 광인으로 살고 있지만 곧 아름답게 변화될 것을 믿고 계셨다. 그들이 거듭날 것을 알고 계셨기에 그들의 지금 모습을 보지 않으시고 그들 안에 있는 귀신을 내어 쫓으셨다.

이것이 바로 예수님께서 사람을 대하는 방법이다. 복수의 마음을 근절하는 원리인 것이다. 이처럼 예수님의 마음으로 상대방의 미래를 바라본다면 우리도 상대방을 사랑으로 품을 수 있게 된다. 그리고 우리의 마음도 변화되어 상대방을 원수가 아닌 친구로 여길 수 있게 되는 것이다.

치료자 하나님과의 감정적 만남

누군가가 나에게 상처를 주었을 때, 내 마음에는 복수심이 불타오르기 시작한다. 이때 주체할 수 없는 이 마음을 어떻게 다잡아야 할까? 하나님은 어떻게 나를 도와주실까?

STEP 1_ 내 판단을 접고 하나님의 판단에 따르라

복수심이 생긴 상황이라면, 우리 마음은 오로지 복수에만 집중하게 된다. 이때 우리 판단을 온전히 내려놓고 하나님의 뜻에 따르도록 하자. 그래야 '나'도 살고 '남'도 산다.

STEP 2_ 사랑은 상대방을 변화시킨다

사랑의 힘은 위대하다. 하나님이 주신 사랑은 죄인을 의인으로 만들고, 하나님의 일꾼으로 바로 서게 한다.

STEP 3_ 하나님의 시선으로 상대방을 바라보라

사람의 눈으로만 상대방을 보면 결코 복수심을 누를 수 없다. 그러나 하나님의 시선으로 상대방을 보는 순간, 우리는 상대방의 가치와 숨겨진 미래를 볼 수 있게 된다.

치료자 하나님의 처방전

타인을 향한 나의 복수	① 나에게 상처를 주는 원수 같은 사람이 나타났을 때 ② 아무리 노력해도 상대방을 용서할 마음이 생기지 않을 때

⬇

성경 속에서 찾은 나의 감정 : 사도행전 9장 17-22절
원수 같은 사울을 품으라는 예수님의 말씀 앞에 서있는 아나니아

⬇

아나니아의 모습	우리의 모습
자신을 비롯한 그리스도인을 박해했던 사울을 마음으로 받아들이기 힘들다.	나에게 상처를 준 원수를 도저히 용서할 수 없고 친구로 삼기도 힘들다.

⬇

복수의 마음을 갖는 우리에게 하나님이 주시는 말씀
"너희에게 이르노니 너희 원수를 사랑하며 너희를 박해하는 자를 위하여 기도하라"

⬇

내가 할 수 있는 하나님의 방법	하나님의 위로하심
지금은 오직 하나님의 판단만 믿으라.	하나님이 우리에게 원수 대신 친구를 선물해 주실 것이다.
상대방을 변화시킬 사랑의 힘을 믿으라.	하나님은 내게 주신 사랑의 힘을 통해 역사를 이루실 것이다.
하나님의 눈으로 상대방을 바라보라.	나의 용서가 위대한 하나님의 일꾼을 만들 힘이 될 것이다.

⬇

	복수하려는 마음이 들 상황에 대비하기
STEP 1	내 생각을 완전히 접고 하나님의 뜻에 완전히 기대라.
STEP 2	상대방이 반드시 변할 것을 기대하라.
STEP 3	내가 받은 하나님의 은혜를 기억하며 상대방의 숨겨진 미래를 보라.

chapter 10. 상심
A. 부족하고 부족해서 상심한 나에게
B. 왜 나의 문제로 인해 남까지 아파야 하나

chapter 11. 징계
A. 징계받는 것이 사랑받는 것임을
B. 나 때문에 징계받는 당신을 보고 있자니

chapter 12. 욕망
A. 헛된 욕망인 줄 알면서도 내가 여기까지 오다니
B. 나의 욕망 때문에 상처받은 당신에게

part 4

나를 보고 계셨던 하나님을 돌아본 순간

상심

A. 부족하고 부족해서 상심한 나에게

나에게 다가온 상심

영화 〈파괴된 사나이〉의 주인공 주영수는 목사로서 아내와 딸과 함께 행복한 삶을 살고 있었다. 그러나 어느 날 딸이 유괴되면서 주영수는 큰 상심에 빠지게 되고 하나님마저도 부정한 채 목사직을 내던진다. 모든 것을 포기하고 방황하던 주영수는 딸을 찾기 위한 비용을 구하기 위해 아내를 죽여 보험금을 챙기는 짓까지 하고 만다. 나중에 비로소 딸을 찾을 수 있었지만 그는 딸을 찾는 과정에서 저지른 범행으로 인해 결국 감옥에 가게 된다.

이처럼 상심으로 인한 상처는 한 사람의 인생을 완전히 망가뜨려 놓는다. 하지만 목사인 주인공이 만약 이 상심의 위기 속에서 하나님을 찾았다면 어떻게 됐을까? 과연 그때도 이렇게까지 커다란 비극으로 치달았을까? 만약 그가 하나님 앞에 그 문제를 내려놓았다면 그토록 파괴적인 결과를 가져오지는 않았을 것이다. 인생의 커다란 상처 앞에 상심하게 된다 할지라도 우리가 하나님의 인도하심 속에 거하기만 한다면 더 큰 죄와 상처가 생기는 것은 막을 수 있다. 위로와 회복에 우리가 조금 더 가까이 다가갈 수 있게 되는 것이다.

내 감정과의 대면

인생을 살면서 오로지 승승장구만 하는 사람은 없다. 아무리 잘나가던 사람도, 언제나 실수 없이 바르게 살아가는 사람도 누구나 한 번쯤은 실패를 경험하게 되는 게 바로 우리네 인생살이다. 물론 다른 사람으로 인해 상심에 빠지게 됐을 때도 고통스럽지만, 그 실패의 원인이 외부에 있지 않고 우리 자신에게 있을 때는 더 크게 당황하고 상심할 수밖에 없다. 그럴 때면 우리 자신의 잘못에 대한 후회가 계속해서 우리를 조여 와 모든 것을 잠식해 버리기도 한다.

하지만 우리는 이럴 때일수록 우리를 바라보고 계시는 하나님을 의식해야 한다. 하나님은 상심한 우리의 고통을 누구보다 잘 알고 계신다. 다른 사람으로 인해 상심에 빠진 자도, 오로지 자기 자신의 죄로 인해 상심에 빠진 자도 하나님께서는 모두 긍휼히 여기신다. 그리고 그 상심으로부터 새롭게 일으키실 준비를 하신다. 이제 우리는 하나님이 일러주신 방법대로 상심의 위기를 극복해 나가야 한다. 우리의 고집을 버리고 하나님의 방법을 좇아야 한다.

하나님 말씀과의 대면

"다윗이 나단에게 이르되 내가 여호와께 죄를 범하였노라 하매 나단이 다윗에게 말하되 여호와께서도 당신의 죄를 사하셨나니 당신이 죽지 아니하려니와 이 일로 말미암아 여호와의 원수가 크게 비방할 거리를 얻게 하였으니 당신이 낳은 아이가 반드시 죽으리이다 하고 나단이 자기 집으로 돌아가니라 우리아의 아내가 다윗에게 낳은 아이를 여호와께서 치시매 심히 앓는지라 다윗이 그 아이를 위하여 하나님께 간구하되 다윗이 금식하고 안에 들어가서 밤새도록 땅에 엎드렸으니 그 집의 늙은 자들이 그 곁에 서서 다윗을 땅에서 일으키려 하되 왕이 듣지 아니하고 그들과 더불어 먹지도 아니하더라"_{삼하 12:13-17}

하나님은 상심한 자의
손을 어떤 방법으로 잡아 주실까

성군으로서 존경받고 사랑받았던 다윗은 자신의 잘못으로 한순간에 거대한 위기에 직면하게 된다. 밧세바와 부정한 짓을 저지른 뒤 그것을 감추기 위해 밧세바의 남편인 우리아를 살해하기까지 하는 이중 범죄를 저지른 것이다. 결국 하나님은 선지자 나단을 통해 그를 책망하셨고 그로 인해 다윗은 큰 상심에 빠지게 된다. 특히 자신의 죄로 인해 자식이 죽게 될 것이라는 말씀에 그의 마음은 무너져 내리고 만다. 하지만 다윗은 그런 상심 속에서도 하나님을 만날 수 있었고 결국 승리할 수 있었다. 과연 하나님은 상심한 다윗을 어떻게 일으켜 주신 것일까?

: 원망과 회개 중 내가 선택할 것은 무엇인가

자신의 잘못으로 인해 상심하게 될 때 우리가 붙잡을 수 있는 것은 두

가지뿐이다. 곧 '원망'이나 '회개'이다.

만약 우리 마음속에 교만이 자리 잡고 있다면 가장 먼저 붙잡게 되는 것은 '원망'일 것이다. 교만한 사람은 자신의 잘못을 인정하지 않거나, 잘못 자체는 인정하더라도 자신이 잘못을 저지른 이유를 남의 탓으로 돌리려고만 하기에 지금 이 죄를 누군가에게 전가하는 데에만 급급해 있기 때문이다. 하지만 그렇게 다른 사람에게 책임을 돌리려는 사람은 아무것도 변화시킬 수 없다. 왜냐하면 그 사람이 변화시키고자 하는 것은 자신의 마음이 아니라 상대방의 마음이기 때문이다. 상대방의 마음을 자신의 마음대로 변화시킬 수 있는 사람은 이 세상에 단 한 명도 없다. 지금 자신의 마음도 추스를 수가 없는데, 어떻게 다른 사람의 마음을 다스릴 것이며, 어떻게 그 사람으로 하여금 잘못을 시인하게 만든단 말인가? 그러니 남에게 책임을 돌리고 원망만 하는 사람은 결코 그 마음 안에 평안이 있을 수 없고, 자신의 상심도 회복시킬 수가 없다.

하지만 마음이 겸손한 사람은 하나님께 회개함으로 나아가기에 상심을 회복할 수 있는 유일한 길이 열린다. 다윗의 경우, 밧세바에게서 태어난 자신의 자식이 심하게 앓았을 때 그 누구도 원망하지 않았다. "다윗이 그 아이를 위하여 하나님께 간구하되 다윗이 금식하고 안에 들어가서 **밤새도록 땅에 엎드렸으니**"삼하 12:16 원망이 아닌 하나님께 회개하는 모습으로 나아간 것이다. 그는 조금이라도 더 온전히 회개하고 싶은 마음에 먹지도 마시지도 않은 채 회개했고, 그렇게 자신이 죄를 범한 현장에 완전히 납작 엎드렸다.

: 진정한 회개는 하나님을 높여 드리는 것이다

물론 다윗이 회개하는 것을 당연하게 여기는 사람도 있을 것이다. 다윗 자신이 저지른 잘못으로 인해 이 모든 일이 일어난 것이니 말이다. 그러나 당시의 상황을 비추어 본다면 왕으로서 회개하는 모습을 보인다는 것은 결코 쉬운 일이 아니었음을 알 수 있다. 다윗은 고대 근동에서 최고로 강력한 군주로, 모든 이의 존귀를 받아 그 누구도 대적할 사람이 없을 정도였다. 그러니 아무도 다윗을 정죄할 수가 없었던 것이다. 그런 다윗이 나단의 책망 앞에서 울고 통곡하며 수일 동안 회개하고 기도를 했다. 위로조차 거부한 채로 말이다. 시편 51편에 보면 그가 뼛속까지 깊게 통회하는 모습이 잘 나타나 있다.

사실 그토록 오랜 시간 식음을 전폐하고 회개하게 되면 오히려 다윗의 죄가 더 소문이 나서 멀리 퍼져나갈 것은 불 보듯 뻔한 일이었다. 그럼에도 다윗은 진정한 왕이신 하나님께 진심으로 회개하고자 했다. 자신의 죄가 만천하에 드러나는 한이 있어도, 하나님께 온전히 회개하는 것이 더 중요했던 것이다.

이처럼 하나님 앞에서 철저히 회개하는 것은 하나님께서 진정한 왕이 되심을 만방에 공표하는 일이 된다. 아무리 높은 지위와 권력을 누리고 있어도 하나님 앞에서는 얼마든지 죄수의 의복으로 갈아입을 수 있고 회개할 수 있음을 보여 주는 것이기 때문이다. 모든 사람이 두려워하는 강력한 왕이, 보이지 않는 하나님을 두려워하고 그 앞에서 엎드리는 것이야말로 하나님이 왕 되심을 증거하는 길이 되는 것이다. 다윗의 이런 모습은 어쩌면 전쟁에서 승리했을 때보다도 더 강력하게 하나님의 현존하심과 그 주권을 만방에 알리는 일이었다.

: 우리는 회개할 수밖에 없는 연약한 존재이다

독일의 종교학자 토마스 아 켐피스Thomas a Kempis는 "죄를 범하고 힘들게 변명하는 것보다 참회의 눈물을 흘리는 쪽이 낫다"고 말했다. 즉 잘못을 저질렀으면 그냥 잘못을 인정하면 된다는 이야기이다. 우리가 얼마나 온전한 존재라고, 우리가 얼마나 대단하고 완전하게 행동한다고 우리의 잘못을 인정 못 하는 것인가? 사업을 하면서, 공부를 하면서, 교회의 일을 하면서 과연 우리가 완전할 수 있을까? 오히려 우리는 충분히 죄를 지을 수 있는 존재일 뿐이다.

그러니 변명하고 원망할 것이 아니라 회개의 자리로 나와야 한다. 하나님이 이곳에 존재하심을 느끼는 진정한 그리스도인이라면 자신의 모든 자리를 내려놓고 하나님 앞에 회개해야 한다. 그 누구의 탓도 아닌, 자신의 죄 때문인 것을 만방에 알릴 수 있는 사람이 되어야 한다. 그런 사람이 바로 하나님의 영광을 드러내는 사람이다.

부족하고 부족하오니
주의 영을 거두지 마옵소서

더불어 우리는 상심했을 때 인간의 죄성에 대해서 인정할 수 있어야 한다. 다윗은 시편에서 당시의 상황을 고백하면서 "내가 죄악 중에서 출생하였음이여 어머니가 죄 중에서 나를 잉태하였나이다"시 51:5라고 말한다. 즉 자신은 뿌리부터 타락한 존재라고 고백하는 것이다.

우리는 다윗이 한 고백처럼 '나라는 존재는 정말로 부족한 사람입니다'라고 말할 수 있어야 한다. 사실 우리가 예수 그리스도를 구주로 믿는다는 믿음은 우리의 근본이 타락한 인간에서 비롯되었음을 시인하는 것에서부터 출발하고 있다. 우리 자신이 열심히 도를 닦고 고행을 하면 의로워질 수 있다는 생각으로 우리 안에 가능성을 두는 것이 아니라, 본질적으로 사람은 죄에서 시작되었기에 죄로 인해 쓰러질 수밖에 없는 존재임을 전제하고 있는 것이다. 이것이 바로 기독교와 다른 종교와의 큰 차이점이다.

그래서 다윗은 시편 51편의 고백을 통해서 자신의 죄가 단지 우발적인 것이 아니라 태생적이고 근본적인 문제임을 인정하고 있다. 특히 다윗은 성령이 거하시기에는 자신이 너무 더러운 존재임을 알았기에 "나를 주 앞에서 쫓아내지 마시며 주의 성령을 내게서 거두지 마소서 주의 구원의 즐거움을 내게 회복시켜 주시고 자원하는 심령을 주사 나를 붙드소서"시 51:11-12라고 고백할 수 있었다.

우리는 다윗의 이 고백을 통해 상심을 회복하게 하시는 회개의 진정한 목적을 알 수 있어야 한다. 우리는 죄를 지은 후 자신의 죄가 드러나게 되면 '제발 사람들이 모르게 해주세요. 하나님만 알고 계시고 제 위상과 체면이 여기서 끝나지 않게 해주세요'라고 기도하곤 한다. 대표적인 예가 바로 사울 왕으로, 그는 범죄하고 타락했을 때 백성이 자신을 떠날 것을 염려하며 크게 근심했다. 눈물로 회개하며 사무엘에게 함께 예배드리러 갈 것을 청했지만 실은 백성이 자신을 버릴 것을 두려워했던 것이었다. 하나님께서 버린 사람으로 알려지면 백성 역시 자신을 버릴 것이 분명했기 때문이었다. 그러나 다윗에게 두려운 것은 그것이 아니었다. 다윗은 백성이 자신을 떠나가는 것을 두려워하지 않았고 오직 하나님의 영이 자신을 떠나는 것을 두려워했다. 그러나 놀랍게도 다윗이 이런 자신의 연약함과 부정함을 드러내며 온전히 회개하자, 백성은 오히려 그를 더 존경하고 두려워했다. 그의 죄가 만천하에 다 드러났음에도 그 죄를 지적하거나 정죄하지 않고 그에게 더욱 복종한 것이다. 또한 이로 인해 만백성으로 하여금 다윗을 통곡하게 하시는 하나님의 거룩함도 경험할 수 있게 되었다.

이처럼 온전한 회개는 당사자뿐만이 아니라 주변의 모든 것을 변화시킬 수 있다. 우리도 다윗처럼 자신의 근본적인 죄에 대해 고백할 줄 알아야 한다. 이것이 없으면 심판은 계속될 수밖에 없고, 우리의 상심도 결코 끝날 수 없게 된다. 그러므로 지금 실패하고 상심한 가운데 있다면 '근본적으로 나는 어쩔 수 없는 죄인이다'라는 것을 속히 인정하자. 그러면 하나님께서 우리를 영광스럽게 하실 기회를 본격적으로 열어 주기 시작하실 것이다.

하나님은 문제 회복보다
나를 회복시키는 데 관심을 두신다
우리는 상심을 회복하는 과정에서 하나님뿐만 아니라 타인에 대한 책임감도 느낄 줄 알아야 한다. 다윗의 참회는 인간관계 속에서의 책임 감을 깊이 통감하는 것까지 함께 수반하고 있음에 주목할 필요가 있다. 다윗은 자식이 죽어 가는 상황을 자신의 죄와 연관 지었을 뿐 '아이가 왜 아파야 하냐'고 항의하지 않았다. 찰스 스탠리Charles F. Stanley의 저서 『역경을 이기는 법』을 보면 "영적 무감각은 신자들로 하여금 하나님께서 징계하고 계신다는 것을 깨닫지 못하게 한다"라고 말하고 있다. 즉 우리는 영적인 무감각이 진행되면 자신에게 일어나고 있는 실패의 상황이 자신의 죄로 인한 것임을 느끼지 못하게 된다는 뜻이다. 다시 말해 지금 우리가 상심하고 있는 일들이 죄에 대한 하나님의 처벌이라는 것을 느껴야만 다른 사람에 대한 책임감도 느낄 수 있는데, 그것을 모르고 있는 한 문제는 계속된다는 뜻이다.

간혹 우리는 상심에 빠졌을 때 '하나님께서 나를 연단시키시려고 이런 고난을 주시는구나'라고 좋게만 생각할 때가 있다. 하지만 이것은 오히려 교만이 될 수 있다. 우리는 상심되는 일 앞에 먼저 자신을 돌아보며 자신의 죄를 인정하고 돌이킬 수 있어야 하는 것이다.

그렇다면 왜 하나님은 우리가 죄를 지을 때마다 처벌하시고 책임지게 하실까? 우리에게 문제가 생겼을 때 바로 해결해 주지 않으시고 왜 상심에 빠지게 두시는 걸까? 그것은 하나님의 최종 목표가 단지 문제를 해결하고 상심된 마음을 위로하는 것에만 있지 않기 때문이다. 하나님의 최종 목표는 바로 우리 자신을 회복시키는 데에 있기 때문이다. 그러므로 우리가 만약 계속해서 불순종했음에도 하나님께서 우리를 상심하게 하지 않으신다면 그것은 오히려 하나님께 버림받은 인생을 살고 있는 것임을 알아야 한다.

그렇기에 우리는 고난과 상심의 시간이 찾아올 때마다 그것을 하나님의 말씀으로 잘 해석할 줄 알아야 한다. 더 깊은 슬픔으로 우리 자신을 몰아가거나, 하나님과 멀어져 상심마저 무감각한 삶이 되어서는 안 된다. 상심의 상황에서도 하나님께서 우리와 함께해 주심을 알면서 더불어 죄에 대한 책임, 타인에 대한 책임도 놓치지 말아야 한다. 이것이 상심으로부터 회복되는 하나님의 방법이다.

예루살렘 성을 보시면서
예수님은 어떤 생각을 하셨을까

예수님은 예루살렘 성을 보시며 눈물을 흘리셨다 눅 19:41-44. 성이 무너지고 사람들이 죽게 되는 예루살렘의 미래를 아셨기에, 그로 인해 이스라엘이 비참한 운명을 맞이하게 될 것을 아셨기에 성을 보시며 상심하신 것이다.

그러나 이스라엘 민족을 누구보다 사랑하신 예수님도 계속해서 상심하지는 않으셨다. 왜냐하면 이 일을 통해 하나님께서 계획하신 일이 따로 있음을 아셨기 때문이다. 비록 예루살렘은 멸망하게 되지만 그 일을 계기로 사람들은 곳곳으로 퍼지게 될 것이고 이것은 결국 세계 선교의 계기가 될 것을 아셨다.

이처럼 상심의 순간이 오더라도 우리는 하나님이 뜻하신 바를 먼저 생각해야 한다. 그 가운데 하나님이 의도하신 계획과 섭리를 안다면 상심할 만할 일이 오히려 우리에게 큰 위로로 다가올 수 있을 것이다.

치료자 하나님과의 감정적 만남

상심에 빠지게 되면 마치 인생이 침몰하는 것만 같다. 하지만 하나님 한 분만 붙잡을 수 있다면 상심으로 인한 우리의 위기는 거기서 멈출 수 있다. 그리고 회복을 향해 나아갈 수 있다.

STEP 1_ 원망을 거두고 회개로 나아가라

상심의 상황이 오면 '원망'과 '회개' 중 하나를 택하게 된다. 이때 회개의 자리로 나아가면 그때부터 회복은 시작된다.

STEP 2_ 성령을 간절히 붙들라

인간은 연약한 존재이다. 이것을 인정하고 하나님과 만인 앞에 고백한다면, 특히 겸손한 마음으로 성령 없이는 아무것도 할 수 없음을 고백하고 회개한다면 진정한 치유의 길이 열린다.

STEP 3_ 문제의 회복이 아닌 나의 회복을 기대하라

문제 회복에만 집착하지 말고, 시간이 걸리더라도 하나님의 방법을 믿고 기다리자. 하나님은 지금 이 일을 통해 문제가 아닌 우리를 변화시키고 회복시키기를 원하신다.

치료자 하나님의 처방전

나에게 다가온 상심	① 외부적인 요인으로 인해 상심하게 됐을 때 ② 내 잘못 때문에 내가 돌이킬 수 없는 위치로 흔들리고 방황하게 되었을 때

성경 속에서 찾은 나의 감정 : 사무엘하 12장 13-17절

자신의 죄로 인해 대신 앓고 있는 자식을 보며 상심하는 다윗

다윗의 모습	우리의 모습
자신 때문에 죽어 가는 자식을 보면서 상심하고 있다.	나의 잘못으로 인해 상심하여 갈 길을 찾지 못하고 있다.

상심 가운데 울고 있는 우리에게 하나님이 주시는 말씀

"나를 주 앞에서 쫓아내지 마시며 주의 성령을 내게서 거두지 마소서"

내가 할 수 있는 하나님의 방법	하나님의 위로하심
회개를 통해 하나님과 다시 만나라.	겸손함으로 회개할 때 유일한 회복의 길이 열린다.
하나님의 영을 의지하라.	나는 연약하나 성령은 나를 강하게 하신다.
문제 회복에만 관심을 두지 마라.	하나님은 나의 존재 자체를 변화시킬 계획을 가지고 계신다.

	삶 가운데 찾아올 상심에 대비하기
STEP 1	하나님을 높이는 회개의 열매를 맺으라.
STEP 2	상심으로 무너진 마음에 성령을 모시라.
STEP 3	나의 존재를 서서히 변화시키는 하나님을 기대하라.

——— 상심 ———

B. 왜 나의 문제로 인해 남까지 아파야 하나
내가 타인에게 끼친 상심

●●●

영화 〈내 머리 속의 지우개〉의 두 주인공 수진과 철수는 행복한 신혼생활을 즐기던 중 청천벽력 같은 소식을 듣게 된다. 평소에 건망증이 심했던 수진이 알츠하이머병 진단을 받게 된 것이다. 시간이 갈수록 기억력이 급격히 감퇴하기 시작하자 수진은 상황이 더 악화되기 전에 철수 곁을 떠나기로 결심한다. 자신의 병으로 인해 남편 철수가 힘들어지고 상심하는 것을 더 두고 볼 수 없었기 때문이었다. 하지만 철수는 수진의 병으로 인해 힘들었던 것이 아니었다. 수진이 자신의 곁을 말도 없이 떠나 숨어 버린 것이 더 큰 상심이었던 것이다. 결국 요양원에 숨은 수진을 찾아낸 철수는 수진이 아름다운 기억을 남길 수 있도록 둘만의 여행을 떠나면서 영화는 막을 내린다.

이처럼 자신으로 인해 누군가 상심하게 됐을 때 그것을 피하는 것만이 상책이 아니다. 더군다나 자신이 사랑하는 사람이라면, 상대방의 상심에 스스로 죄책감을 갖고 도망치는 것은 그 누구를 위한 일도 아니다. 그것은 오히려 사랑하는 이에게 더 큰 상심을 끼치게 할 뿐이다. 사랑한다면, 자신으로 인해 상심한 상대방을 진심으로 걱정한다면, 그 일로 인한 고통을 함께 나누며 그 안에서 사랑을 확인하고 하나님의 은혜를 서로 나누는 것이 가장 좋은 방법일 것이다.

내 감정과의 대면

상대방을 미워하지 않는데도 그 사람에게 아픔을 줄 때가 있다. 내 잘못도 상대방의 잘못도 아닌데, 오히려 나를 많이 사랑하면 사랑할수록 상대방에게 더 크게 상심을 끼치게 되곤 한다.

우선 가장 대표적인 것이 바로 '내가 병을 얻어서' 상대방에게 걱정과 상심을 끼치게 될 경우일 것이다. 물론 내가 병을 얻은 것이 내 잘못이라고 볼 수는 없지만, 병을 얻는 그 순간 내가 졸지에 죄인이 되는 것만은 확실하다. 본의는 아니라 해도, 나를 아끼고 사랑해 주는 많은 사람을 걱정시키고 상심하게 만들었기 때문이다. 특히 나를 가장 많이 사랑하는 가족에게는 그야말로 큰 죄를 저지른 것이나 다름없다. 자식이 아프면 부모가, 남편이 아프면 아내가, 형이 아프면 동생이 큰 상심에 빠질 수밖에 없기 때문이다. 이런 상황에서는 병으로 인한 고통보다 '나를 사랑하는 이들에게 내가 아픔을 주었구나' 하는 심적 부담감과 죄책감이 나를 더 괴롭게 만드는 것이다.

그다음으로 상대방에게 상심을 끼치게 되는 경우는 '나의 실패와 좌절로 인해서'일 것이다. 가령 내가 회사에서 갑작스럽게 해고를 당했을 때는 당사자인 나보다 가족이 더 걱정해 주고 가슴 아파할 수 있다. 정작 나는 견딜 만한데 오히려 가족들이 '해고를 당해서 얼마나 자존심이 상하고 마음이 힘들까?'라며 안타까워하고 상심하는 것이다. 그렇게 되면 나 역시 가족을 상심하게 만들었다는 사실에 괴로움이 더 크게 다가온다.

이처럼 내 앞에 찾아온 고난이 내가 아닌 다른 사람에게 상심을 끼칠 때는 어떻게 해야 할까? 하나님은 어떻게 이 부담감을 해결해 주실까?

하나님 말씀과의 대면

"다윗이 나단에게 이르되 내가 여호와께 죄를 범하였노라 하매 나단이 다윗에게 말하되 여호와께서도 당신의 죄를 사하셨나니 당신이 죽지 아니하려니와 이 일로 말미암아 여호와의 원수가 크게 비방할 거리를 얻게 하였으니 당신이 낳은 아이가 반드시 죽으리이다 하고 나단이 자기 집으로 돌아가니라 우리아의 아내가 다윗에게 낳은 아이를 여호와께서 치시매 심히 앓는지라 다윗이 그 아이를 위하여 하나님께 간구하되 다윗이 금식하고 안에 들어가서 밤새도록 땅에 엎드렸으니 그 집의 늙은 자들이 그 곁에 서서 다윗을 땅에서 일으키려 하되 왕이 듣지 아니하고 그들과 더불어 먹지도 아니하더라" 삼하 12:13-17

상대방에게 끼친 상심으로
죄책감과 부담감을 가지지 마라

지금 다윗은 크게 상심하고 있다. 이제 막 태어난 아이가 병에 걸려

시름시름 앓고 있기 때문이다. 특히나 자신의 죄로 인한 형벌의 결과임을 알기에 이루 말할 수 없는 괴로움에 그는 눈물로 하나님께 회개하며 애원하고 있다.

다윗의 아이는 현재 갓난아기이지만 만약 사리분별을 할 수 있는 나이라고 가정할 경우, 우리가 다윗의 아이라면 이 상황에서 어떻게 해야 할까? 자신의 병으로 인해 부모가 고통스러워하는 모습을 보게 된다면 우리의 마음은 어떠할까? 다윗처럼 식음을 전폐하고 수일 동안 고통의 시간을 보내고 있는 부모님의 모습을 본다면, 우리는 아마도 마음이 너무나 힘들 것이다. 자신의 병이 누구의 잘못으로 인한 것이든, 우리가 지금 부모님에게 큰 상심을 끼치고 있다는 사실에 병상에 누워 있기조차 부담스러울 것이다.

이럴 때 우리에게 하나님이 알려 주신 방법은 무엇일까? 이를 통해 하나님이 주시고자 하는 마음은 어떤 것일까?

: 미안해하면 그만큼 상심은 더 커진다

우리를 사랑하는 사람이 우리로 인해 상심했을 때 사실 이 문제를 해결할 수 있는 방법은 우리 자신에게는 없다. 우리도 지금 불가항력적인 상황 속에서 고통을 겪고 있기에 그 상황 자체를 바꿀 수 없을 뿐만 아니라, 상대방을 위해 해줄 수 있는 일은 더더욱 없다.

그런데 우리는 이럴 때 자신으로 인해 상심하고 있는 사람들에게 미안한 마음, 죄스러운 마음을 갖곤 한다. '나 때문에 사랑하는 우리 가족이 저토록 힘들어하는구나' 하고 생각하는 것이다. 하지만 지금의 상황에서는 이런 우리의 마음이 상대방으로 하여금 더 큰 괴로움을 갖게 할 수 있다는 것을 알아야 한다. 그렇지 않아도 상대방은 지금 우리의 병이나 실패로 인해 우리 자신보다 더 상심하고 있는데, 우리가 이것을 미안해하고 죄스러워하는 모습까지 보인다는 것은 상대방의 상심을 가중시키는 일이 되기 때문이다. 그러므로 이러한 미안함은 쓸데없는 감정 소비에 불과하다. 상대방에게 어떠한 도움도 되지 않는 헛수고일 뿐이다.

또한 지금의 이 문제가 하나님의 눈으로 보았을 때 우리의 죄나 잘못 때문이 아니라면, 하나님이 우리를 처벌하시기 위해 병을 주신 것이 아니라면 어떠할까? 하나님이 우리를 만나 주시기 위해 이 시간을 허락하신 것인데, 우리가 그것도 모르고 이 일에 대해 사람들에게 미안함과 죄책감을 갖는다면 그것은 큰 잘못이 될 수 있다. 우리에게 더 큰 하나님의 뜻을 알게 하시려는 하나님의 의도를 곡해하는 일이 될 수 있기 때문이다. 즉 우리가 이 고통과 상심에 대해 미안해한다면 상대방의 상심은 결코 줄어들지 않을 뿐만 아니라, 이로 인해 일어나는 하나님의 역사도 우리 손으로 막는 꼴이 될 수 있다.

: 상심의 근간이 되는 사랑을 받고 누리라

또 한 가지, 이와 같은 상황에서 의외로 많은 사람이 또 다른 오해를 하기도 한다. '내가 상대방을 힘들게 하고 상심하게 했으니, 상대방은 지금 나를 원망하고 있지 않을까?'라고 생각하는 것이다. 우리로 인해 근심하고 상심하는 상대방에게 우리는 미안함이 들 수밖에 없겠지만 그것을 너무 과장되게 확대시키거나 이처럼 건강하지 못한 방향으로 생각을 키워 가는 것은 절대 좋지 않다.

어디까지나 이 모든 일은, 그것이 비록 슬퍼하고 상심하는 일일지라도 모두 다 사랑 안에서 이루어지고 있는 일이라는 것을 잊지 말아야 한다. 상대방이 자신의 문제도 아닌 우리의 문제로 인해 저토록 상심하고 있다면, 그 사람은 정말로 우리를 아끼고 사랑하는 사람이기 때문이다. 특히 상대방의 상심은 어떤 모종의 책임감에 의해서가 아닌, 진정한 사랑에 근거해서 나온 마음이기에 그런 사람이 우리로 인해 상심한 상태에 이르게 되었다고 해서 우리를 원망하거나 탓할 리는 없다. 그저 우리가 이 문제에서 빨리 회복되기만을 바랄 뿐 그것 말고 더 바라는 것은 없을 것이다. 그러므로 지금 상황에서 상심한 상대방을 조금이라도 돕고 싶다면 그가 베푸는 관심과 사랑을 충분히 받아들이면 된다. 부담스러워하고 미안해하면서 거절할 것이 아니라 감사하는 마음으로 풍성히 받아 누리는 것이 상대방을 위해 우리가 해줄 수 있는 최고의 일이다.

다윗 역시 아이가 아픈 상황에서 그 누구도 원망하지 않았다. 결과가 어떻든 온 힘을 다해 하나님께 간구하고 또 간구할 뿐이었다. 그렇게 기도라도 할 수 있는 것이 다윗에게는 희망이었던 것처럼, 지금 상대방이 우리를 위해 무엇이라도 해줄 수 있다는 그 자체만으로 그에게는 희망이 될 수 있다.

상대방에게 임한 상심 안에는
또 다른 비밀이 숨어 있다

우리는 살면서 얼마든지 힘든 일을 겪을 수 있고, 우리 상식으로는 도저히 납득이 되지 않는 일들을 만날 수도 있다. 그로 인해 부정적인 마음이 생겨날 수도 있지만, 그렇다고 해서 하나님이 우리에게 부정적인 마음을 갖게 하시려고 일부러 그 일을 허락하신 것은 아니다. 비록 상황은 부정적으로 보이나 그 안에는 부정적인 것 그 이상의 고귀한 비밀이 숨어 있기 때문이다.

누군가 우리의 문제로 상심하게 되는 것 역시 상심 그 이상의 비밀이 숨겨져 있다. 하나님 안에서 이루어지는 모든 일에는 우연이란 없기 때문이다. 다윗의 아이가 아픈 것이 결코 우연이 아니라 다윗에 대한 하나님의 형벌로 인해 일어난 일이었던 것처럼 말이다. 이처럼 우리는 누군가에게 우리가 상심을 끼치게 된 것을 상심 그 자체로만 받아들여서는 안 된다. 그 안에 담긴 하나님의 섭리와 뜻, 그 놀라운 비밀을 발견해야만 한다.

: 왜 내가 아닌 남이 힘들어하는 것일까

내가 누군가에게 상심을 끼치게 된 상황은 다른 문제로 인한 고통의 시간과는 조금 다르다. '내 문제가 내 문제로 끝나지 않는다'는 것이 바로 그 차이점이다. 가령 시기, 질투, 방황, 절망, 의심 등의 문제가 찾아왔을 때는 나 혼자 참고 이겨 내면 그만이다. 그런데 지금과 같은 상심의 상황은 정작 이 일의 당사자인 나보다 다른 누군가가 더 힘들어하고 괴로워하게 된다. 나 혼자 아픔을 인내하고 감당하면 해결될 수 있는 것이 아니기에, 내 문제 때문에 내가 아끼고 사랑하는 사람이 힘들어하는 것이기에 더욱 부담되어 괴로운 것이다.

우리는 여기서 매우 특이한 점을 발견할 수 있다. '왜 하나님은 내 문제를 가지고 다른 사람들까지 힘들게 하시는 것일까?' 그것은 바로 우리에게 임한 그 문제를 통해 우리가 아닌 상대방을 변화시키고자 하시기 때문이다. 세상 만물을 통해 역사하시는 하나님은 이처럼 다른 사람의 인생을 통해 우리를 변화시키실 수도 있고, 반대로 우리의 상황을 통해 다른 사람을 변화시키실 수도 있다.

다윗의 경우를 다시 보자. 지금 목숨이 위태로운 것은 다윗이 아니라 그의 아이다. 하나님은 이 일을 통해 다윗에게 무언가를 요구하고 계신다. 즉 자녀에게 일어난 일은 하나님의 도구로서 나타난 현상에 불과한 것이다. 이러한 경우는 성경 안에서도 다양하게 찾아볼 수 있다. 가령 아브라함의 아들인 이스마엘과 이삭 간에 갈등이 빚어졌을 때 아버지 입장에서는 마음이 많이 아팠을 것이다. 그런데 하나님께 있어 그 문제는 단지 아들들의 문제가 아니었다. 하나님은 그 일을 통해 아브라함의 결단과 선택을 요구하셨다. 하나님께서는 이스마엘과 이삭 모두를 사랑하시지만 이삭을 통해 믿음의 가문을 이어갈 뜻을 가지고 계셨기에, 이 일을 통해 아브라함에게 새로운 변화를 도모하게 하신 것이다창 21:8-12.

: 하나님의 도구로 쓰인 일이니 마음의 짐을 덜자

이처럼 지금 우리의 힘든 이 상황이 하나님의 도구로서 쓰인다는 사실을 안다면, 우리는 마음의 짐을 한결 덜어 낼 수 있을 것이다. '왜 나한테 이런 병이 생겨서 우리 부모님을 힘들게 하는 걸까?', '나는 정작 이 실패를 견딜 만한데, 왜 동역자들이 저토록 마음 아파할까?' 지금 이런 고민 속에 있다면 생각을 바꾸어 보자. 우리는 지금 그들에게 고통을 안겨 주는 골칫덩어리가 아니다. 지금 우리에게 주어진 이 일은 오히려 하나님이 상대방을 더 성숙하게 하시기 위한 도구인 것이다.

당장은 우리가 상대방에게 상심을 안겨 주는 것 같지만 하나님은 그것을 통해 상대방이 변화되기를 원하고 계신다. 어차피 우리가 죄스러워한다고 해서 상대방의 상심이 사라지는 것이 아니라면, 우리가 머리 싸매고 고민한다고 해서 우리에게 닥친 이 문제가 해결되는 것이 아니라면 굳이 부정적인 생각을 키우지 말자. 마음을 돌려 이제부터는 상대방을 응원해 주자. 우리로 인한 상심을 통해 상대방이 하나님과 만나고, 하나님 가운데서 버려야 할 것을 버리고, 얻어야 할 것을 온전히 얻도록 응원해 주자. 지금은 우리가 상대방의 마음에 폐를 끼치는 것 같지만 그 안에 숨어 있는 하나님의 인도하심을 바라본다면 더는 미안해할 필요가 없기 때문이다. 그렇게 응원하고 기도해 준다면 분명 이번의 상심 가운데서 상대방이 깨닫게 된 하나님의 뜻과 그가 체험하게 된 하나님의 역사를 생생히 전해 들을 날이 금세 올 것이다.

자신을 위해 우는 여인들에게
예수님은 뭐라고 말씀하셨을까

예수님은 하나님의 구원 계획의 정점인 십자가 죽음을 향해 걸어가고 계셨다. 그런데 이때 예수님을 따르던 여인들이 가슴을 치며 울기 시작했다. "또 백성과 및 그를 위하여 가슴을 치며 슬피 우는 여자의 큰 무리가 따라오는지라"눅 23:27 그때 예수님의 마음은 어떠셨을까? 십자가를 짊어지고 가는 고통 역시 크셨겠지만 자신을 위해 우는 여인들이 분명 안타까우셨을 것이다. 예수님도 인간의 육신을 입으신 만큼 분명 마음이 아프셨을 것이다.

그러나 예수님은 그 마음을 절제하셨고 여인들을 향하여 중요한 메시지를 주셨다. "예루살렘의 딸들아 나를 위하여 울지 말고 너희와 너희 자녀를 위하여 울라"눅 23:28 비록 인간적인 시각에서는 예수님이 고난의 길을 가시는 것이 우리에게 슬픔일 수 있다. 그러나 구원 역사의 관점에서는 오히려 영광의 길임을 우리는 깨달아야 한다. 그러므로 예수님은 상심하지 말고 각자의 사명에 집중하도록 상기시켜 주시며 위로해 주신 것이다.

이처럼 예수님은 자신으로 인해 상심한 여인들로 인해 동요하지 않으셨고 하나님의 뜻과 섭리, 그리고 사명을 알게 하시는 것에 집중하셨다. 예수님은 상심으로 인해 가슴 아파하며 멈추지 않으시고, 사명을 위해 계속해서 걸어가신 것이다.

치료자 하나님과의 감정적 만남

우리는 살면서 우리가 사랑하는 사람들에게 아픔을 줄 때가 있다. 우리 안에 찾아온 문제가 오히려 그들에게 더 큰 아픔과 상심이 되고 마는 것이다. 이때 우리의 마음에 드는 이 부담을 어떻게 하면 떨칠 수 있을까? 어떻게 이 마음을 가누고 하나님의 시선으로 바라볼 수 있을까?

STEP 1_ 상대방에게 죄책감을 갖는 것은 아무 도움이 되지 못한다

상대방의 상심에 지나친 죄책감과 미안함을 가지지 마라. 그것은 하나님의 숨겨진 뜻을 가리는 행동이 될 수 있다.

STEP 2_ 상대방의 사랑을 받아들이라

상대방은 지금 진심으로 우리를 위해 애쓰고 있다. 그러므로 그 사랑과 배려를 외면치 말고 받아 누려야 한다. 그것이 오히려 상대방의 상심을 줄여 줄 수 있는 방법과 힘이 된다.

STEP 3_ 하나님의 도구로 쓰인다는 사실에 감사하라

우리의 문제를 통해 상대방이 하나님과 더 깊은 관계를 갖게 될 수 있다. 이렇게 우리의 문제가 하나님의 도구로 쓰이는 것을 안다면 더는 마음의 부담을 느낄 필요가 없을 것이다.

치료자 하나님의 처방전

내가 타인에게 끼친 상심	① 내게 찾아온 병으로 인해 사랑하는 사람들이 아파할 때 ② 내게 찾아온 실패로 인해 함께하는 사람들이 걱정하고 슬퍼할 때

⬇

성경 속에서 찾은 나의 감정 : 사무엘하 12장 13-17절

아이의 병으로 인해 상심하고 괴로워하는 다윗

⬇

다윗의 아이의 모습	우리의 모습
자신의 병으로 인해 아버지 다윗에게 상심을 끼치게 되었다.	본의 아니게 내게 찾아온 고통이 내가 사랑하는 사람들을 상심에 빠지게 했다.

⬇

상심을 끼치게 한 우리에게 하나님이 주시는 말씀

"나를 위하여 울지 말고 너희와 너희 자녀를 위하여 울라"

⬇

내가 할 수 있는 하나님의 방법	하나님의 위로하심
괜한 미안함이나 죄책감을 버리라.	나의 죄에 대한 처벌이 아닌, 하나님의 숨은 뜻이 있음을 믿으라.
상대방의 노력과 사랑을 감사히 받으라.	하나님은 세상 만물을 통해 서로 돕게 하신다.
하나님의 도구로 쓰임받고 있음을 인정하라.	지금 나의 이 아픔도 하나님의 역사 속에서는 의미 있는 사건이 될 수 있다.

⬇

	상심을 끼치게 될 상황에 대비하기
STEP 1	상대방이 원치 않는 미안한 마음을 거두라.
STEP 2	상대방이 나를 위해 애쓰는 것을 받아 누리라.
STEP 3	이 일을 통해 하나님이 역사하실 것을 기대하라.

징계

A. 징계받는 것이 사랑받는 것임을

나에게 닥친 징계

●●●

실화 영화 〈낮은 데로 임하소서〉로도 잘 알려진 안요한 목사는 원래 목사의 아들로 태어났지만 그의 젊은 시절은 신앙심이라고는 눈곱만큼도 찾아볼 수가 없었다. 툭하면 아버지를 저주했고 자신의 성공만을 위해 달릴 뿐이었다. 머리가 비상했던 그는 대학 졸업 후 미국으로 건너가 좋은 직장에 다닐 꿈에 부풀어 있었지만, 출국 수속을 밟던 중 갑자기 눈이 가물가물해지는 것을 느끼게 된다. 여러 병원을 다니며 치료해 보았지만 소용이 없었고, 결국 잘나가던 젊은 안요한은 앞 못 보는 시각 장애인이 되고 말았다.

하지만 결코 하나님께서 안요한을 버리신 것은 아니었다. 이는 그를 더 복된 길로 인도하시려는 하나님의 징계였다. 하나님은 그렇게 해서라도 그를 하나님의 일꾼으로 쓰고자 하셨던 것이다. 결국 그는 시력을 잃고 모든 꿈도 잃었지만 가장 소중한 하나님의 은혜를 체험할 수 있었다. 징계를 통해 하나님을 만나게 된 그는 하나님을 원망하지 않았다. 오히려 "하나님께서는 나를 사랑하시고 나를 목사로 만들기 위해서 눈먼 소경으로 만드셨다"며 감사의 고백을 드렸다. 이처럼 하나님의 징계는 모든 것을 잃은 것처럼 보일지 몰라도 결국은 정말로 가져야 할 것을 갖게 하는 계기가 되는 것이다.

내 감정과의 대면

자녀를 키우는 일은 절대 쉽지 않다. 아이가 잘할 때도 있지만 분명 잘못을 저지를 때도 있기에, 그럴 때는 아이가 자신의 잘못을 확실히 깨닫도록 따끔하게 가르치지 않으면 안 된다. 아이를 아무리 사랑한다고 해도, 마음으로는 벌써 아이를 용서했다고 해도 반드시 아이의 잘못을 지적하고 꾸중해야 아이가 다시는 그런 잘못을 반복하지 않을 수 있기 때문이다.

하나님과 우리의 관계도 이와 마찬가지다. 우리가 아무리 죄를 용서받았다고 해도 그로 인해 징계가 사라지는 것은 아니다. 오히려 징계는 하나님의 사랑으로 우리가 용서받았다는 근거가 될 수 있다. 만약 우리에게 징계가 없다면 그것이야말로 사랑의 부재를 의미한다. 잘못을 했는데도 아무 징계가 없다는 것은 곧 무관심을 의미하기 때문이다. 이것이 바로 우리를 사랑하시는 하나님이 우리의 잘못을 그냥 넘어가시지 않는 이유이다. 우리의 잘못에 대해 하나님이 징계를 내리시는 이유인 것이다.

안타깝게도 우리는 하나님의 징계 앞에서 많은 오해를 하곤 한다. 징계로 인해 고통스러울 때면 하나님의 사랑을 의심한다. 그것이야말로 하나님이 우리를 사랑하신다는 증거인데, 그것도 모른 채 우리는 하나님의 뜻을 완전히 곡해해서 받아들이는 것이다. 또한 하나님의 징계를 무섭고 두려운 것으로만 생각하면서 하나님과 거리를 두려고 하기도 한다. 우리를 벌하시는 엄격하고 차가운 분으로만 대하게 되는 것이다. 이제 우리는 하나님의 징계가 사랑의 또 다른 이름이라는 것을 확신해야 한다. 그리고 징계를 통해 우리에게 깨닫게 하시는 것이 무엇인지 인식할 수 있어야 한다.

하나님 말씀과의 대면

"다윗이 그 아이를 위하여 하나님께 간구하되 다윗이 금식하고 안에 들어가서 밤새도록 땅에 엎드렸으니 그 집의 늙은 자들이 그 곁에 서서 다윗을 땅에서 일으키려 하되 왕이 듣지 아니하고 그들과 더불어 먹지도 아니하더라 이레 만에 그 아이가 죽으니라 그러나 다윗의 신하들이 아이가 죽은 것을 왕에게 아뢰기를 두려워하니 이는 그들이 말하기를 아이가 살았을 때에 우리가 그에게 말하여도 왕이 그 말을 듣지 아니하셨나니 어떻게 그 아이가 죽은 것을 그에게 아뢸 수 있으랴 왕이 상심하시리로다 함이라 다윗이 그의 신하들이 서로 수군거리는 것을 보고 그 아이가 죽은 줄을 다윗이 깨닫고 그의 신하들에게 묻되 아이가 죽었느냐 하니 대답하되 죽었나이다 하는지라 다윗이 땅에서 일어나 몸을 씻고 기름을 바르고 의복을 갈아입고 여호와의 전에 들어가서 경배하고 왕궁으로 돌아와 명령하여 음식을 그 앞에 차리게 하고 먹은지라" 삼하 12:16-20

죄를 용서받아도
징계는 뒤따른다

다윗은 일주일 동안 금식하고 통곡하면서 어떤 사람의 위로도 거절한 채 회개에 집중했다. 우리는 이런 다윗의 모습을 보면서 '저렇게 간절히 기도하고 회개했으니 아이가 살아야 맞지 않나' 하고 생각할 수도 있을 것이다. 하지만 다윗의 잘못으로 인한 하나님의 징계에 따라 아이는 죽고 말았다. 간절히 회개했고 죄에 대해 용서를 받았지만 그래도 죄의 값은 치러야 했던 것이다. 어쩌면 아이의 죽음 때문에 다윗의 죄가 용서받았음을 확실히 보장할 수 있는 것인지도 모른다. 예수 그리스도의 대속의 죽음이 그러했듯이 말이다. 그렇다면 다윗처럼 하나님의 징계 앞에 서있을 때 우리는 어떤 자세를 가져야 할까?

: 최종 판결이 끝났다면 이제 그만 잊어야 한다

하나님의 징계 앞에서 우리에게 필요한 것은 '잊음'과 '새 출발'이다. 이것을 위해서는 우리가 원하고 간구했던 것들을 깨끗하게 내려놓을 수 있는 '믿음' 또한 필요하다.

대부분의 사람은 자신의 아이가 병에 걸리면 곁에서 간호하면서 아이를 위해 간절히 기도한다. 그러다가 만약 아이가 죽음을 맞이하게 되면 그때부터는 통곡하며 서럽게 울기 시작한다. 더는 기대할 것이 없으니 그때부터는 마치 세상이 끝난 것처럼 절망하고 마는 것이다. 그런데 다윗은 지금 반대의 행동을 취하고 있다. 징계를 받고 난 후 다윗은 일어나 몸을 씻고 기름을 바르고 의복을 갈아입은 후 성전에 들어가서 경배했다. 그리고 궁으로 와서 음식을 베풀라고 명한 후 그 음식을 먹었다. 우리가 보기에는 도저히 이해되지 않는 행동이다. 아마 신하들 중 일부는 '너무 상심이 큰 데다 오랫동안 식음을 전폐해서 제정신이 아닌가 보구나' 하고 생각했을지도 모른다.

그러나 다윗의 이런 행동이야말로 그리스도인들이 보여야 할 반응이다. 모든 것을 잃게 되는 징계를 호되게 받고 난 후 그때부터 정신을 차리고 정상으로 돌아오는 것이 그리스도인의 위대함이다. 그렇기에 징계가 끝난 후의 모습을 살펴보면 그가 진짜 그리스도인인지, 아니면 자기 고집대로 기도했던 사람인지가 비로소 드러나게 된다.

이처럼 우리가 '하나님께서 나의 죄를 사하셨다는 확신'을 정말로 갖는다면 하나님의 최종 판결 앞에서 더는 미련을 가져서는 안 된다. 만약 '하나님, 제발 이것만은 잃어버리지 않게 해주세요' 하고 기도했는데 하나님께서 들어주지 않으시고 결국 잃게 하셨다면, 하나님의 최종 판결은 바로 '그것을 잃게 하는 것'이었음을 우리는 받아들여야 한다. 그 최종 판결을 더는 돌이킬 수 없음을 알고 그것을 과감히 잊은 채 정상으로 돌아와야 한다.

물론 누군가는 그 상황에서 정상으로 돌아오는 것이 불가능하다고 말할지도 모른다. 그러나 그리스도인에게는 정상으로 돌아올 수 있는 원동력이 있다. 스스로 회복하는 것이 아니라 하나님께서 우리를 회복시켜 주시기 때문이다. 또한 우리가 잃은 것들을 하나님이 새로운 것으로 채워 주시기 때문이다. 이것을 믿는다면 "이전 것은 지나갔으니 보라 새 것이 되었도다"고후 5:17라는 고백과 함께 새 출발을 할 수 있어야 한다.

: 한계를 아는 것이 나를 자유롭게 한다

우리는 사람의 한계를 분명히 인정한다면 돌아오는 길도, 새 출발을 하는 길도 더 쉽다는 것을 알아야 한다. 다윗의 경우, 더는 자신이 죽은 아이를 위해 할 수 있는 것이 없다는 것을 알았다. 즉 자신의 한계를 인정한 것이다. 사람은 누군가를 살릴 수도, 상황을 돌이킬 수도 없으니 말이다. 그러므로 한계를 인정함과 더불어 우리는 지나간 일은 깨끗이 단념하고 잊어버려야 한다. 이것이 신앙이다. 그런데 만약 다윗이 사람으로서의 미련을 버리지 못하고 "하나님, 이 아이가 죽었으니 저도 죽겠습니다"라고 했다면 그것이 과연 신앙인의 태도일까? 그런 사람은 하나님 때문이 아니라 아이 때문에 사는 것에 불과하다.

이렇게 깨끗이 단념하고 잊을 수 있을 때 우리는 하나님의 징계를 극복할 수 있다. 지나간 것은 지나간 것에 불과하며, 그것을 붙잡는다 해도 아무 소용이 없다는 것을 아는 것이 중요하다. 그렇기에 과거를 과거로 끝낼 수 있는 것이 때로는 능력이 될 수 있다.

물론 예수님을 아직 모르는 사람에게 이것은 너무나 힘든 일일 수 있다. 그들은 과거를 현실로 끌어와서 과거의 상처와 오늘의 아픔과 미래의 불안함까지 모두 더하여 갑절로 힘들어하기 때문이다. 그렇게 무거운 짐을 진 채 과거를 절대 잊지 못하고 있다면 '이 원통함을 반드시 갚고야 말리라' 하는 마음만이 항상 자신을 괴롭힐 뿐이다.

지금 돈을 잃었건, 누군가가 자신을 떠났건, 시험에 떨어졌건 그것은 그것으로 끝을 맺어야 한다. 이번 경기가 끝났으면 다음 경기를 준비해야 한다. 다시 못 돌아오는 것은 보내 주어야 한다. "나는 그에게로 가려니와 그는 내게로 돌아오지 아니하리라" 삼하 12:23

하나님이 용서하셨다면
고개를 들고 당당해져라

다윗은 이 일이 있은 후 다시 보좌에 앉아 나라를 다스렸다. 언뜻 보기에는 자신의 기도를 응답받지도 못하고, 자신의 죄 때문에 죄 없는 아이가 죽었으니 모든 것이 엉망이 되어 버린 인생처럼 여겨질 수도 있을 것이다. 하지만 다윗은 그 마음을 추스르고 보좌에 앉았다. 이것이 가능했던 이유는 하나님의 완전한 처리를 믿었기 때문이었다.

이처럼 우리도 하나님께서 징계하셨으면 그 징계로 인해 우리의 죄가 완전히 끝난 것임을 믿어야 한다. 사람은 징계한 후에도 계속해서 과거의 잘못을 끄집어내어 추궁하곤 하지만 하나님께서는 그러지 않으신다. 우리의 죄에 대해서 철저히 징계하셨으면 그것으로 끝이다. 우리를 용서하셨다면 그 일에 대해서는 잊어버리신다. 그러므로 징계가 끝났으면 우리는 하나님을 믿고 다시 새롭게 출발할 수 있어야 한다.

물론 백성을 통치해야 하는 다윗의 입장에서는 곤란한 일이 한두 가지가 아니었을 것이다. 특히 다윗은 백성을 심판해야 하는 입장에 있는데, 자신의 죄가 세상에 알려지게 되면 그 권위가 떨어질 수도 있었기 때문이었다. 가령 간음한 사람에 대해 판결해야 할 때, 밧세바와 간음했던 다윗의 입장에서는 얼마나 부끄럽겠는가? 혹은 살인한 사람에 대해 판결해야 할 때, 우리아를 죽게 만든 자신의 죄가 떠올라 또 얼마나 괴롭겠는가? 하지만 다윗은 당당히 보좌에 앉아 판결을 내렸다. 자신의 죄에 대해서는 하나님께서 완전히 처리하셨음을 믿었기 때문이다. 그렇게 다윗은 깨끗한 의인으로 당당히 행동했다. 성경에는 다윗이 자신의 죄로 인해 우울해하거나 백성을 통치하는 데에 어려움을 겪었다는 내용이 나와 있지 않다.

다윗의 이런 당당한 새 출발은 무엇을 의미할까? 우리의 죄가 아무리 크다고 해도 하나님의 은혜의 크기에 비하면 아무것도 아니라는 것을 말해 준다. 또한 이런 상황에서 다시 당당하게 시작하는 것은 하나님의 은혜를 만인 앞에 선포하는 일이 되기도 한다. '나는 하나님의 은혜로 산다. 나는 하나님의 판결을 믿고 앞으로 나아갈 것이다'라는 고백이 그런 행동 안에 내포되어 있기 때문이다.

징계가 끝난 후에
무엇에 주목하며 살 것인가?

사람을 대할 때 혹은 어떤 일을 대할 때 우리가 '어떤 관점을 갖느냐' 하는 것은 매우 중요하다. 무엇에든지 장점과 단점이 있기 마련인데, 단점보다는 장점을 생각하며 바라본다면 기분 좋은 관계를 이어 갈 수 있고 그로 인해 우리 자신도 함께 행복한 삶을 살 수 있을 것이다.

그렇다면 이제 하나님의 징계가 끝난 후 새 출발을 해야 하는 입장이라면, 우리는 어떤 관점을 가지고 세상을 바라보아야 할까? 과연 어디에 주목해야 할까? 우리가 이제부터 주목해야 할 것은 '하나님의 은혜로우신 일'에 있을 것이다. 자신이 저질렀던 일, 자신의 잘못들에 더는 집중하지 말고 하나님이 우리 안에 이루실 일들에 주목해야 하는 것이다. 이제는 우리가 저지른 실패 때문에 현실을 낭비해서도 안 되고 미래를 포기해서도 안 된다. 그것은 이미 지나간 일에 불과하다.

우리에게는 추악하고 더러운 죄악도 많지만 우리 인생을 통해서 하나님이 이루실 위대한 일도 분명히 있다. 죄를 지을 때도 있지만 착하게 살 때가 더 많고, 어려운 사람을 도와줄 때도 있다. 욕을 하면서 악하게 굴 때도 있지만 힘들어하는 사람을 보며 눈물 흘리고 긍휼히 여길 때도 많다. 미운 상대방을 용서하지 못해 분노가 가득할 때도 있지만 신기하게도 결코 용서하지 못할 것 같은 사람을 우리가 먼저 품은 적도 분명히 있다. 이처럼 우리에게는 한 가지 모습만 있는 것이 아니다. 실패한 점, 부족한 점도 있지만 하나님께서 우리를 도우시고 일으키셔서 우리를 통해 이루시는 선과 은혜가 훨씬 더 많다.

시편 51편에 나온 다윗의 회개를 살펴보면, 하나님이 죄를 용서하시고 제거하시는 방법에 대해 매우 다양하게 기록되고 있다. 그런데 찬찬히 따져 보면 하나님의 용서에 대해서는 무려 열아홉 개의 단어로 표현하고 있는 반면, 정작 자신의 죄에 대해서는 단 네 개의 단어로만 표현해 놓고 있다. 다윗은 자신이 지은 죄를 분명히 인정하고 있지만 거기에 머물지 않고 그 죄를 용서하고 씻어 주시는 하나님의 은혜에 더욱 주목하고 있는 것이다.

우리가 하나님의 징계를 받을 때 그 징계의 고통에만 주목해서는 안 되는 이유가 여기에 있다. 우리는 하나님의 징계를 통해 모든 것을 잃어버렸다고 해도 그것을 이유로 낙심해서는 안 된다. 오히려 잃어버렸기 때문에 보다 더 깨끗하게 새 출발을 할 수 있음에 감사하며, 하나님의 은혜로 자유롭게 나아가야 한다.

예수님은 왜 라오디게아 교회에 대해 징계를 선포하신 것일까

요한계시록에는 예수님께서 소아시아 일곱 교회들에게 전하시는 메시지가 기록되어 있다. 그런데 예수님은 마지막으로 라오디게아 교회에 대해 말씀하실 때, 그 어떤 교회보다도 더 많이 책망하셨다. 특히 다른 교회들을 말씀하실 때는 칭찬하는 부분이 한 가지 정도는 있었는데, 라오디게아 교회를 말씀하실 때는 단 하나의 칭찬도 없이 전부 책망에 대한 내용뿐이었다. 이 부분을 읽고 있노라면 '라오디게아 교회는 버림받은 교회가 아닐까' 하는 생각마저 들 정도이다.

그러나 예수님은 연이은 책망에 덧붙여 왜 책망하고 징계를 내리시는지에 대해서도 말씀하셨다. "무릇 내가 사랑하는 자를 책망하여 징계하노니 그러므로 네가 열심을 내라 회개하라"계 3:19 즉 라오디게아 교회 역시 예수님이 사랑하시는 교회였다. 그렇기에 포기하지 않으시고 이렇게 편지를 통해 책망하고 징계를 선포하신 것이다. 이처럼 우리에게 내려진 책망과 징계는 하나님께서 아직 우리를 포기하지 않으셨음을, 우리를 마지막까지 사랑하고 계심을 말해 주는 소중한 증거가 될 수 있다.

치료자 하나님과의 감정적 만남

하나님께서는 죄인은 사랑하시지만 죄는 미워하신다. 그만큼 죄의 문제를 그냥 내버려 두지 않으신다. 우리를 징계하셔서라도 그 죄로부터 우리를 돌이키게 하신다. 그렇다면 하나님이 징계를 내리셨을 때 우리는 어떤 자세로 임해야 할까?

STEP 1_ 징계의 가치를 알라

용서받았다고 해서 징계가 없을 것이라 생각지 말자. 오히려 용서하셨다는 증거로 징계를 내리실 수 있다. 그러므로 징계를 받을 때 우리가 여전히 하나님께 사랑받고 있음을 떠올리자.

STEP 2_ 징계를 받았다면 이제 당당해져라

겸손히 징계를 받았다면 이제는 당당해져야 한다. 그리고 새로운 삶으로 나아가야 한다. 만약 징계가 끝났음에도 당당해지지 못한다면 하나님의 회복의 역사를 부정하는 것이 된다.

STEP 3_ 이제부터는 하나님의 은혜에 주목하라

징계를 받았다면 자신의 과오에 대해 더는 집착하지 말자. 이제 집중해야 할 것은 하나님의 은혜이다. 하나님이 우리를 어떻게 인도하실지 그것에 최대한 주목할 수 있어야 한다.

치료자 하나님의 처방전

| 나에게 닥친 징계 | ① 나의 죄로 인해 하나님의 징계를 받게 되었을 때
② 징계를 다 받고 나서 이후의 인도하심을 기다릴 때 |

↓

성경 속에서 찾은 나의 감정 : 사무엘하 12장 16-20절

간절히 회개하고 기도했음에도 자신의 죄로 아이가 죽는 상황을 맞이하게 된 다윗

↓

다윗의 모습	우리의 모습
자신의 잘못을 용서받았지만 그에 대한 징계로 아이의 죽음을 받아들여야 했다.	죄를 지었을 때 용서도 받지만 동시에 하나님의 징계도 받는다.

↓

징계 앞에서 연약해지는 우리에게 하나님이 주시는 말씀

"이전 것은 지나갔으니 보라 새것이 되었도다"

↓

내가 할 수 있는 하나님의 방법	하나님의 위로하심
징계가 하나님의 사랑임을 알라.	하나님은 징계를 통해 죄에서 멀어진 우리를 기대하신다.
징계가 끝나면 하나님만 믿고 당당해져라.	하나님의 징계에 내가 회개로 답했다면, 하나님은 나의 죄를 잊으신다.
징계가 모두 끝난 후 하나님의 역사하심을 지켜보라.	하나님은 내 과오를 다 잊으시고 새 역사를 보여 주신다.

↓

삶 가운데 찾아올 징계에 대비하기	
STEP 1	징계는 하나님께서 나를 용서하셨다는 증거임을 알자.
STEP 2	징계를 통해 용서받았다면 이제 새로운 삶을 향해 당당히 나가자.
STEP 3	이제는 하나님의 은혜로운 일에만 주목하자.

징계

B. 나 때문에 징계받는 당신을 보고 있자니

나로 인한 타인의 징계

　세계 3대 문학상으로 꼽히는 부커 상The Booker Prize 수상 작가인 이언 매큐언Ian McEwan의 소설 『속죄』는 사람이 사람에게 얼마나 쉽게 죄를 지을 수 있는지, 또 그 죄를 인정하는 일은 얼마나 어려운 것인지를 잘 보여 주는 작품이다. 주인공 브라오니는 자신이 짝사랑하던 남자 로비가 자신의 언니와 서로 좋아하는 사이라는 것을 알게 되면서 로비에 대해 반감을 갖게 된다. 이후 사촌 언니 로라가 강간을 당하는 사건이 일어나자 브라오니는 자신도 모르게 로비를 범인으로 지목하고 만다. 그 일로 로비는 범인으로 몰려 제2차 세계 대전에 강제로 징집되고, 브라오니의 언니는 꿈도 포기한 채 전쟁터의 간호사로 자원한다. 그렇게 두 사람은 끝내 사랑을 이루지 못한 채 젊은 나이에 각자 죽음을 맞이한다. 이후 브라오니는 자신의 잘못을 속죄하는 마음으로 그들의 못다 이룬 사랑을 소설로 펴내고 평생을 죄책감 속에 살아가게 된다.

　로비가 억울하게 전쟁터로 끌려가 죽음을 맞게 된 것은 브라오니의 질투로 비롯된 일이지만, 정작 이 죄에 대해 브라오니는 아무 벌도 받지 않았다. 오히려 브라오니로 인해 사랑하는 사람과 헤이지게 된 그녀의 언니만이 전쟁으로 인해 죽음을 맞이하게 될 뿐이었다. 물론 소설 속에서 브라오니는 평생을 죄책감에 사로잡혀 살아가지만, 실제 우리 삶에서는 과연 어떠한가? 자신의 잘못으로 인해 누군가 희생되었을 때 당장에 자신에게 벌이 내려지지 않는다면 어떠한 가책도 없이 살아가고 있지는 않은가? 우리는 당장 우리에게 징계가 내려지지 않는다고 해서 마음 놓고 방종해서는 안 된다. 하나님께 엎드려 기도하며 우리가 깨달아야 할 부분, 책임져야 할 부분이 무엇인지를 반드시 찾아야만 한다.

내 감정과의 대면

하나님은 우리를 죄로부터 돌이키게 하시려고 징계를 내리실 때가 있다. 부모가 사랑하는 자녀의 그릇된 행동을 내버려 두지 못하듯, 하나님 역시 사랑하는 자녀인 우리가 죄를 저지를 때면 가만히 두고만 보지 않으시는 것이다. 그만큼 하나님의 징계는 우리를 향한 사랑의 반증이다.

그런데 분명 죄는 내가 지었는데, 내가 아닌 다른 사람이 징계를 받을 때가 있다. 마치 떠든 건 학급 아이들인데 반장이 대표로 선생님께 혼나는 것처럼 말이다. 또 어떤 경우에는 죄를 지은 나도 징계를 받지만 잘못하지 않는 다른 사람도 나와 함께 징계받게 될 때가 있다. 잘못은 동생이 했는데 동생 옆에 있던 형까지 부모가 함께 벌을 주는 것처럼 말이다.

그렇다면 하나님께서 이와 같은 방식으로 우리가 아닌 다른 사람에게 징계를 내리실 때, 우리가 할 수 있는 일은 무엇일까? 그 가운데서 하나님이 우리에게 원하시는 것은 무엇일까?

하나님 말씀과의 대면

"다윗이 그 아이를 위하여 하나님께 간구하되 다윗이 금식하고 안에 들어가서 밤새도록 땅에 엎드렸으니 그 집의 늙은 자들이 그 곁에 서서 다윗을 땅에서 일으키려 하되 왕이 듣지 아니하고 그들과 더불어 먹지도 아니하더라 이레 만에 그 아이가 죽으니라 그러나 다윗의 신하들이 아이가 죽은 것을 왕에게 아뢰기를 두려워하니 이는 그들이 말하기를 아이가 살았을 때에 우리가 그에게 말하여도 왕이 그 말을 듣지 아니하셨나니 어떻게 그 아이가 죽은 것을 그에게 아뢸 수 있으랴 왕이 상심하시리로다 함이라 다윗이 그의 신하들이 서로 수군거리는 것을 보고 그 아이가 죽은 줄을 다윗이 깨닫고 그의 신하들에게 묻되 아이가 죽었느냐 하니 대답하되 죽었나이다 하는지라 다윗이 땅에서 일어나 몸을 씻고 기름을 바르고 의복을 갈아입고 여호와의 전에 들어가서 경배하고 왕궁으로 돌아와 명령하여 음식을 그 앞에 차리게 하고 먹은지라" 삼하 12:16-20

나로 인해 나보다
더 큰 징계를 받는 자들이 있다

다윗은 지금 엄청난 징계를 받고 있다. 자신의 아이가 죽었으니 이보다 더 큰 징계가 어디 있으랴. 그런데 여기서 우리가 주목해야 할 것은 지금 징계를 받고 있는 것은 단지 다윗만이 아니라는 사실이다. 비록 어리디어린, 아무것도 모르는 갓난아기지만 다윗의 아이 역시 징계를 받았다. 그것도 이 죄의 당사자인 다윗보다 더 큰 징계를 받았다. 정작 잘못한 것은 아무것도 없는데 심한 병으로 인해 생명을 잃는 고통을 감당해야 했다.

이뿐만 아니라 다윗이 취한 밧세바 역시 지금 징계를 받고 있다. 자신이 낳은 아이가 죽었을 때 밧세바의 마음은 과연 어땠을까? 다윗이야 그동안 겪었던 연단과 높은 신앙으로 다시 마음을 다잡고 일상에 복귀했지만, 밧세바의 입장에서는 그러지 못했을 것이다. 특히 아이를 낳은 어머니의 입장에서 그녀의 마음은 완전히 무너져 내렸을 것이다. 그녀 역시 이 비극이 다윗과 자신의 잘못으로 인해 벌어진 일이라는 사실에 참으로 고통스러웠을 것이다. 심지어 밧세바는 얼마 전 자신의 남편을 전쟁터에서 잃기까지 한 상황이었으니, 그녀의 죄책감과 고통은 가중될 수밖에 없었을 것이다.

즉 다윗도 징계를 받았지만 어쩌면 다윗의 아이와 밧세바가 다윗보다 더 큰 징계를 받았다고 할 수 있다. 게다가 다윗은 자신의 잘못에 의해 받은 것이라지만 아이와 밧세바는 그야말로 억울한 입장이 아니겠는가?

: 나의 고통이 아닌 상대방의 고통에 주목하라

이처럼 우리는 우리 자신의 잘못으로 인해 자신과 상대방 모두 징계를 당하는 순간을 맞이할 때가 있다. 이럴 때 우리가 반드시 조심해야 할 것은 '자신의 아픔'에만 집중하지 말아야 한다는 것이다. 상대방이 우리로 인해 징계받고 있다면, 그것이 크든 작든 상대방을 위로하고 상대방과 함께 기도로 나아가야만 한다. 만약 하나님께서 우리의 죄에 대해 우리를 징계하지는 않으시고 상대방에게만 징계를 내리신다면, 그것은 상대방의 고통 가운데 우리에게 깨닫게 하시려는 것이 있기 때문이다. 우리로 인한 상대방의 고통을 지켜보는 것 자체가 하나님께서 우리에게 내리신 징계의 한 모습일 수 있는 것이다.

그러나 안타깝게도 사람들은 막상 징계로 인해 고통받게 되면 이것을 놓쳐 버리기 쉽다. 특히 다윗의 상황처럼 너무나 비극적인 경우라면 더욱 그러하다. 자신의 슬픔에 빠져 있느라, 상대방의 고통은 제대로 보지 못한다. 그러나 지금의 상황이 우연이 아닌, 하나님의 징계임을 분명히 안다면 하나님이 이를 통해 알려 주시고자 하는 말씀을 잘 알아들을 수 있어야 한다. 하나님이 이끄시는 대로 자신의 감정을 조절할 줄 알아야 한다.

하나님께서 지금 우리의 죄로 인해 다른 누군가에게 징계의 고통을 안겨 주고 계신다면, 우리는 자신의 감정을 '그저 내 마음이 가는 대로' 내버려 두어서는 안 된다. 즉 우리가 지금 아프고 고통스럽다 해도 그 고통을 온전히 감수하고 잊으려는 '결단'이 지금 우리에게 필요하다. 우리로 인해 징계의 고통을 받는 상대방에게 집중하는 '의지'가 필요하다. 하나님은 이렇듯 고도의 성숙함을 지금 우리에게 요구하고 계신다. 그만큼 우리를 과거의 잘못 안에 가두지 않으시고 징계를 통해 더 성장할 수 있게 하신다. 상대방의 아픔까지 우리에게 보여 주시면서 말이다.

: 징계가 나를 비껴갔다고 해서 끝난 것이 아니다

그렇다면 정작 잘못한 우리에게는 징계가 임하지 않고, 죄가 없는 상대방에게 대신 징계의 고통이 임했을 때는 어떻게 해야 할까? 여기서 문제는 그 징계가 자신을 비껴갔음에 안도하며 그저 만족해할 때가 더러 있다는 것이다. 더 나아가 자신의 죄에 대해 의식조차 하지 않으려는 마음마저도 숨어 있을 때가 있다. 징계가 비껴갔으니 모든 문제는 끝났다고 생각하기도 한다. 물론 다윗의 경우처럼 자신의 자식에게 징계가 임했을 경우라면 엄청난 고통으로 크게 마음이 쓰이겠지만, 만약 가족이 아닌 조금은 관계가 먼 다른 사람에게 우리 자신의 징계가 임했다면 우리에게 이런 마음이 충분히 생길 수도 있는 것이다.

예를 들어 내가 속한 공동체가 하나님께 합당하지 않은 방법으로 어떤 일을 추진했다고 해보자. 그리고 내가 거기에서 아주 중요한 역할을 감당했다고 해보자. 그런데 막상 하나님께서 내가 아닌 리더에게만 징계를 내리실 수도 있다. 물론 리더가 전반적으로 일을 진행하기 때문에 그에게도 책임이 있겠지만, 그래도 결정적인 잘못을 한 사람이 나라면 어떻게 해야 할까? 이럴 때 우리는 '다행이다' 하면서 은근슬쩍 넘어가려 해서는 안 된다. '내가 한 일은 그렇게 큰 잘못이 아니었나 봐' 하고 안심해서는 더욱 안 된다. 또한 '사실 저 사람은 나와 그렇게 가까운 사이도 아닌데 뭐' 하면서 상대방의 고통에 무덤덤해져서도 결코 안 된다. 우리는 상대방이 지금 벌을 받는 것은 '나를 대신하여' 징계받고 있는 것임을 확실히 깨달아야만 한다.

마지막으로 '하나님이 저 사람보다 나를 더 사랑하시나 봐' 하는 착각도 금물이다. 하나님께서는 지금 우리를 대신하여 우리보다 더 성숙한 사람에게 그 징계를 주고 계실 뿐이다. 혹은 우리에게 한 번 더 기회를 주시려고 우리가 아닌 다른 사람에게 징계를 주셨을 뿐이다. 그러므로 우리는 이 상황을 쉽게 지나쳐서는 안 된다. 오히려 지금 징계를 받고 있는 상대방보다 정신을 더 바짝 차리고 죄를 반성할 수 있어야 한다. 이를 통해 진정한 회개의 열매를 맺을 수 있어야 하며, 더는 그 죄에 접근하지 않기 위해 필사적인 노력을 해야만 한다.

상대방은 지금
나를 위해 희생한 것이다

하나님이 보여 주신 사랑의 또 다른 이름은 바로 '희생'이다. 예수님의 십자가 고난과 죽음에서도 잘 알 수 있듯, 하나님은 희생이라는 고귀한 가치를 통해 그 사랑의 실체를 보여 주신다. 그래서 우리의 삶 가운데서도 희생을 통해 사랑을 베풀게 하실 때가 많다.

만약 상대방이 우리를 대신해 지금 징계받고 있다면, 이것은 분명한 희생이다. 물론 상대방도 나름의 잘못이나 책임이 있을 수 있지만, 그럼에도 이를 통해 하나님이 알려 주고자 하시는 것은 그 누구도 아닌 '나를 위한 희생'임을 우리는 깨달을 수 있어야 한다.

: 우리는 누군가의 희생을 바탕으로 살아가는 존재이다

우리는 간혹 자신이 잘나서, 자신이 잘해서 무엇인가를 이루게 되었다고 생각할 때가 있다. 하지만 우리가 그 공든 탑을 쌓기까지 하나님께서 개입하신 일들, 그 섬세한 연결 고리를 알게 된다면 우리는 이런 착각을 당장에 던져 버리게 될 것이다. 또 하나님께서 다른 사람의 수고와 땀을 통해 우리의 일이 열매 맺도록 하신 것을 알게 된다면 상대방의 '희생'이 하나님의 섭리로 인한 일임을 깨우치게 될 것이다.

이처럼 우리는 '은혜'를 배제한 채 살 수가 없는 존재이다. 누군가가 희생을 했기 때문에 우리가 지금 이 시대에 이 나라에서 편하게 살면서 편하게 신앙생활을 할 수 있는 것이고, 누군가가 희생을 했기 때문에 지금 이렇게 우리가 하고 싶은 것을 마음껏 펼치면서 살 수 있는 것이다. 그렇기에 단지 하나님의 손길이 당장 눈앞에 보이지 않는다고 해서, 상대방의 노력과 희생을 우리가 직접 느낄 수 없다고 해서 우리가 그것을 간과해서는 안 된다. 우리를 위한 상대방의 희생의 바탕 속에서 우리가 살아가고 있음을 우리는 깨달아야 한다.

이런 깨달음이 있다면 우리는 상대방에게 임한 징계의 상황에서 하나님의 뜻을 볼 수가 있다. 우리 대신 희생하는 상대방을 통해서 하나님은 위의 사실들을 한 번 더 분명히 깨닫기를 우리에게 요구하고 계시는 것이다. 이제 이런 기회를 통해 우리는 '내가 잘나서 잘살 수 있는 존재'가 아니라 '누군가의 희생과 은혜로 인해 사는 존재'임을 되새길 수 있어야 한다. 그러한 겸손함이 우리 평생에 이어질 수 있게 해야 한다.

: 나도 언젠가는 누군가를 대신하여 징계받을 수 있다

더불어 지금 이 상황을 통해 우리도 언젠가는 누군가를 대신하여 징계를 받을 수 있는 존재임을 깨달아야 한다. 그러기 위해서는 상대방의 희생을 상기하려는 노력이 우리에게 반드시 필요하다. 지금 우리를 대신해 징계받고 있는 상대방을 보면 마음이 아프지만, 정작 시간이 지나고 나면 까맣게 잊어버릴 수 있는 게 바로 사람이다. 하지만 다른 것은 몰라도 '나를 위한 희생'의 기억만큼은 잊어서는 안 된다. 하나님께서 우리에게 보여 주신 그 희생의 가치들을 우리는 마음속에 늘 간직해야 한다.

이런 마음이 있다면 우리가 누군가를 대신하여 징계를 받게 되는 순간이 온다 할지라도 우리는 그 고통을 잘 감당해 나갈 수 있게 된다. 그때 우리 대신 징계를 받으며 고통 가운데 희생했던 그 사람을 떠올리는 순간, 지금의 징계를 달게 받을 수 있게 되기 때문이다. 그러나 '희생'을 기억하고 감사하는 마음이 없다면 그 징계를 기쁘게 받기란 어렵다. '잘못은 저 사람이 했는데 왜 내가 벌을 받아야 하지?', '분명히 같이 잘못했는데 왜 나만 징계받아야 해?' 하면서 억울한 마음만 가득하게 될 것이다.

이제 우리를 위해 대신 죽으신 예수님의 희생, 우리로 인해 징계를 대신 받은 상대방의 희생을 우리의 '자산'으로 삼아 보자. 그것이 우리 마음에 든든히 자리 잡고 있다면 앞으로도 남을 위해 기꺼이 희생할 수 있는 사람이 될 수 있을 것이다. 그리고 그런 마음으로 살아가게 되면 그만큼 더 놀라운 은혜가 뒤따르는 것을 체험하게 될 것이다. 형제들 대신 징계를 받고자 했던 유다가 예수님의 계보를 잇는 주인공이 되었던 것처럼 말이다 창 43:9.

예수님은 누구를 위해
징계를 받으셨나

이사야는 예수님의 탄생과 죽음, 그리고 사역에 대해 오래전부터 예언하고 있었다. 그런데 예수님에 대한 예언이 담긴 구절 중 예수님이 하나님께로부터 징계를 받는 내용이 있다. "그는 실로 우리의 질고를 지고 우리의 슬픔을 당하였거늘 우리는 생각하기를 그는 징벌을 받아 하나님께 맞으며 고난을 당한다 하였노라 그가 찔림은 우리의 허물 때문이요 그가 상함은 우리의 죄악 때문이라 그가 징계를 받으므로 우리는 평화를 누리고 그가 채찍에 맞으므로 우리는 나음을 받았도다" 사 53:4-5 만왕의 왕이신 예수님께서, 그리고 의로우신 예수님께서 하나님께 징계를 받는다는 것은 쉽게 이해할 수 없는 장면일 수 있다. 그러나 예수님은 필연적으로 이 일을 감당하셔야만 했다. 그것은 예수님이 우리를 대신해 하나님으로부터 징벌을 받으셔야만 우리가 죄악에서 벗어나 평화를 누릴 수 있기 때문이었다.

우리가 죄에 대해 무감각해지거나 관대해질 때마다 예수님이 징계받으셨던 것을 떠올려 보자. 예수님이 우리를 대신해 받으신 그 징계의 고통을 떠올린다면 우리는 하루하루를 감사와 희생으로 채우기 위해 보다 노력할 수 있게 될 것이다.

치료자 하나님과의 감정적 만남

잘못은 우리가 저질렀는데 하나님께서는 우리가 아닌 다른 누군가를 대신 징계하실 수 있다. 혹은 우리의 죄로 인해 벌을 내리실 때 죄 없는 상대방까지 같이 징계하실 수 있다. 우리는 이런 상황 속에서 무엇을 깨달아야 하고 어떤 자세로 임해야 할까?

STEP 1_ 나의 고통보다 상대방의 고통에 더 집중하라

우리로 인해 상대방까지 징계받게 될 때는 우리 자신보다 상대방의 고통에 더 집중해야 한다. 그렇지 않으면 우리로 인해 상대방이 치르는 희생을 간과해 버릴 수 있다.

STEP 2_ 징계가 나를 비껴갔어도 내 죄를 지나쳐서는 안 된다

부족한 우리를 대신해 상대방이 징계를 받는 것은 하나님께서는 우리에게 한 번 더 기회를 주시고자 함인 것을 알아야 한다.

STEP 3_ 나는 다른 이의 희생으로 살아가는 존재임을 알라

지금 누군가의 희생으로 우리가 징계를 면했다면, 그 희생에 감사할 줄 알아야 한다. 또 우리도 남을 위해 대신 징계를 받는 희생을 감당할 줄도 알아야 한다.

치료자 하나님의 처방전

나로 인한 타인의 징계	① 잘못은 내가 했는데 상대방이 대신 징계를 받을 때 ② 잘못은 나만 했는데 상대방도 함께 징계를 받을 때

⬇

성경 속에서 찾은 나의 감정 : 사무엘하 12장 16-20절

정작 죄는 다윗이 저질렀는데 다윗을 대신해 징계받은 아이와 밧세바

⬇

다윗의 모습	우리의 모습
자신으로 인해 고통받는 아이와 밧세바를 보며 어찌할 바를 몰라 한다.	상대방이 나 대신 징계를 받는 상황에서 내가 무엇을 해야 할지 몰라 당황한다.

⬇

상대방의 희생으로 징계를 면한 우리에게 하나님이 주시는 말씀

"그가 징계를 받으므로 우리는 평화를 누리고"

⬇

내가 할 수 있는 하나님의 방법	하나님의 위로하심
상대방의 희생에 집중하라.	그 과정을 통해 하나님은 우리에게 잘못을 깨닫게 하신다.
내 잘못을 간과하지 마라.	상대방에게 임한 징계를 보면서 우리가 더욱 죄에서 멀어질 것을 하나님은 기대하신다.
나도 언젠가는 상대방을 대신하여 징계받을 수 있다.	하나님은 서로 희생하는 삶을 살게 하신다.

⬇

	나로 인해 상대방이 징계받는 상황에 대비하기
STEP 1	함께 징계를 받을 때 내 아픔보다 상대방의 아픔에 집중하라.
STEP 2	징계가 나에게 오지 않았다고 해서 나에게 죄가 없는 것은 아니다.
STEP 3	상대방의 희생을 기억하며 우리도 희생의 삶을 살아야 한다.

욕망

A. 헛된 욕망인 줄 알면서도
내가 여기까지 오다니

내가 품은 헛된 욕망

끝없는 욕망으로 인한 자기 파멸의 비극을 노래한 오페라 〈돈 조반니Don Giovanni〉는 방탕함을 즐기는 한 남자의 모습을 보여 준다. 호색한好色漢 돈 조반니는 기사장의 딸을 보고 반해 몰래 그녀를 찾아가지만 기사장과 맞닥뜨리자 그를 죽이고 도망친다. 그 후로도 자신에게 헌신하는 여성을 헌신짝처럼 버리는 등 욕망의 끝을 달리던 돈 조반니는 어느 날 묘지에서 이상한 것을 만나게 된다. 그것은 바로 자신이 죽인 기사장의 망령이었다. 기사장의 망령은 "타락한 욕망으로 살아온 삶을 회개하라"고 말하지만 돈 조반니는 끝내 오만하게 거부한다. 그것이 마지막 기회인 줄도 모르고 말이다. 결국 돈 조반니는 기사장의 망령에 의해 활활 타오르는 불구덩이로 떨어지게 되면서 오페라는 막을 내린다.

그 어떤 욕망도 다른 이의 마음을 아프게 하고 하나님을 기만하는 방식으로는 결코 그 끝이 아름다울 수 없다. 파멸의 길만이 그 앞에 놓여 있을 뿐이다. 회개할 수 있는 마지막 기회를 놓친 돈 조반니가 안쓰러운 것은 바로 그런 이유에서다. 하나님께 회개하고 사람에게 용서받을 수 있는 마지막 기회를 우리는 놓쳐서는 안 된다.

내 감정과의 대면

하나님은 우리가 잘못된 욕심으로, 잘못된 방법으로 무언가를 취하고자 할 때 그 욕망을 채우도록 내버려 두지 않으신다. 그 욕망의 끝에는 파멸이 기다리고 있음을 알게 하시기 위해 우리를 반드시 실패하게 하시고 상처받게 하신다. 특히 욕망으로 인해 얻게 된 결과물은 다 빼앗아 가신다. 죄로 인해 만들어진 것들이 우리 가운데 있는 것을 허락지 않으신다.

그렇다면 하나님이 허락지 않으시는 욕망을 하나님 손으로 거두어 가신 후에, 우리에게는 빈껍데기만 남게 되는 걸까? 절대 그렇지 않다. 하나님이 우리의 헛된 욕망을 거두어 가신 자리에는 그 욕망을 잊을 만큼 풍성한 사랑과 은혜를 부어 주신다. 우리가 우리의 욕망으로 이루려고 했던 것보다 더 멋진 것으로 바꾸어 주신다.

우리가 어딘가를 향해 열심히 달려가다가 그것이 하나님이 허락지 않으시는 욕망인 것을 알고 멈추게 됐을 때, 모든 것이 끝난 것만 같은 그 허탈함을 하나님께서는 어떻게 회복시켜 주실까? 욕망이라는 감정으로 인해 밑바닥까지 내려가 있는 우리를 어떻게 끌어올려 주실까?

하나님 말씀과의 대면

"그의 신하들이 그에게 이르되 아이가 살았을 때에는 그를 위하여 금식하고 우시더니 죽은 후에는 일어나서 잡수시니 이 일이 어찌 됨이니이까 하니 이르되 아이가 살았을 때에 내가 금식하고 운 것은 혹시 여호와께서 나를 불쌍히 여기사 아이를 살려 주실는지 누가 알까 생각함이거니와 지금은 죽었으니 내가 어찌 금식하랴 내가 다시 돌아오게 할 수 있느냐 나는 그에게로 가려니와 그는 내게로 돌아오지 아니하리라 하니라 다윗이 그의 아내 밧세바를 위로하고 그에게 들어가 그와 동침하였더니 그가 아들을 낳으매 그의 이름을 솔로몬이라 하니라 여호와께서 그를 사랑하사 선지자 나단을 보내 그의 이름을 여디디야라 하시니 이는 여호와께서 사랑하셨기 때문이더라" 삼하 12:21–25

욕망의 죗값을 치른 후에는
위로의 시간이 시작된다

잘못된 욕망으로 부정을 저지른 다윗과 밧세바가 그 죗값으로 아이를 잃게 된 후 하나님께서는 그들에게 다시 아이를 허락하신다. 그 아이가 바로 이스라엘 역사에서 번영과 지혜의 상징인 솔로몬 왕이다. 그런데 밧세바가 다시 아이를 갖는 과정을 기록해 놓은 성경말씀을 보면 밧세바에 대한 수식어가 바뀌어 있음을 알 수가 있다. 이전까지만 해도 밧세바는 '우리아의 아내'라고 기록되어 있었지만 삼하 12:10,15, 아이가 죽게 되는 죗값을 치른 후에는 '그의 아내', 즉 다윗의 아내로 기록되고 있다 삼하 12:24. 하나님께서는 욕망에 대한 죗값을 다 치르게 하신 후에는 밧세바를 다윗의 새로운 아내로 인정해 주신 것이다. 따라서 하나님께 욕망의 죗값을 다 치르고 그 죄가 용서되어 완전히 처리된 만큼 이제 다윗과 밧세바는 더는 부정한 관계가 아닌, 하나님께서 인정하시는 관계가 될 수 있었던 것이다.

: 잃은 것은 잊게 하신다

다윗과 밧세바의 모습을 보면 하나님께서 우리의 욕망을 어떻게 처리하시는지, 죗값을 치르게 하신 후에는 또 어떻게 역사하시는지 그 놀라운 섭리를 알 수가 있다. 하나님께서는 우리가 잘못된 방법으로 채웠던 욕망을 거룩하게 만드셔서 우리에게 안겨 주고 계시는 것이다. 욕망에 사로잡혀 있던 우리에게 "네가 이것을 진정으로 원한다면 네가 받아야 할 벌을 다 받은 후에, 그것을 깨끗하게 하여 온전함으로 취하게 하겠다"고 말씀하시는 것이다.

이처럼 우리는 욕망으로 인해 벌을 받게 될 때 상실의 아픔을 겪게 될 수도 있지만 이 아픔이 반드시 영원한 것은 아님을 알아야 한다. 당장은 영원히 잃어버린 것 같지만 하나님께서는 우리가 잃어버린 것보다 더 좋은 것으로 준비해 주시기 때문이다. 그런 까닭에 우리의 잘못된 욕망으로 인해 사람을 잃었을 때, 명예를 잃었을 때, 업적을 잃었을 때, 돈을 잃었을 때 결코 낙심하지 말자. 실패는 결코 실패로 끝나지 않는다.

: 욕망 뒤에 찾아온 실패는 차라리 잘된 일이다

　잘못된 욕망으로 인해 하나님 앞에서 죄의 값을 치를 때 그 아픔과 실패는 죽고 싶을 만큼 고통스럽게 다가올 수도 있다. 그러나 당장은 그 고통이 원망스럽고 견디기 힘들지 몰라도 시간이 지나면 오히려 그런 시간이 우리에게 임했었음을 감사하게 여기게 될 것이다. 아무리 우리의 욕망으로 인해 큰 죄를 저질렀다 하더라도 실패를 실패로 끝나게 하지 않으시는 하나님의 은혜가 우리 삶에 반전을 가져오기 때문이다. 욕망으로 인한 실패는 더 좋은 것을 주시려는 하나님의 계획일 수도 있다.

　베드로는 왜 밤새도록 헛그물질을 했던 것일까? 바다에서 잔뼈가 굵은 그는 그날도 보란 듯이 많은 물고기를 잡고 싶었을 것이다. 그런 베드로에게 하나님께서 그토록 헛그물질을 하게 했던 이유는 바로 실패를 통해 사람의 한계를 경험하게 함과 동시에 이후에 만선의 기쁨을 알게 해주시기 위함이었다. 하나님께서는 베드로에게 단순히 물고기만 잡게 한 것이 아니라 이런 실패의 경험을 통해 하나님의 깊은 뜻도 함께 잡을 수 있게 만드신 것이다. 즉 베드로의 실패는 바로 욕망과 실패의 과정을 통해 기적의 사건을 경험하게 하기 위한 하나님의 섭리였던 것이다.

　마찬가지로 우리는 욕망으로 인한 실패 때문에 좌절하고 절망해서는 안 된다. 이 모든 것이 하나님의 또 다른 능력을 경험하게 하시려는 섭리임을 깨닫고 스스로 마음을 정비해야 한다. 당장 눈앞에 보이는 A만 얻으려고 열망했던 우리에게 A+B+C+……Z까지 얻게 하시려는 하나님의 섭리를 느낄 수 있어야 한다. 물고기 한 마리의 축복이 지금 임하지 않았다 해도, 훗날 있을 만선의 축복을 기대하며 감사할 수 있어야 한다.

욕망을 흘려보내고
완전히 새로운 인생을 열어 주신다

또한 하나님께서는 우리의 헛된 욕망으로 인한 실패의 자리에 은혜를 부어 주심으로써 완전히 새로운 인생을 허락해 주신다. 좌절한 우리에게 평강을 주심과 더불어 모든 것에서부터 자유로울 수 있는 새로운 가치관을 갖게 해주시는 것이다. 이처럼 욕망으로 인한 우리의 실패는 하나님 안에서 결코 실패로 끝나지 않을 뿐만 아니라 아픔과 상처로 남지 않는다. 오히려 우리의 인생을 향상시켜 주신다. 그러므로 비록 우리의 잘못된 욕망으로 인한 것이라 해도 하나님 안에서 거듭나는 시간을 갖는다면 그 실패는 우리에게 유익이 될 수 있다.

그런 차원에서 볼 때 다윗의 인생에서 큰 전환점이라 할 수 있는 것이 바로 밧세바로 인한 사건들이다. 다윗에게는 이 시기가 정말로 힘든 시기였겠지만 자신의 죄에 대한 처절한 고백, 사람으로서 갖는 욕망의 헛됨과 그 한계에 대한 고백 때문에 그는 무너지지 않았다. 그래서 이후로도 고난이 찾아왔을 때 다윗은 쉽게 넘어지지 않았다. 오히려 하나님이 주신 깊은 통찰력으로 모든 일을 대응할 수 있었다. 특히 영광스러운 시절이 다 끝난 노년의 시기에 그는 보다 성숙한 모습을 보였다. 몸도 쇠하고 권력도 약해져 여기저기서 반란이 끊이지 않아 그에게 큰 위기와 상처가 될 법도 했지만, 오히려 다윗은 그 속에서 인생에 대해 깊이 깨닫게 되었다. 하나님의 섭리에 보다 가까이 다가갈 수 있게 되었다. 하나님은 지금 우리의 인생 가운데서도 이러한 흐름을 계획하고 계신다.

우리는 헛된 욕망으로 가득 차있지만
하나님은 여전히 우리를 사랑하신다

더불어 하나님께서는 우리가 잘못된 욕망으로 인해 실패하게 될 때도 그 속에서 하나님의 사랑을 다시금 경험하게 하신다. 하나님께서 사랑하고 계신 대상이 바로 우리임을 깨닫게 하시는 것이다. 하나님께서는 욕망으로 인해 시련을 겪은 다윗에게 솔로몬을 아들로 주신다. 다윗의 아들에게 주신 '솔로몬'이라는 이름은 바로 '평강'이라는 의미를 담고 있다. 하나님께서 다윗의 인생에 평강을 주시겠다는 의미가 이 안에 담겨 있는 것이다 대상 22:9.

또한 하나님께서는 욕망으로 인해 무너져 내렸던 다윗의 인생에 평강을 주시는 것으로 끝내지 않으셨다. 하나님께서 선지자 나단을 통해 솔로몬에게 '여디디야'라는 별칭을 주셨는데 이는 '여호와께서 사랑하심을 인함이더라'는 의미를 가지고 있다. 다윗에게 단지 아들만 주신 것이 아니라 아들의 이름을 통해 하나님의 사랑을 다시금 분명히 보여 주신 것이다. 즉 이 모든 일 안에는 "너는 비록 범죄했고 타락했고 실패하여 망한 것 같지만 내가 너를 사랑한다. 내가 너의 죄를 지적했고 징계했지만 너는 내게 사랑을 입은 자이다"라는 메시지가 들어 있는 것이다.

: 과거를 대신할 만한 은혜, 그 이상을 주신다

비록 욕망으로 인해 죄를 범했을지라도, 그로 인해 모든 것을 잃는다 해도 우리는 하나님께 사랑을 입은 자라는 사실을 잊지 말아야 한다. "나는 죄인이지만 하나님께 사랑받은 자이다"라는 사실은 영원토록 변함이 없는 진리이기 때문이다.

이렇게 우리가 욕망으로 인해 모든 것을 다 잃은 것 같은 상황에서도 하나님께서는 또 다른 사랑의 확증을 우리에게 주신다. 이는 그리스도인의 놀라운 특권이 아닐 수 없다. 우리 스스로가 자처한 범죄로 벼랑 끝에 서있는 상황에 처했는데 하나님께서 그 모든 것을 다 해결해 주신 것도 모자라 다시 한 번 사랑을 확인해 주시니, 이것이 사람의 아량으로 가능하기나 할까?

특히 다윗에게 있어 하나님의 변함없는 사랑의 증거이자 매개가 되었던 솔로몬은 단지 죽은 아이를 대신하는 존재가 아니었다. 죽은 아이를 대신하는 것을 뛰어넘을 만큼 하나님의 사랑과 은혜를 충만하게 느끼게 해주는 존재였던 것이다. 이처럼 하나님의 사랑은 과거에 잃었던 것을 대신해 주는 정도에 그치지 않는다. 완전히 새로운 대상으로, 과거의 실패와 고통이 기억나지 않을 만큼 값진 존재로 우리에게 허락하신다.

ː 하나님은 우리와 함께 웃을 준비를 하고 계신다

멕시코 원주민이 사용하는 타라스칸Tarascan 어에 이런 말이 있다. "하나님께서는 우리 마음에서 슬픔을 취해 가신다." 즉 하나님께서는 우리를 위로하신다는 의미이다. 하나님께서 우리의 슬픔을 가져가 버리신다는 것은 곧 우리 안에 있는 죄악의 씨앗과 뿌리와 열매를 벌목하시듯 완전히 뽑아 없애신다는 것이다. 물론 하나님은 거기에서 그치지 않으신다. 그런 후에 죄악의 꽃이 아니라 아름다운 꽃, 사랑스러운 열매를 맺을 꽃씨를 그 자리에 뿌려 주신다. 이와 같은 맥락으로 위르겐 몰트만Jurgen Moltmann이라는 신학자 역시 이런 말을 남겼다. "함께 우시는 하나님, 내 죄 때문에 함께 우시는 하나님, 그러나 그 하나님은 우리와 함께 웃기를 원하시는 하나님이시다."

이런 위로와 사랑을 보다 분명히 확증해 주시기 위해 하나님께서는 욕망의 죗값을 치른 다윗에게 솔로몬을 주신 것뿐만 아니라 긴 전쟁에서의 승리까지 허락하셨다. 암몬과의 오랜 전쟁에서 최후 승리를 얻는 승리의 기쁨까지 안겨 주셨다. 무엇보다 그 전쟁의 마지막 장면을 보면 하나님이 다윗에게 허락하신 회복의 역사를 분명히 확인할 수 있다삼하 12:26-31. 요압 장군은 랍바 성을 마지막으로 정복하면서, 자신의 업적이 아닌 다윗 왕의 이름으로 이 승리가 역사에 남길 원했던 것이다. "이 성읍을 쳐서 점령하소서 내가 이 성읍을 점령하면 이 성읍이 내 이름으로 일컬음을 받을까 두려워하나이다"삼하 12:28 이처럼 다윗이 영광을 받도록 하신 하나님의 뜻은 과연 무엇일까? 비록 욕망으로 밑바닥까지 내려간 다윗이지만, 하나님은 다윗에게 모든 것을 회복해 주고 계신다. 그동안 잃었던 명예와 지도력 그리고 권력까지 하나님께서는 완전하게 복구해 주셨다.

혹시 다윗처럼 욕망으로 인해 자기 자신이 무너지는 상황을 경험하게 되었는가? 모든 것을 잃은 것만 같아 좌절하고 있는가? 이럴 때 우리는 이제 낙심하지 말자. 욕망으로 인해 실패했으면 하나님 앞에 회개하고 거듭나는 시간을 갖자. 그리고 하나님께서 주신 죄의 값을 달게 받자. 그렇게 하면 하나님께서는 다시 우리를 왕의 보좌에 앉히시고 모든 것을 영광스럽게 바꾸어 주신다.

욕망에 사로잡혀 배신한
베드로에게 예수님은 어떤 말씀을 하셨을까

갈릴리의 어부였던 베드로는 모든 것을 버리고 예수님을 따랐다. 그는 예수님이 엘리야와 모세와 함께 이야기를 나누실 때 옆에 있을 정도로 예수님의 사랑과 신임을 받는 제자였다. 그런데 왜 그런 베드로가 예수님을 부인하게 된 것일까? 베드로처럼 믿음이 큰 사람이 왜 이런 일을 저지른 것일까?

그것은 바로 베드로가 예수님을 따른 이유에 있었다. 베드로는 권세 있는 예수님을 따라다니면 더 좋은 것을 더 많이 얻을 수 있을 것이라는 욕망을 가지고 예수님을 따랐기 때문이다. "우리가 모든 것을 버리고 주를 따랐사온대 그런즉 우리가 무엇을 얻으리이까" 마 19:27라고 말한 것을 보면 베드로의 마음을 알 수가 있다.

하지만 예수님은 다르셨다. 자신을 배신했던 베드로에게 오히려 사명을 맡기셨다. 그리고 그 사명을 맡기시기 전에 중요한 질문을 하셨다. "세 번째 이르시되 요한의 아들 시몬아 네가 나를 사랑하느냐 하시니 주께서 세 번째 네가 나를 사랑하느냐 하시므로 베드로가 근심하여 이르되 주님 모든 것을 아시오매 내가 주님을 사랑하는 줄을 주님께서 아시나이다 예수께서 이르시되 내 양을 먹이라"요 21:17 예수님은 "네가 나를 사랑하느냐?"는 질문을 무려 세 번이나 하시며 그의 사랑을 확인하셨고, 그 이후 "내 양을 먹이라"는 사명을 주셨다. 예수님은 "나는 아직 너에게 기대가 있다"고 말씀하신 것이다.

이렇듯 예수님께서는 자신의 욕망으로 인해 주저앉은 베드로에게 오히려 새로운 삶과 사명을 선물해 주셨다. 그렇다. 예수님은 우리의 실패를 그냥 내버려 두지 않으신다. 우리의 실패가 비록 잘못된 욕심으로 인한 실패였을지라도 회개하면 반드시 회복할 수 있게 도와주시고 새로운 출발을 허락하신다.

치료자 하나님과의 감정적 만남

우리의 부질없는 욕망으로 인해 모든 것이 무너진다 할지라도, 하나님께서는 우리로 하여금 죄의 값을 치르게 함으로써 우리의 문제를 해결해 주고자 하신다. 욕망으로 인한 고통과 죗값을 치르는 시간이 지나간 후 하나님께서는 어떻게 회복의 역사를 이끄실까?

STEP 1_ 헛된 욕망을 제거하는 시간이 끝나면 위로의 시간이 온다

하나님은 실패를 좌절로, 죄를 죗값으로 끝내지 않으신다. 우리가 헛된 욕망을 가지고 있다 해도 그 욕망이 제거되면 그 이후로는 위로의 손길로 다가와 주신다.

STEP 2_ 헛된 욕망을 제거한 후 하나님의 방법으로 새로운 시작을 여신다

그동안 우리는 욕망으로 무언가를 얻으려고 했다. 그러나 하나님은 그 모든 헛된 노력을 다 없애시고, 대신 하나님의 방법으로 그 공간을 채워 주신다.

STEP 3_ 하나님의 변함없는 사랑을 체험하라

우리가 헛된 욕망을 품을 때도, 그 욕망을 제거할 때도, 그리고 그 이후에도 하나님의 사랑은 변함이 없다. 또한 이 욕망의 문제를 해결하는 전 과정이 하나님의 사랑에 의한 것이다.

치료자 하나님의 처방전

내가 품은 헛된 욕망	① 잘못된 욕망으로 인해 실패하고 죗값을 치를 때 ② 죄의 값을 치른 후 실패한 자로 살아갈 때

⬇

성경 속에서 찾은 나의 감정 : 사무엘하 12장 21-25절
욕망에 대한 죗값을 치른 후 새로운 소망을 얻은 다윗

⬇

다윗의 모습	우리의 모습
죄의 값을 치른 후 욕망이 제거된 자리에서 하나님의 은혜를 기대한다.	헛된 욕망으로 인해 죄의 값을 치르고 난 후 모든 것을 잃은 것만 같다.

⬇

헛된 욕망으로 모든 것을 잃은 우리에게 하나님이 주시는 말씀
"주님 모든 것을 아시오매 내가 주님을 사랑하는 줄을 주님께서 아시나이다
예수께서 이르시되 내 양을 먹이라"

⬇

내가 할 수 있는 하나님의 방법	하나님의 위로하심
죄의 값을 치렀으니 위로를 받으라.	하나님은 이 위로의 시간을 그토록 기다리시며 죗값을 치르게 하신다.
헛된 욕망의 흔적을 없애고 완전히 새로운 복을 누리라.	하나님은 우리의 욕망이 아닌 하나님의 방법으로 우리에게 은혜를 허락하신다.
욕망으로 타락했었다 할지라도 하나님의 사랑은 변함이 없다.	헛된 욕망을 비우기까지의 모든 과정이 하나님의 사랑에서 비롯된 것이다.

⬇

삶 가운데 찾아올 욕망에 대비하기	
STEP 1	헛된 욕망을 제거한 후에는 하나님의 위로하심이 찾아옴을 알라.
STEP 2	하나님이 우리의 욕망의 옷을 벗기시고 새로운 옷을 입히심을 믿으라.
STEP 3	우리가 어떤 죄를 지었다 해도 회개하면 하나님의 사랑은 변함이 없음을 믿으라.

욕망

B. 나의 욕망 때문에 상처받은 당신에게

타인을 아프게 한 나의 욕망

　욕망과 탐욕의 가장 극단적이고 표면적인 모습은 바로 '전쟁'이 아닐까. 욕망 그 자체인 전쟁은, 그래서 **빼앗은 땅을 돌려주고 손해를 일으킨 부분을 경제적으로 배상해 준다 해도 결코 보상되지 않고 가려지지 않는 죄의 문제**가 남는다.
　전쟁 중에 어린 나이로 일본군에게 강제로 끌려가야 했던 우리나라 위안부 문제도 마찬가지이다. 그 어떤 말로도, 그 얼마의 돈으로도 보상될 수 없는 이 탐욕의 죄 앞에 우리는 사람의 그릇된 욕망이 가져온 참혹한 결과를 다시 한 번 깨우칠 수 있어야 한다. 일본 지식인들조차 일본 정부를 향해 '위안부 문제에 대한 사죄'를 요구하고 있을 만큼 탐욕의 죄는 반드시 반성하고 깨우쳐야 하는 문제이다.
　이처럼 우리는 그릇된 욕망으로 인한 일에 우리 스스로 확실히 반성하고 진심으로 사과하지 않으면 안 된다. 그래야만 이 죄의 자국이 우리 세대에서 끝나 다시는 반복되지 않을 수 있다. 그래야만 하나님께서 우리 죄의 얼룩을 지워 주실 수 있다.

내 감정과의 대면

사람의 마음에서부터 시작된 욕망은 그것이 실현되어 가면 갈수록 어마어마한 파장을 일으킨다. 나를 파멸로 몰아가는 것은 말할 것도 없다. 내가 욕망하는 것을 이미 가지고 있는 사람이나 내가 욕망을 향해 달려가던 중에 넘어뜨리게 된 사람, 혹은 내 욕망의 대상이 되는 사람을 극심한 위기에 빠뜨리기까지 한다. 그도 그럴 것이 욕망이라는 것 자체가 무엇인가를 탐하는 것인데, 그것은 내가 가질 수 없는 것이거나 가져서는 안 되는 것일 때가 훨씬 많기 때문이다. 즉 욕망이란 상대방의 것을 빼앗는 것으로 구체화될 수밖에 없고, 상대방은 나의 욕망으로 인해 실질적인 피해를 입을 수밖에 없는 것이다.

이렇게 원인을 따지고 인과관계를 생각해 보면 알 수 있는 일임에도, 내가 욕망에 눈이 멀 때는 이런 것이 보이지도 않고 들리지도 않는다. 나로 인한 상대방의 고통도 인식되지 않는다. 그러다가 시간이 한참 지난 후에, 내가 욕망했던 대로 얻고 난 후에야 비로소 상대방의 상처가 보이게 되고 그제야 후회가 밀려오기 시작한다. '아차' 하고 주저앉아 버리지만 때는 이미 늦어 버렸다. 그렇다면 나의 헛된 욕망이 불러온 이 비극을 하나님께서는 어떻게 복구하게 하실까? 내가 이 자리에서 어떤 마음으로, 어떤 역할을 감당하기를 원하실까?

하나님 말씀과의 대면

"그의 신하들이 그에게 이르되 아이가 살았을 때에는 그를 위하여 금식하고 우시더니 죽은 후에는 일어나서 잡수시니 이 일이 어찌 됨이니이까 하니 이르되 아이가 살았을 때에 내가 금식하고 운 것은 혹시 여호와께서 나를 불쌍히 여기사 아이를 살려 주실는지 누가 알까 생각함이거니와 지금은 죽었으니 내가 어찌 금식하랴 내가 다시 돌아오게 할 수 있느냐 나는 그에게로 가려니와 그는 내게로 돌아오지 아니하리라 하니라 다윗이 그의 아내 밧세바를 위로하고 그에게 들어가 그와 동침하였더니 그가 아들을 낳으매 그의 이름을 솔로몬이라 하니라 여호와께서 그를 사랑하사 선지자 나단을 보내 그의 이름을 여디디야라 하시니 이는 여호와께서 사랑하셨기 때문이더라" 삼하 12:21-25

더는
남의 것을 탐하지 마라

다윗은 이스라엘의 절대 군주였던 만큼 이스라엘에서 가장 많은 것을 가진 자라고 해도 과언이 아니다. 그런데 그런 그가 자신의 충신인 우리아의 아내 밧세바를 빼앗은 것이다. 선지자 나단이 했던 비유처럼 말이다. "어떤 행인이 그 부자에게 오매 부자가 자기에게 온 행인을 위하여 자기의 양과 소를 아껴 잡지 아니하고 가난한 사람의 양 새끼를 빼앗아다가 자기에게 온 사람을 위하여 잡았나이다 하니" 삼하 12:4

가난한 자의 양을 빼앗은 부자처럼, 우리아의 아내를 빼앗은 다윗처럼, 우리는 '누구라도', '언제 어디서든' 그릇된 욕망으로 타인의 것을 빼앗고 싶을 수 있다. 무언가가 부족해서가 아니라, 이미 충분히 가지고 있어도 더 가지고 싶어 하는 것이 사람의 욕망이기 때문이다. 다윗이 성군으로서 하나님의 뜻에 따라 이스라엘을 잘 다스리고 백성에게 사랑받던 왕이었음에도 이런 일을 저지르고야 말았던 것처럼 말이다. 다윗의 그릇된 욕망은 우리아에게는 물론이고 밧세바에게도 말할 수 없는 피해를 입히고야 말았다.

이렇게 탐욕의 끝에 선 다윗에게 하나님은 무엇이 필요하다고 생각하셨을까? 하나님께서는 다윗에게 더는 남의 것을 탐해서는 안 된다는 기본적인 가치를 알려 주시고자 아이의 목숨을 걸어 가시는 벌을 내리셨다. 다시는 이런 욕망의 죄를 짓지 않게 하시기 위해 강력한 벌을 내리신 것이다.

: 한번 시작된 욕망은 걷잡을 수 없이 번질 수 있다

우리가 욕망으로 인해 하나님께 호되게 벌을 받았다면, 그 후에는 다시는 욕망의 유혹 앞에 흔들리지 않을 수 있을까? 불행히도 사람은 그럴 수 없다. 무엇이든 한 번 깨지고 나면 앞으로 더욱 조심해야 하건만, 오히려 작은 실금이 가는 것 따위는 대수롭지 않게 여기게 되는 것이 사람이기 때문이다. 그렇게 점점 금이 가고 한 번 깨지고 두 번 깨지는 것이 별것 아니게 되어 버리는 것이 사람의 마음이다. 하지만 우리의 욕망으로 인해 상처받은 상대방도 과연 그럴까? 지금껏 애써 지켜온 것을 한순간에 빼앗긴 상대방도 과연 빼앗기는 일에 익숙해지게 될까?

우리가 자신의 욕망을 다스리지 못하는 일은 결코 우리만의 일로 끝나지 않는다. 우리로 인해 상대방의 인생까지, 그 소중한 소망까지 망가지게 되는 것이다. 게다가 사람의 욕망으로 인한 죄의 번짐은 하나님까지 욕되게 만든다. 한 번 일어난 욕망은 점점 커지고 강해져 걷잡을 수 없이 번져 가기에 하나님이 처음에 만들어 주신 우리의 원래 모습도 잊게 만들기 때문이다. '성실하게 노력해서 얻는 것'을 추구하던 우리가 욕망에 발을 담그는 그 순간부터 '남이 노력해서 얻은 것을 거저 취하는 것'에 더 큰 매력을 느끼게 되는 것이다. 이렇게 한 번의 잘못으로 끝나는 것이 아니라 우리로 하여금 잘못된 사고를 심어 주는 것이 바로 욕망의 가장 무서운 점이다.

: 나로 인해 피해와 상처를 입게 될 상대방을 떠올리라

그러므로 우리는 욕망으로 죄를 짓고 그 죗값을 받은 후라 해도 욕망에서 완전히 벗어나기 위해 더욱 치열하게 노력해야만 한다. 다행히도 다윗은 그 이후로는 그와 같은 죄를 범하지 않았다. 반드시 여인에 대한 욕망이 아니라 해도, 사람이란 한 번 죄를 저지르고 나면 죄에 대한 '잘못된 관대함'이 생길 수 있는데 그는 그런 나약함에서 싸워 이긴 것이다.

그렇다면 우리는 어떻게 해야 이런 욕망의 습관에서 벗어날 수 있을까? 우리로 인해 슬퍼하실 하나님의 마음을 헤아려 보는 것이 가장 좋은 방법이겠지만, 보다 구체적인 방법을 이야기한다면 '상대방이 받을

고통을 상대방의 입장에서 떠올려 보는 것'이다.

사실 우리가 무언가를 원하는 것 자체가 문제가 되지는 않는다. 원해서는 안 되는 것을 원할 때, 원해도 되는 것이지만 그 방법이 정당하지 못할 때 하나님께서는 이것을 헛되고 악한 욕망이라고 말씀하신다. 우리가 무언가를 얻어 낼 때 하나님이 허락하시는 방법이 아닌 '상대방의 것을 빼앗는 방식'으로 행했다면 이것은 헛된 욕망을 추구한 것이다. 이때 우리가 상대방이 받았을 피해, 그 상처와 고통을 상대방의 입장에서 생각해 볼 수만 있어도 이 연쇄적인 욕망의 고리를 끊어 낼 수 있다.

욕망이 예상치 못한 시간에 다윗의 마음 문을 두드렸듯, 욕망의 유혹이 언제 어디에서 우리를 찾아올지 모른다. '너는 충분히 할 수 있다'고 속삭이는 욕망의 유혹 앞에서 우리는 '하나님께서 허락하지 않으시는 것은 나도 원치 않는다'고 고백할 수 있어야 한다.

피해를 복구할 수 없다면
그냥 넘어가도 되는 것일까?

우리의 그릇된 욕망으로 인해 누군가 피해를 당했을 때 그것을 다시 되돌려 주는 것으로 해결할 수 있다면 그나마 다행일 것이다. 그러나 우리가 상대방에게 피해를 끼치는 그 순간, 상대방의 모든 것이 끝나 버리는 경우도 있다. 다윗의 경우도 마찬가지였다. 지금 다윗이 끼친 피해는 실질적으로 복구가 불가능한 것이었다. 밧세바를 얻으려는 다윗의 욕망은 우리아를 전쟁터로 보내 죽게 했고, 이 일로 새로 태어난 아이까지 죽게 되었으니 말이다. 다윗으로 인한 이 피해는 그 어떤 방법으로도 보상이 되지 않는 것이었다.

　이렇게 우리의 욕망이 상대방에게 복구 불가능한 피해를 입혔을 때 우리는 어떻게 해야 할까? 안타깝게도 많은 사람이 '어쩔 수 없는 것 아니겠는가' 하는 논리로 대응할 때가 많다. 시간이 모든 것을 해결해 줄 거라는 이상한 믿음과 함께 말이다. 어떤 경우는 '어차피 돌이킬 수 없는 일이니 욕먹고 말지 뭐' 하는 태도로 은근슬쩍 넘어가 버릴 때도 있다. 하지만 과연 하나님께서도 우리의 죄를, 상대방의 상처를 은근슬쩍 넘어가 버리실까?

: 하나님은 그냥 지나가지 않으신다

　우리는 자신의 욕망으로 인한 죄의 상황을 결코 그냥 넘겨 버려서는 안 된다. 하나님은 이것을 가만 두고 보지 않으시기 때문이다. 하나님은 억울한 사람들의 편이시다. 세상이 다 그의 아픔에 대해서 외면한다고 해도 하나님은 우리의 욕망으로 인해 피해 입은 자들의 마음을 하나하나 다 헤아리시고 살펴보고 계신다. 그런 까닭에 우리는 그가 입은 상처와 피해를 모른 척해서도 안 되고, 모른 척할 수도 없다. 하나님께서 이 상황을 어떻게 바라보실지를 생각하며 우리가 할 수 있는 최선의 대안을 간구해야만 한다. 그에게 필요한 것이 무엇인지, 그가 원하는 것이 무엇인지 살피고 보상해 줄 수 있어야 한다. "약한 자를 그가 약하다고 탈취하지 말며 곤고한 자를 성문에서 압제하지 말라 대저 여호와께서 신원하여 주시고 또 그를 노략하는 자의 생명을 빼앗으시리라"잠 22:22-23

: 방법은 단 하나, 사랑을 베푸는 것뿐이다

그렇다면 우리 힘으로 보상할 방법이 없는 일은 어떻게 해야 할까? 우리가 할 수 있는 방법은 단 하나밖에 없다. 바로 사랑으로 그 자리를 메우는 일이다. 놀랍게도 방법은 하나인데 그 한 가지에 해당하는 사랑을 실천하는 방법은 무궁무진하다. 행여 물질적인 보상이나 당장 눈에 보이는 보상을 해주지 못한다 할지라도 우리는 진심이 담긴 사랑으로 상대방의 마음을 위로해 줄 수 있다. 그렇게 끝까지 관심을 가지면서 그들이 필요로 하는 부분을 채워 주기 위해 끊임없이 노력해야 한다.

다윗 역시 자신의 욕망으로 인해 남편과 아이를 잃은 밧세바를 끝까지 사랑하며 지켜 주었다. 사실 왕은 여러 아내를 거느리고 있기에 막상 아내를 얻고 난 후로는 소홀히 여길 수가 있다. 그러나 다윗은 끝까지 밧세바를 아꼈고 결국 밧세바에게서 낳은 솔로몬을 왕위에 올리기까지 했다.

이처럼 이미 욕망으로 인해 상대방에게 큰 피해를 끼쳤다면 이제부터라도 진심을 가지고 그에게 잘해야 한다. 우리로 인해 큰 상처를 입은 상대방을 외면하지 않고, 그가 입은 피해를 덮고도 남을 만큼의 사랑을 끊임없이 부어 주어야 한다.

예수님은 삭개오를 어떻게 변화시키셨을까

삭개오는 세리로서 사람들 사이에 욕심 많은 자로 정평이 나있었다. 실제로 그는 세리라는 직업을 빌미로 남몰래 돈을 가로채면서 그야말로 물질의 욕망이 가득한 삶을 살고 있었다. 그러던 그가 예수님을 만나고 변화되기 시작했다. 모두가 외면했던 자신을 먼저 알아봐 주신 예수님, 그리고 자신의 집까지 찾아와 구원을 약속하신 예수님 앞에 모든 것을 내려놓은 것이다. 삭개오가 예수님 앞에 엎드린 순간, 그가 가진 탐욕도 온데간데없이 사라졌다. 결국 그는 그 자리에서 예수님께 이렇게 선포했다. "주여 보시옵소서 내 소유의 절반을 가난한 자들에게 주겠사오며 만일 누구의 것을 속여 빼앗은 일이 있으면 네 갑절이나 갚겠나이다"눅 19:8

그렇게 욕망으로 가득 차있던 삭개오가 예수님을 만나고 나서는 욕망과는 정반대가 되는 '베푸는 삶'을 선택했다. 이처럼 예수님을 진정으로 만났다면 우리 안의 욕망이 사라지고, 우리의 욕망으로 인해 상처 입었던 자들을 돌아볼 용기가 생기게 된다.

치료자 하나님과의 감정적 만남

우리의 욕망으로 인해 상처 입고 피해 입은 사람을 우리가 어떻게 대해야 할까? 그들의 슬픔과 절망의 자리를 우리가 무엇으로 채워 주어야 할까? 하나님께서 알려 주시는 치유의 방법을 진심으로 따라가 보자.

STEP 1_ 한 번의 잘못으로 끝내라

자신의 욕망에 대한 죗값을 치렀다고 해서 그 욕망으로부터 완전히 해방되는 것은 아니다. 우리는 연약한 인간이기에 그것을 내버려 두면 욕망의 문제는 계속 반복될 수 있다. 그러므로 욕망을 근절하려는 필사적인 노력과 하나님의 도우심이 필요하다.

STEP 2_ 상대방의 아픔과 고통을 상기하라

욕망의 유혹이 찾아올 때마다 우리 자신만 생각해서는 안 된다. 그때마다 상대방이 우리로 인해 받게 될 피해와 아픔을 떠올린다면 유혹에 흔들리다가도 정신을 차리게 될 것이다.

STEP 3_ 하나님은 어떤 욕망도, 누구의 상처도 그냥 지나치지 않으신다

불가피하게 상대방에게 끼친 피해를 복구할 수 없다고 해서 그냥 지나쳐서는 안 된다. 억울한 사람을 아끼시는 하나님의 마음을 잊어서는 안 된다. 하나님은 그 어떤 죄의 문제도, 누군가의 억울함도 그냥 지나치지 않으신다.

치료자 하나님의 처방전

타인을 아프게 한 나의 욕망	① 나의 욕망 때문에 상대방이 피해를 보았을 때 ② 나로 인해 받은 상대방의 피해를 무엇으로도 복구할 수 없을 때

⬇

성경 속에서 찾은 나의 감정 : 사무엘하 12장 21-25절

자신의 욕망으로 인해 아이와 밧세바, 우리아에게까지 피해를 준 다윗

⬇

다윗의 모습	우리의 모습
자신의 욕망으로 인해 밧세바와 우리아에게 큰 피해를 주고 아이의 목숨까지 빼앗기게 만들었다.	나의 잘못된 욕망으로 인해 상대방에게 아픔과 고통을 주었다.

⬇

나의 욕망으로 타인에게 상처 입힌 우리에게 하나님이 주시는 말씀

"만일 누구의 것을 속여 빼앗은 일이 있으면 네 갑절이나 갚겠나이다"

⬇

내가 할 수 있는 하나님의 방법	하나님의 위로하심
다시는 헛된 욕망을 추구하지 마라.	욕망은 걷잡을 수 없이 번져 가기에 두 번 다시 반복하지 않게 도와주신다.
상대방의 아픔과 피해에 주목하자.	상대방의 아픔을 인식하는 나의 시각이 나를 욕망에서 멈추게 할 것이다.
욕망의 문제를 쉽게 지나치지 마라.	하나님은 모든 사람의 마음과 고통을 다 헤아리고 계신다.

⬇

나의 욕망이 상대방을 아프게 할 상황에 대비하기	
STEP 1	상대방에게 한 번 아픔을 주었다면 다시는 반복하지 마라.
STEP 2	상대방이 피해를 본 것에 대해 마음의 빚으로 남기라.
STEP 3	피해에 대한 복구가 불가능하다면 사랑으로라도 빚을 갚으라.

에필로그

왜
하나님의 방법이어야만 할까?

지금까지 우리는 감정을 다스리는 하나님의 방법을 성경말씀에 비추어 살펴보았습니다. 성경말씀에 기록된 한 단어 한 단어들이 우리에게는 감정의 문제를 극복할 비결이 될 수 있다는 사실도 알 수 있었습니다. 또한 예수님은 그런 감정의 문제 앞에서 어떤 말씀을 하셨고 어떻게 행동하셨는지에 대해서도 깨달을 수 있었습니다.

그런데 여기서 우리는 한 가지 의문이 생깁니다.
'나에게 생긴 감정의 문제들은 세상에 나가 사람들과 일하고 부대

끼다 생긴 것들인데, 왜 이 문제를 성경적으로 해결해야 하는 것일까?', '왜 하나님의 말씀, 하나님의 뜻이어야만 한다는 것일까?' 하는 것입니다.

물론 감정을 다스리는 방법은 이미 세상에도 참 많이 나와 있습니다. 시중에 나온 책들만 보아도 감정을 치유하는 방법이나 극복하는 비법 등은 셀 수 없이 많습니다.

또한 그 책들에도 소중한 이야기, 새겨들을 만한 가르침이 많이 담겨 있습니다. 충분히 유익하고 좋은 정보입니다. 하지만 그럼에도 우리는 다른 그 무엇도 아닌 오직 하나님의 방법만을 우선으로 하고 의존하며 따라야만 합니다. 왜냐하면 사람이 만들어 낸 방법에는 한계가 있기 때문입니다.

세상에서 말하는 해결책에는 무조건적인 사랑을 주는 대상이 전제되어 있지 않습니다. 무조건 품어 주고, 무조건 헤아려 주는 전적인 위로를 기대하는 것은 불가능합니다.

즉 사랑을 받으려면 조건이 따라야만 합니다. 그 조건에 부합해야만 상처도 치유받을 수 있고 위로도 받을 수 있는 것이 세상의 이치입니다.

또 조건이 필요하지 않다 해도 세상에서 알려 주는 방법은 합리적인 사고의 틀을 벗어나지 못합니다. 언뜻 좋은 말처럼 들리지만, 이것을 자세히 살펴보면 손해와 이익에 대한 계산이 그 방법 안에 전제되어 있음을 알 수 있습니다. 그렇기 때문에 이런 방법들은 사람의 예상이나 방법으로는 해결할 수 없는 불가항력적인 상황에서 무용지물일 수밖에 없습니다.

　무조건적인 사랑을 주시는 하나님의 세계를 알지 못한다면, 이 세상의 가치를 초월하지 못한다면 우리는 감정의 문제를 완전히 해결할 수 없습니다. 우리가 하나님의 방법을 따라야 하는 이유가 바로 여기에 있습니다.
　무엇보다 상처의 문제는 죄와 연결될 수 있는데, 죄의 문제를 완벽하게 해결해 주실 분은 오로지 하나님 한 분이시기 때문입니다. 즉 하나님이 아니고서는 감정의 문제를 근본적으로 해결할 수가 없습니다.

　어쩌면 그동안 우리는 그리스도인답게 감정을 다스린다고 하면서도 정작 세상적인 방법으로 문제를 해결하려 했는지도 모릅니다. 만약 감정의 문제를 해결했다고 하면서도 같은 문제를 자꾸 반복하게 된다면 그것은 세상적인 방법에 의존했다는 뜻입니다.
　안타깝게도 교회에서마저 알게 모르게 세상적인 원리에 근거하여 감정의 문제를 다룰 때가 많습니다. 감정을 치유하는 세미나, 교육, 프로그램 등이 많이 열리고 있지만 정작 세상적인 방법에 의존한 것들일 때가 많습니다.

그러나 이제라도 늦지 않았습니다. 다시 성경으로 되돌아가면 됩니다. 하나님의 방법에 우리의 마음을 맡기고 우리의 감정을 통치할 권한을 하나님께 되돌려 드리면 됩니다.

무엇보다 우리는 용기를 되찾아야 합니다. 간혹 자신의 잘못으로 인해 죄책감에 사로잡힐 때면 우리는 하나님 앞에 설 면목이 없다고 여길 때가 많습니다. 그러나 이런 때일수록 용기를 가지고 나아가야 합니다. 그 용기가 바로 신앙입니다. 다른 사람은 몰라도 아버지이신 하나님은 우리의 부끄러움도 씻어 주신다는 그 확신이 바로 감정을 극복하는 첫걸음입니다.

또한 우리는 무능한 자신으로 인해 막막한 상황에 놓여 무기력해질 때면 하나님도 무력한 분으로 여기게 될 때가 있습니다. 이때도 무작정 믿는 용기가 우리에게 필요합니다. '일단 하나님 앞에라도 나가 보자. 그러면 산다'는 용기가 상황을 반전시킬 수 있기 때문입니다. 자신의 실패를 하나님의 실패로 단정하지 말아야 합니다. 우리가 쓰러진 그 자리에서 여전히 하나님은 우리와 함께 승리하길 원하시기 때문입니다.

이제 이 책에 담긴 하나님의 마음을 끝까지 품고 세상으로 나아가기를 당부합니다. 그리고 응원합니다. 아브라함과 다말과 바울사울과 다윗의 감정을 하나씩 하나씩 살피시고 치유하셨던 하나님께서 여러분의 마음도 헤아리시고 보듬어 주심을 확신하시기를 바랍니다.

그리고 행여 감정이 다치는 순간이 다시 찾아오더라도; 자신도 모르게 다른 사람의 감정을 다치게 하는 일이 다시 벌어지더라도 절대 흔들리지 마시기를 바랍니다. 우리의 마음을 하나님께서 붙들고 계시는 한 우리의 인생은 결코 쓰러질 수 없습니다. 우리의 상한 인생의 순간마저 하나님은 위대한 작품의 재료로 사용하시는 최고의 예술가이심을 경험하게 될 것입니다.

딛고 서다

초판 1쇄 발행 | 2015년 7월 15일
초판 4쇄 발행 | 2018년 10월 8일

지은이 | 조동천
발행처 | 마음지기
발행인 | 노인영
기획·편집 | 이상희·이초롱
디자인 | 라이트하우스
일러스트 | 문영인
손글씨 | 조일

등록번호 | 제25100-2014-000054(2014년 8월 29일) **주소** | 서울시 구로구 공원로 3, 208호 **전화** | 02-6341-5112~3 **FAX** | 02-6341-5115 **이메일** | maum_jg@naver.com ＊이 도서의 국립중앙도서관 출판예정도서목록(CIP)은 서지정보유통지원시스템 홈페이지(http://seoji.nl.go.kr)와 국가자료공동목록시스템(http://www.nl.go.kr/kolisnet)에서 이용하실 수 있습니다.(CIP제어번호: CIP2015017962)

※ 책 값은 뒤표지에 있습니다.
※ 잘못 만들어진 책은 바꿔 드립니다.
※ 이 책은 저작권법에 의해 보호를 받는 저작물이므로 무단 전재 및 무단 복제를 금합니다.

ISBN 979-11-86590-00-3 03230

마음지기는 여러분의 소중한 꿈과 아이디어가 담긴 원고 및 기획을 기다립니다.

마음지기는……

성공은 사람을 넓게 만듭니다. 그러나 실패는 사람을 깊게 만듭니다. 마음지기는 성공을 통해 그 지경을 넓혀 가고, 때때로 찾아오는 어려움을 통해서 영의 깊이를 더해 갈 것입니다. 무슨 일에든지 먼저 마음을 지킬 것입니다.
높은 산꼭대기에 있는 나무의 뿌리가 산 아래 있는 나무의 뿌리보다 깊습니다. 뿌리가 깊기에 견고히 설 수 있습니다. 마음지기는 주님께 깊이 뿌리내리고 그 어떤 상황에서도 주님을 찬양할 것입니다.
"하나님과 가까이 교제하고 교감하는 사람은 그렇지 못한 사람보다 더 행복하다"라고 마시 시머프는 말했습니다. 마음지기는 하나님과 교감하고 교제하기 위해서 하루 24시간을 주님과 동행할 것입니다.

"모든 지킬 만한 것 중에 더욱 네 마음을 지키라 생명의 근원이 이에서 남이니라" 잠언 4:23